青藏公路 与 多年冻土

田 波 著

人民交通出版社

北京

内 容 提 要

青藏公路的建成通车，是人类公路建设史上的壮举。2024 年正值青藏公路建成通车 70 周年，本书继承和发扬"两路"精神，介绍青藏公路建设技术和多年冻土路基的工程技术，也为从事多年冻土路基研究的工程技术人员提供参考。

图书在版编目（CIP）数据

青藏公路与多年冻土／田波著. — 北京：人民交通出版社股份有限公司，2024.12. — ISBN 978-7-114 -20118-9

Ⅰ．U415

中国国家版本馆 CIP 数据核字第 20245RB531 号

审图号：GS 京（2024）2375 号

Qingzang Gonglu yu Duonian Dongtu
书　　名：青藏公路与多年冻土
著 作 者：田　波
策划编辑：周　宇
责任编辑：周佳楠　李　刚
文字编辑：徐　菲　李秀平
责任校对：赵媛媛　魏佳宁
责任印制：刘高彤
出版发行：人民交通出版社
地　　址：(100011) 北京市朝阳区安定门外外馆斜街 3 号
网　　址：http://www.ccpcl.com.cn
销售电话：(010) 85285857
总 经 销：人民交通出版社发行部
经　　销：各地新华书店
印　　刷：北京印匠彩色印刷有限公司
开　　本：635×965　1/16
印　　张：16.5
字　　数：230 千
版　　次：2024 年 12 月　第 1 版
印　　次：2024 年 12 月　第 1 次印刷
书　　号：ISBN 978-7-114-20118-9
定　　价：135.00 元

　　青藏高原冰川广布、湖泊众多、地质结构复杂，平均海拔 4500 米以上，被誉为"世界屋脊"，是我国重要的生态安全屏障和战略资源储备区。在中华人民共和国辽阔的版图上，青藏高原以其独特的地理和气候条件，成为国家重大战略关注的焦点。

　　1950 年 6 月，慕生忠将军率领着一支庞大的筑路队伍，不畏艰险，勇往直前，以"令高山低头、使冰川让道"的豪迈气概，开始修建这条世界海拔最高的青藏公路。1954 年 12 月 25 日，青藏公路、康藏公路建成通车，分别从噶尔穆（今格尔木）和雅安跨越崇山峻岭修到了拉萨，结束了西藏地区几千年来不通公路、没有汽车的历史。这两条公路的建成，不仅是工程技术上的巨大成就，更是国家统一和民族团结的象征。

　　1999 年 11 月，中央经济工作会议提出对西部进行大开发的战略决策。加快基础设施建设是开发重点，其中西藏自治区交通运输以公路建设为重点，不断延伸的干线公路构筑起青藏高原交通主框架，支撑起高原地区发展与腾飞的基本脉络。青藏公路作为连接青海与西藏的重要交通干线，国家不断对其投入巨资，对其进行多次改造和整治，不断提升其通车条件和安全保障。

　　70 年来，青藏公路历经两次改建、三期整治和一次改建完善，在建设和养护公路的过程中，西藏军民形成和发扬了一不怕苦、二不怕死、顽强拼搏、甘当路石、军民一家、民族团结的"两路"精神。在新时代、新形势下，继续弘扬"两路"精神，养好两路，保障畅通，使川藏、青藏公路始终成为民族团结之路、西藏文明进步之路、西藏各族同胞共同富裕之路。

　　《青藏公路与多年冻土》是一部客观、生动介绍青藏公路建设与冻土路基处治技术的书籍。它以丰富的内容讲述了青藏高原独特的地理气候环境，全面展示了青藏公路发展的历史进程，聚焦冻土路基处治这一关键技术问题，从多年冻土的特性入手，结合新型勘探技术和以往科研攻关成果，提出深层冻土保护、地基处治、综合治水的新思路。全书逻辑清晰、图文翔实，将学术性的成果通过恰当的文字传达给读者，从科研探索的视角，详细记录了一代又一代科研人员针对多年冻土路基融沉难题的不懈探索和取得的累累硕果。

　　千年冻土，蕴藏着多少神奇的奥妙；雪域高原，期待着科技之花的绽放。《青藏公路与多年冻土》作为继承和发扬"两路"精神的生动"教材"，它的出版必将给我们带来知识的普及和信念的塑造，成为青藏公路科研攻关的传家宝和接力棒，一代代传下去、接下去，激励新时代的科研工作者不忘初心，勇往直前。

交通运输部原总工程师

2024 年 12 月

　　1954 年 12 月 25 日，两条当时世界上海拔最高的公路——康藏公路和青藏公路，分别从雅安和噶尔穆跨越崇山峻岭修到了拉萨，并在同一天全线通车，结束了西藏几千年来不通公路、没有汽车的历史。修筑中涌现了众多可歌可泣的人物和故事，形成了感人肺腑和激励着一代又一代人的"两路"精神。此后，青藏公路作为巩固国防、繁荣西藏的关键通道，为控制其冻土病害，经历了多次改建和整治。在"两路"精神的鼓舞和感召下，交通运输部公路科学研究院的科研人员不辞辛劳，足迹遍布青藏高原，积累了大量宝贵的工程经验和科研攻关成果。

　　冻土路基在低温下有良好的稳定性和较高的地基承载力，而在温度升高后冻土融化下沉，体现出类似软土的性质。前期，国内外针对多年冻土路基主要围绕"减少路基吸热量、阻止冻土退化、保护冻土"的目标，从热传导、热辐射和对流换热三个角度出发，建立提出了一系列被动保护冻土和主动冷却路基的冻土地基处治方案。

　　近十年来，青藏公路重载交通年均增长率达 9%，拥堵时间长达 80 小时，冻土路基病害加剧，交通事故发生频率不断上升，亟须对病害路段进行改造升级。为彻底解决冻土路基问题，田波创新工作室研究团队开始频繁往返青藏高原。在平均海拔 4200 米的玛多花石峡、4600 米的五道梁、5200 米的唐古拉山口，都有团队成员奋斗的足迹。通过对青藏公路冻土路基的广泛野外调查和观测，研究团队将青藏公路工程病害归为三种类型：地表和地下水积聚、地基承载力不足、边坡开挖引起的热扰动。针对以上问题，研究团队目前对处理多年冻土路基病害的理念是浅层活动层处治和深层多年冻土保护。浅层活动层处治主要包括地基增强和综合排水两个方面，旨在提高地基的承载能力和稳定性，同时有效清除地表和地下水，减少活动层的变形。具体来说，地基增强可以通过铺设砂石垫层、桩基加固、使用土工格栅等方法来实现，以增强地基的抗剪强度和整体性；综合排水则通过设置排水沟、盲沟等排水设施，引导地表水和地下水迅速排出，减少水对地基的侵蚀作用。而深层多年冻土保护是通过设置隔热层、保温层等措施，减少外界热量对深层冻土的影响，保持冻土层的稳定性。通过这些综合措施，可以有效延长道路的使用寿命，提高道路的安全性和可靠性。

研究团队将多年来的研究成果总结形成《青藏公路与多年冻土》一书。本书共分为 8 章，第 1 章概括了青藏高原的地理与气候环境，第 2 章介绍了青藏高原的历史交通与青藏公路的发展延续，第 3 章关注青藏高原的冻土特征及其对公路路基融沉的影响，第 4 章介绍了多年冻土地区的现场勘探技术，第 5 章聚焦青藏高原上的公路工程，第 6 章针对多年冻土区公路进行传热分析并阐述深层冻土保护方案，第 7 章介绍了多年冻土区公路活动层地基处治技术，第 8 章分析了多年冻土区公路路域水文情况并介绍综合治水方案。

本书第 1 章由田波、王宇鹏完成，第 2 章由张盼盼、王亚龙完成，第 3 章由张盼盼、王宇鹏、朱旭伟完成，第 4 章由王昊武、边学伟、刘军伟、彭智鑫完成，第 5 章由张盼盼、李达夫、余建华完成，第 6 章由田波、陆湘霖完成，第 7 章由田波、陆湘霖完成，第 8 章由田波、王宇鹏完成。全书由田波审定。

本书的研究成果是在国家重点研发项目"青藏高原冻土区路基治理改造技术"资助下取得。本书编写过程中参考了田波创新工作室课题组成员、研究生们的科研成果，许多参与青藏公路建设的前辈提供了不少宝贵经验和资料，并对书中的内容进行了认真的评阅和校正，出版过程得到了人民交通出版社周宇主任的大力支持，在此向他们表示衷心的感谢，同时还要感谢画师田泽熙为本书绘制插画。

由于作者水平有限，书中难免存在谬误和不妥之处，敬请有关专家和读者不吝赐教。

笔　者
2024 年 10 月

目录
CONTENTS

第1章
青藏高原的地理与环境

1.1 青藏高原的地理位置与特征　　002
1.2 青藏高原的地质特征　　008
1.3 青藏高原的气候特征　　025
1.4 青藏高原的水文特征　　033

第2章
青藏高原的交通与青藏公路

2.1 历史上的青藏高原交通　　050
2.2 青藏公路的建设　　059
2.3 青藏公路的科研攻关　　079
2.4 新时代的科研攻关　　088

第3章
青藏高原的冻土与公路路基

3.1 季节性冻土和多年冻土　　098
3.2 传统多年冻土的工程分类和分布　　106
3.3 浅层多年冻土与公路路基融沉　　112

第4章 多年冻土地区的现场勘探

4.1 冻土取样 116

4.2 温度场监测 121

4.3 现场原位勘察 124

4.4 变形观测 141

4.5 合成孔径雷达干涉测量 145

第5章 青藏高原的公路工程

5.1 青藏高原在役公路概况 150

5.2 多年冻土区公路病害 166

5.3 青藏公路病害原因初探 170

5.4 穿越多年冻土的隧道 177

5.5 穿越多年冻土的桥梁 179

5.6 多年冻土区的边坡 181

第6章 多年冻土区公路传热分析与深层冻土保护

6.1 冻土地基热平衡分析 184

6.2 不同道路形式的热效应分析 187

6.3 高原冻土区路基处治措施对比 191

6.4 夏季主动制冷路基 196

6.5 深层多年冻土的保护 198

第7章 多年冻土区公路活动层地基处治

7.1 多年冻土地区公路受力特点 204

7.2 地基增强技术 206

7.3 公路与桥涵过渡段 220

第8章
多年冻土区
公路路域
水文分析与
综合治水

8.1　公路路域水文分析　224
8.2　工程挡水　233
8.3　工程疏水　239
8.4　工程排水　242
8.5　人工湿地和蒸发　247

参考文献　249

.

Chapter 1 | 第 1 章

青藏高原的
地理与环境

1.1　青藏高原的地理位置与特征

1.1.1　大陆板块和高原隆起

按照板块构造学说，青藏高原的形成是印度洋板块向北漂移并与亚欧板块碰撞的结果。2 亿多年前，南方的冈瓦纳古陆破裂成了许多块体，这些块体向不同方向漂移，裂口被拉开、扩大，逐渐形成海洋，印度洋就是这样形成的。古陆碎块中的一块叫做印度洋板块，它浮在地幔软流层之上向北漂移。大约从一亿年前的白垩纪中期开始，印度洋洋底的扩张速度加快，使得印度洋板块迅速往北推移，并且在现今我国西藏的雅鲁藏布江一带向下俯冲，插入亚欧大陆前缘的下面。正是由于印度洋板块不断向北漂移，两个板块碰撞到一起，特提斯海消失，大海变成了陆地，这次剧烈的地壳运动称为喜马拉雅运动。

▼图 1-1　中国地貌全图（制图@郑伯容　星球研究所）

从始新世到中新世，两个板块的陆壳相接并发生碰撞后，印度洋板块继续向北移动，导致地壳大规模缩短和加厚。南北两个板块的接触地带岩层发生弯曲、破裂和隆起，形成了喜马拉雅山的雏形。在印度洋板块向北挤压的同时，青藏地区北部的塔里木刚性陆块也相对向南挤压，并俯冲插入到昆仑山之下。青藏地区被南北两个陆块所夹持，在其边缘处出现了一系列巨大的断裂带，形成了被断裂带所围限的巨大菱形地质实体，从而确立了青藏高原这一完整大地貌单元的轮廓。

青藏地区在相当长的时间里上升速度并不快。在 1000 万年前的中新世时期，青藏地区并不太高，海拔一般在 1000 米左右。到地质时期的近代，即距今 200 万～300 万年，原始高原受到南北两侧水平运动的侧向压力，导致了垂直方向上的大幅度抬升。垂向的断块运动成为新构造运动的主要形式，青藏地区由平均海拔 1000 米左右急剧上升到平均海拔为 4000 米的高原。这表明，青藏高原是世界上独特的原生构造地貌单元。

青藏高原的隆起抬升，大体上可以分为三个急剧上升的阶段。第一阶段从上新世末到第四纪初，高原上升了 1000 米左右，其结果是原始高原地貌发生了一系列的变化：高原边缘河流切割作用加强，水系流路发生调整，一些古湖被切割疏干，外流水系的主要河道基本定型。上升的第二阶段从早更新世开始，高原的平均高度又上升了约 1000 米，高原山脉大部分进入雪圈范围。随着中更新世冰期的来临，高原上发育了规模空前的冰川。冰期之后的大湖时期，湖泊兴旺发展，河流切割更甚，某些河流溯源侵蚀并袭夺其他河流。第三个急剧上升期从中更新世末开始，高原上升了约 1700 米。在这个阶段，高原地形受到更强的切割，高山深谷地貌基本定型。由于地势上升，高原山系对气流的阻挡作用也趋于明显，进一步改变了高原大气环流，使海洋性气候与大陆性气候的地域分异逐渐确立，垂直变化与水平差异交错复合，最终构成自然景观复杂而又显著的三度空间分异。

从距今约一万年前的全新世开始到现在，青藏高原不断加速隆起，气候逐渐向寒冷干旱方向发展。高温期以后的全新世晚期，高原进入新冰川作用时期，东南部冰川有过几次较明显的前进。全新世以来，高原多年冻土总趋势处在退化之中，沼泽化草甸亦严重退化，各种冰缘作用则形成丰富多彩的冰缘地貌现象。高原上的湖泊在全新世中也在不断地退缩，有的甚至干涸消失，盐、芒硝、硼砂等盐类矿物在广大湖区陆续形成。

整个高原隆起抬升的构造运动是有地区差异的。如北部的柴达木地区，作为山间盆地在海西运动后已经形成，但普遍沉降却自早侏罗世开始。燕山运动使柴达木盆地在第三纪初期又处于隆起受剥蚀的状态，到渐新世以后又大面积下降，以至从那时以来的新生界沉积总厚度达 6000~7000 米。这些沉积是在山地一面上升，盆地一面沉陷的过程中堆积起来的。第四纪期间，柴达木盆地的东南部则一直是沉降最剧烈的地方。

青藏地区由海而陆，从低到高，经历了漫长的历史。每次地壳运动都使青藏地区的面貌发生巨大的变化。青藏高原的形成过程可以概括为两个主要时期：成陆期与上升期。成陆期的时间是由北到南分阶段变化，此时期的地层是自北向南从老至新。上升期的高度也是分阶段变化的，并有不断加速的特点。每次剧烈的地壳运动不仅使一部分陆地增生，后期的地壳运动往往也对前期地壳运动的结果产生叠加作用，使地质构造变得更为复杂，最终奠定了青藏高原的基本地貌格局。

1.1.2　青藏高原的山系

青藏高原，被誉为"世界屋脊"，其海拔平均超过 4000 米，整体地势呈现西北高、东南低的特点。高原上的主要山脉，如阿尔金山脉、祁连山脉、昆仑山脉、喀喇昆仑山脉、唐古拉山脉、冈底斯山脉、念青唐古拉山脉和喜马拉雅山脉，都是东西或近东西走向，按照从北到南的顺序排列。此外，还有横断山脉，它们以西北至东南或南北纵列的走向，构成了高原的另一道壮丽景观。这些山脉的海拔大多在 5500 米以上，其中不少高峰，如珠穆朗玛峰、乔戈里峰和希夏邦马峰等，海拔更是超过了 8000 米，它们是高原地形的骨架。

图 1-2　珠穆朗玛峰

　　高原的地形结构呈现出明显的区域性差异。在高原的腹地，西藏北部地区保留了较为完整的高原面，是典型的高原地形。而在西藏南部地区的雅鲁藏布江中游流域，地形则以山原宽谷为主。青海的柴达木地区是一个大型盆地。川西和滇北的横断山区则以其强烈切割和高差悬殊的高山峡谷地形而著称。这些不同的地形特征，共同构成了青藏高原复杂多样的自然景观。

图1-3　风火山

▼图1-4　青藏高原的山系

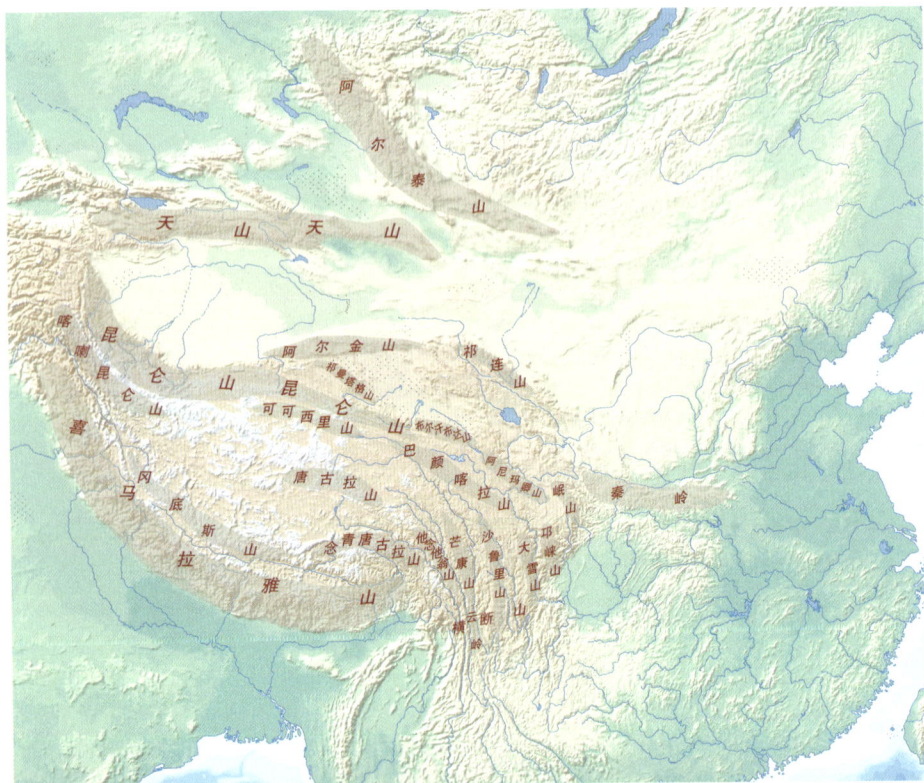

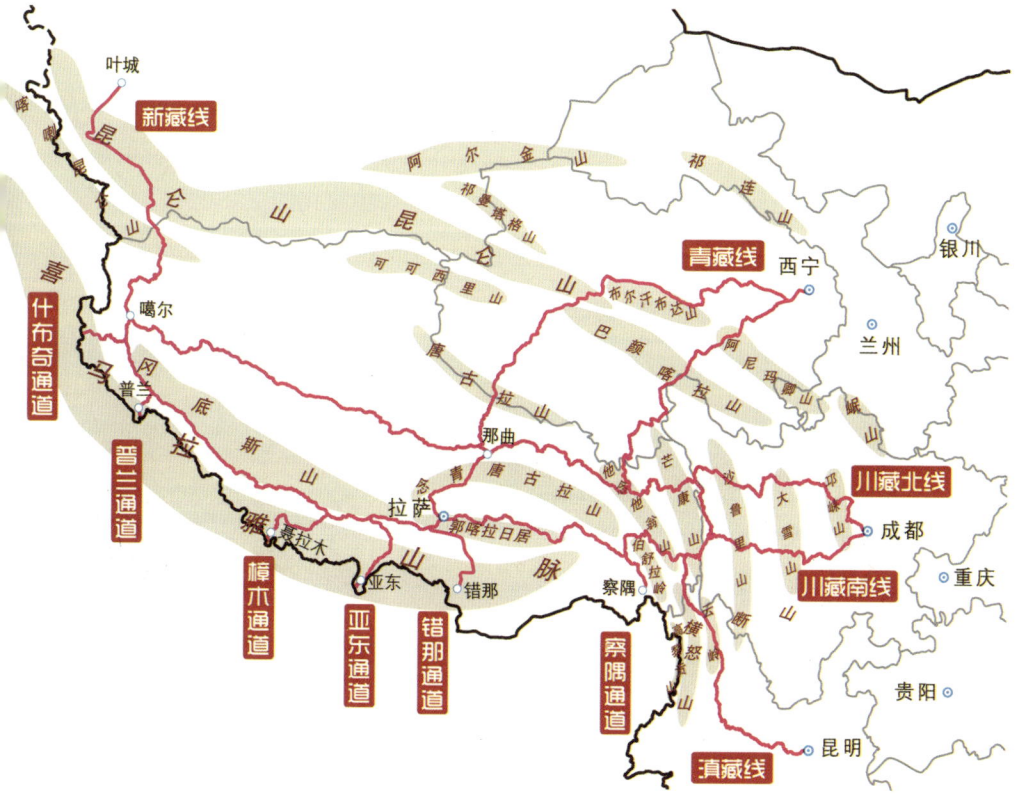

图1-5 穿过青藏高原山脉的公路线

1.1.3 高原上的盆地

青藏高原上的盆地主要分布在高原的边缘和内部，它们通常由古老的沉积岩层构成，经历了长期的地质演变。这些盆地在形态上多为封闭或半封闭，四周被高山环绕，内部地势较为平坦。由于高原的海拔高，这些盆地的气候多样，从干旱到半湿润不等，植被类型也从荒漠到草原再到森林不等。

青藏高原上的峡谷盆地是一种特殊的地理现象，地形结构复杂，通常由河流侵蚀作用形成。河流在高原的高山峡谷中穿行，经过长时间的侵蚀和切割，形成了深邃的峡谷和宽阔的盆地。由于受到周围高山的保护，这些盆地形成了独特的小气候环境。峡谷盆地的海拔高度变化较大，从几百米到几公里不等，总体海拔相对高原山脉较低，这使得它们在高原的寒冷气候中拥有相对温和的气候条件。这些盆地土壤肥沃、水源充足，适宜农业和牧业的发展，也成为了许多珍稀动植物的栖息地。

峡谷盆地的地质构造活跃，地震和滑坡等地质灾害较为常见。但这些峡谷也是研究高原地质历史、构造活动和环境变化的重要场所。科学家们通过对峡谷盆地的研究，可以更好地理解高原的形成和演变过程。

图 1-6　青藏高原上的峡谷盆地

1.2　青藏高原的地质特征

1.2.1　常规地质

地质分层是指地球表面岩石层根据其形成过程、物质成分和结构特征进行的分层。这种分层有助于地质学家研究地球的历史、构造活动以及资源分布。

青藏高原地区的土壤地质分层大致如下：

（1）表层（O层），由于青藏高原气候寒冷、植被稀疏，这一层通常较薄，有机质含量较低。

（2）表层之下为土壤层（A层），是植物根系的主要分布区，富含矿物质和有机质，土壤结构松散，颜色较深。

（3）淋溶层（E层）因冻融作用和降水渗透，矿物质被淋滤至下层，通常颜色较淡、结构松散。

（4）积淀层（B层）是从上层土壤淋溶下来的矿物质重新积淀

和集中的地方，土壤结构较紧密，富含黏土和氧化物。

（5）钙积层（K层）中钙质物质积聚，形成白色或淡白色碳酸钙沉积。

（6）底土层（C层）主要由岩石风化物和原始沉积物组成，包括未完全风化的母质，较为坚硬、结构紧凑。

（7）最下层为岩石基底（R层），即未风化的基岩，构成地质分层的下限。

青藏高原上的土质分层因地域不同，并不能完全按以上方法划分，具体到某一处的地质可能会缺失以上的一层或几层。

下图为高山草原、高山草甸、高山荒漠情况下的土壤样条。

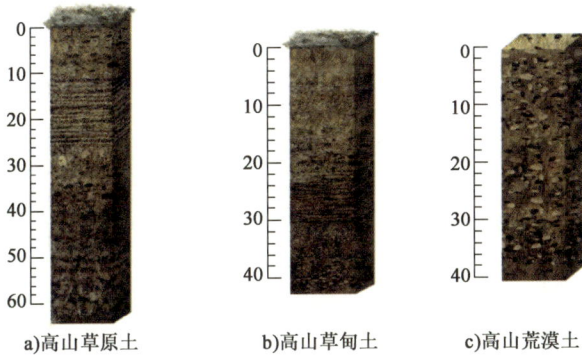

a)高山草原土 b)高山草甸土 c)高山荒漠土

图1-7 不同情况常规土层的地质分层示意图（单位：分米）

1.2.2 冰川与冻土

自第四纪以来，青藏高原经历了多次冰期和间冰期的冷暖交替，成为地球上中低纬地区最大的冰川作用中心。无论是现代冰川还是古代冰川，都对高原自然环境产生了深远影响。晚更新世至全新世以来，冻土一直在

图1-8 冰川

持续形成，由此导致地面形态的变化，出现了冻胀丘、冰锥、热融洼地和热融湖等冰缘地貌。剧烈的寒冻风化作用形成了岩屑坡、石海和石柱等地貌特征。此外，还有融冻泥流和冻融分选作用产生的石堤、石环及多边形土等，特别是在以藏北青南高原为主的腹地，广泛分布着多年冻土。从某种意义上说，青藏高原至今仍未完全脱离寒冷的冰期。

图 1-9　蓝冰

1）冰川

青藏高原上的冰川覆盖面积约 4.7 万平方公里，占全国冰川总面积的 80% 以上。现代冰川主要集中在念青唐古拉山、喜马拉雅山中段、西昆仑山、喀喇昆仑山和祁连山等地。雪线高度位于海拔 4500～6200 米，大致情况为东部低、西部高，南部低、北部高。高原上冰斗、槽谷、冰碛垄堤及冰水洪积扇等古代与现代的冰川地形普遍发育。

青藏高原的冰川以山谷型冰川为主，一般可分三个组成部分：①粒雪盆，冰川后缘由峭壁围成盆地状，通常有冰雪堆积，常会发生雪崩，是冰川物质的供给场所。②冰川舌，在粒雪盆下面伸出的舌状或蛇状长条状冰体，在影像上表现为冰体的蓝色，表面有顺坡的纵向条纹。③终碛和侧碛，冰川的表面不一定是洁净的冰面，常常覆盖许多碎石——冰碛石，当冰川后退后，这些冰碛石仍保留原来冰川前端的形态，称为终碛；冰川前进时，会对其下伏坡地产生刨蚀作用，形成两侧高出中间的冰碛石堆积，称为侧碛。

图1-10 青藏高原冰川实景

不是每条冰川都有完整的粒雪盆、冰川舌和终碛（侧碛）。如有的冰川粒雪盆下发育了多条冰川舌，而处于前进中的冰川并没有终碛。

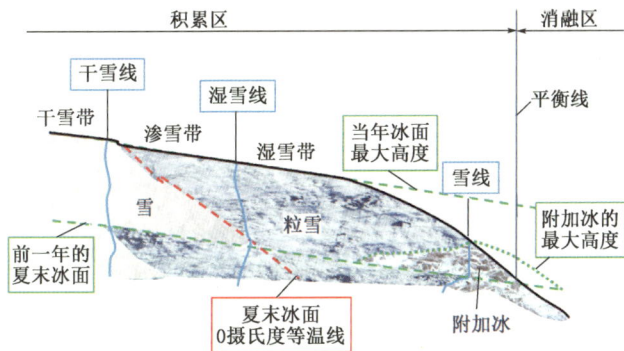

图 1-11

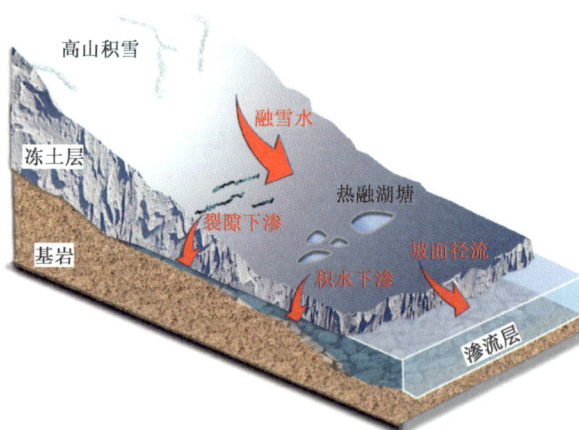

图 1-11　冰川的移动

2）冻土

（1）冻土的分布。

青藏高原上冻土面积 150 万平方公里，为北半球中低纬度地区冻土分布最广、厚度最大、海拔最高的地区。根据冻土冻结状态的持续时间及其形成存在的地温条件，可以分为季节性冻土和多年冻土。季节性冻土，通常指的是冬季冻结并在春季或夏季融化的土壤或疏松岩石层，其冻结时间相对较短，一般为半月至数月。多年冻土又称永久冻土，指的是持续两年以上冻结不融的土层。

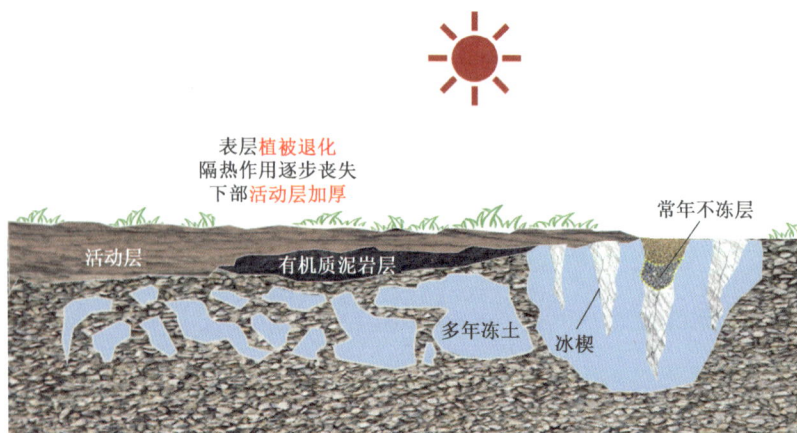

图 1-12　冻土引导图

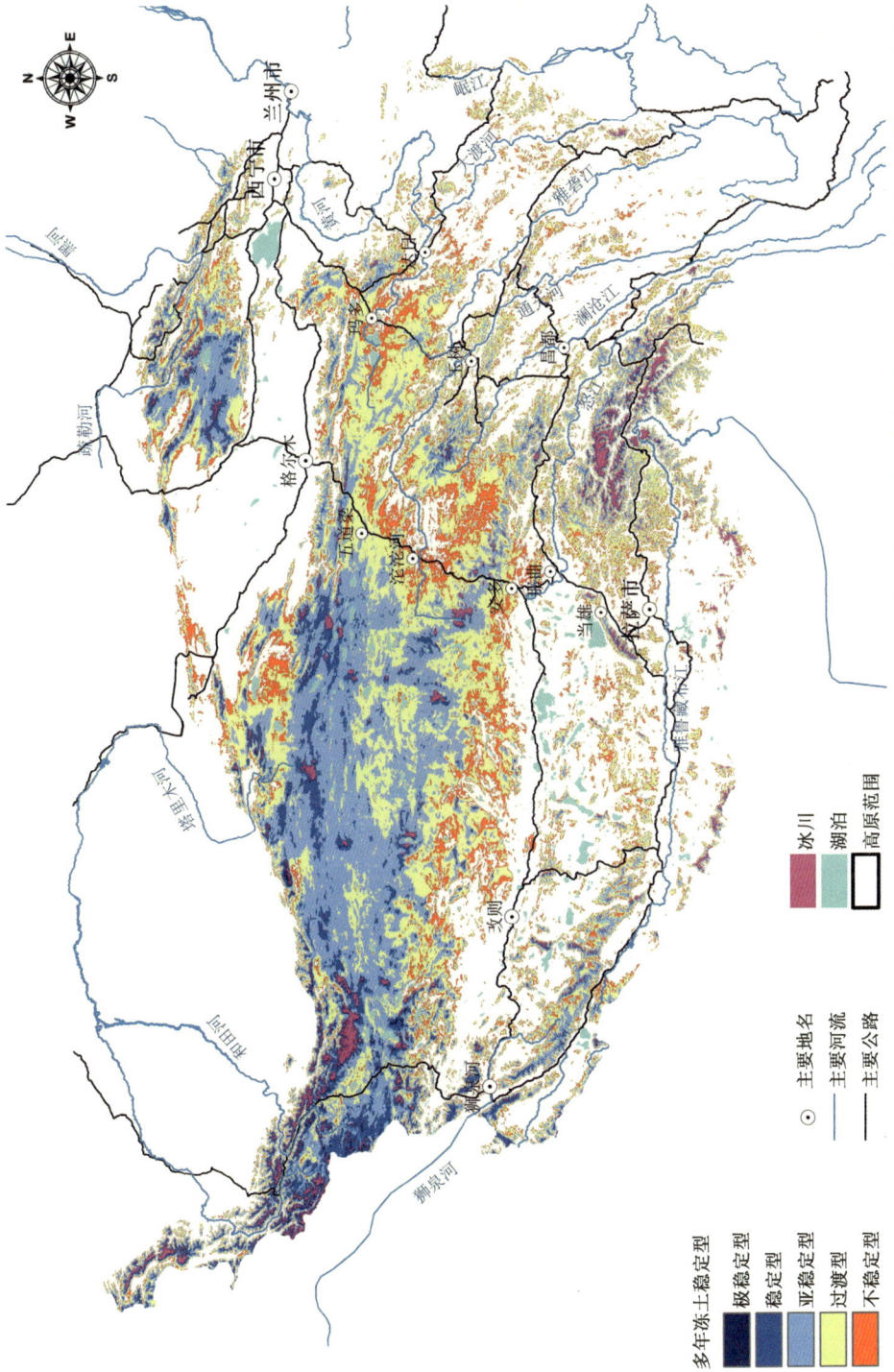

图1-13　青藏高原冻土分布图（来源：冉有华,李新,程国栋,等.2005~2015年青藏高原多年冻土稳定性制图[J].中国科学:地球科学,2021, 51(02):183-200.）

青藏高原多年冻土面积约 115.02 万平方公里（不包括冰川与湖泊），根据其稳定性和年平均地温被依次分为极稳定型、稳定型、亚稳定型、过渡型和不稳定型，各分型所占面积分别为 0.86 万平方公里、9.62 万平方公里、38.45 万平方公里、42.29 万平方公里和23.80 万平方公里。多年冻土根据其连续性可以进一步分类，连续系数在 70%~90% 之间的称为连续永久冻土，连续系数在 30%~70% 的称为不连续岛状永久冻土，连续系数低于 30% 的称为零星岛状永久冻土。根据调查，连续永久冻土主要分布在羌塘盆地，降解率较低，而不连续、零星岛状的永久冻土主要分布在西藏的西南部。

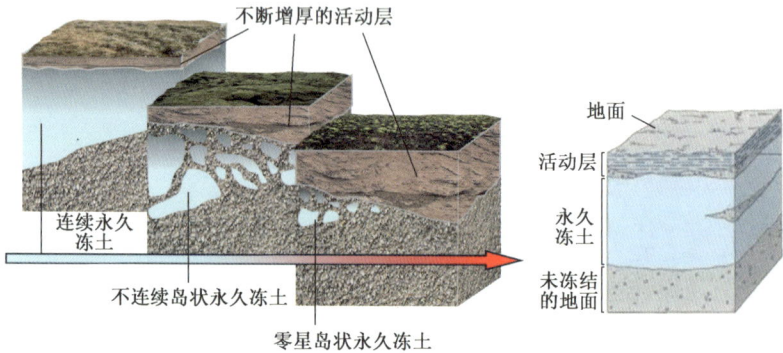

图 1-14   多年冻土立体示意图

（2）多年冻土的形成。

多年冻土是一种在长期低温条件下缓慢发展的土壤，其位置和特性在冻结过程中会发生显著变化。多年冻土的发育分为两个阶段：气候冻结期和新结构期。在气候冻结期，土壤一层一层冻结，并形成冻结层，其下层的土壤逐渐凝固形成多年冻土，这称为冻土化。在新结构期，由于气温的变化，冻土受到影响，冻土层的位置、形态和力学特性等也发生变化，冻土融化逐渐减弱，从而形成新的土壤结构。多年冻土的发育是地貌变化的主要原因，还可以影响地形、水文反应，控制水溶性物质的入渗。此外，多年冻土也是气候变化的一个关键因素，它通过影响地表温度和控制热量交换，间接影响二氧化碳的排放。

a)三维数字化模型

b)冻土芯样

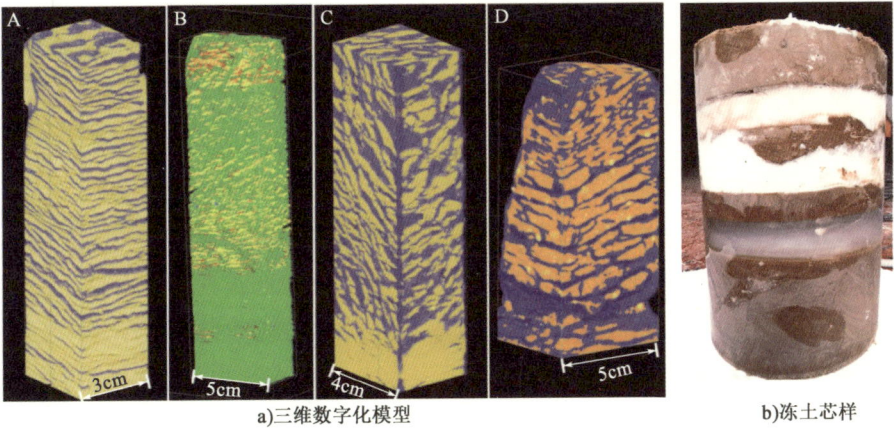

图 1-15　冻土试件

（3）多年冻土活动层。

多年冻土可分为两层：上部是夏融冬冻的活动层；下部是终年不融的永久冻土层。活动层中的水分暖季融化、冷季回冻，为高寒地区的植物生长、微生物生理活动乃至动物生存等提供了可利用的水分和营养物质，是多年冻土层与大气圈、土壤圈进行能量和物质交换的主要通道，也是多年冻土区内水文循环、成土作用、生物过程、生物地球化学循环和人类开展各类工程活动的主要场所。

图 1-16　一个典型的多年冻土层

　　上图中紧贴地表的覆盖物（土壤或一些植被）一般会季节性地消融和冰冻，温度变化较为剧烈，称为活动层。在其之下是多年冰封的岩石或土壤（图中白灰色部分），即多年冻土，他们的温度较为稳定，维持在零摄氏度以下。

　　冻融循环是地表活动层经历的一个复杂过程，通常分为四个主要阶段：夏季融化、秋季冻结、冬季降温和春季升温。

　　夏季融化阶段从 4 月底开始，直至 9 月中旬达到最大融化深度。这一阶段，活动层温度随深度降低，热量由地表向下传递，水分受重力影响主要向下迁移（降水后地表水向下渗透，干旱期水分通过毛细作用局部向上移动），融化锋面向下推进。

　　秋季冻结期从活动层达到最大融化深度后开始，分为两个阶段：单向冻结和"零幕层"。单向冻结阶段，活动层底部首先冻结，水分在温度梯度的驱动下从融化层向冻结锋面迁移；"零幕层"阶段，活动层中进行双向冻结过程，活动层与大气间的水汽交换被地表的冻结层阻隔，成为一个封闭体系，活动层中的温度中部高、两端低，热量传输主要通过水热耦合。这一阶段可进一步分为快速冻结阶段和稳定冻结阶段，最终导致融化层完全冻结。

　　在活动层的冻结过程全部结束之后，便开始了温度快速降低的活动层降温过程，这一过程一直持续到次年的 1 月中下旬，即冬季降温阶段。这一阶段活动层中的温度上部低、下部高。除地表附近少量的土壤水分蒸发外，活动层中的未冻水趋于向上迁移，但极低的地温限制了未冻水的含量和活力，使得其迁移量较少。

　　随着 1 月下旬气温的升高，地表活动层升温过程开始，进入春季升温阶段。活动层中的温度梯度逐渐减小，地表附近的水分蒸发量增大，活动层内部的水分迁移量则逐步减小。从 3 月下旬开始，地表附近开始出现日冻融过程，白天土壤表层融化，水分蒸发，夜间冻结时水分向冻结锋面迁移，周而复始，土壤表层的水分明显减少。在地表有积雪处，积雪阻止了地表附近日冻融过程的发生，加之地表融雪水分的补给，土壤表层的含水率会较其他地区高。

　　举例说明，5～10 月的活动层水分迁移见下图。

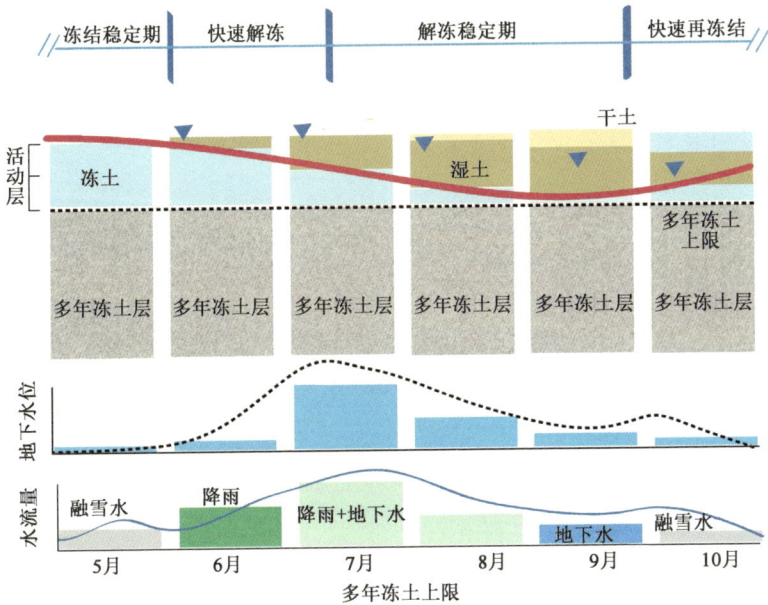

图1-17 5~10月活动层水分的迁移

（4）多年冻土四相定义。

多年冻土四相定义主要基于其物质组成，这四相分别为土颗粒、冰、未冻结水以及空气。其中，冰是土壤在零摄氏度或零摄氏度以下时，土壤孔隙中的液态水被冻结而形成的固态物质。这种冰在岩土中起胶结作用，对冻土的物理力学性质有着显著影响。即使在天气回暖之时，永久冻土内的冰由于所在之处的气温仍然在冻点以下，因而不会融化，故冻土的组成保持不变。

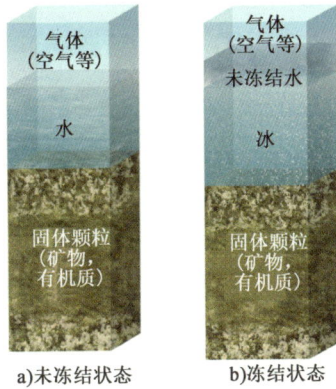

图1-18 多年冻土四相图

（5）多年冻土"糖葫芦"的特征。

青藏高原的多年冻土地层中存在一种特殊的结构，其具有"糖葫芦"特性。这是一种形象的描述，指的是冻土层中交替出现的冻土层和未冻土层，形似糖葫芦串。这种现象通常是由地层中水分的迁移和地表温度变化引起的。在青藏高原，这种特性可能与季节性冻融过程有关，其中夏季地表温度升高导致上层冻土融化，而冬季温度下降又会使水分重新冻结，形成多层结构。

（6）多年冻土的边上冰丘。

青藏高原作为地球上独特的地理单元，不仅拥有广袤的冻土区域，还孕育了一种特殊的地貌现象——冰丘。冰丘，也称为冻胀丘，是冻土区由于地下水受冻结地面和下部多年冻土层的阻碍，在地表薄弱地带冻结膨胀而形成的丘状隆起地貌。这种地貌在青藏高原的多年冻土区尤为常见，是寒区工程中经常遇到的次生病害，对道路施工和稳定性构成了一定的挑战。

图 1-19　冰丘实景

青藏高原多年冻土区的冰丘形成过程与地下水的活动及冻土层的特性密切相关，主要包括：①地下水流动：在寒冷季节，地下水在地表以下流动，寻找流动路径。当遇到多年冻土层时，地下水的流动受到阻碍。②局部冻结：由于地表和下部多年冻土层的阻挡，地下水在地表薄弱地带或裂隙中积聚，并在低温条件下结冰。③冰体膨胀：随着冰的形成，体积会膨胀。这种膨胀会对周围的土壤施加压力，导致土层局部隆起，形成冰丘的初步形态。

此外，冰丘的形成会随季节发生变化：一年生冰丘会在春季和夏季融化，地表恢复原状；而多年生冰丘由于位于多年冻土层中，会持续存在并可能继续增长。地形和气候也会影响冰丘的发育，如在低洼地区，地下水更容易积聚，增加了冰丘形成的可能性。近年来青藏高原暖湿化趋势明显，多年冻土边上的冰丘变得更加不稳定，融化速度加快。

冰丘的形成是一个动态的自然过程，它不仅展示了冻土区地下水和地表条件的相互作用，也是气候变化对极地和高寒地区影响的直观体现。

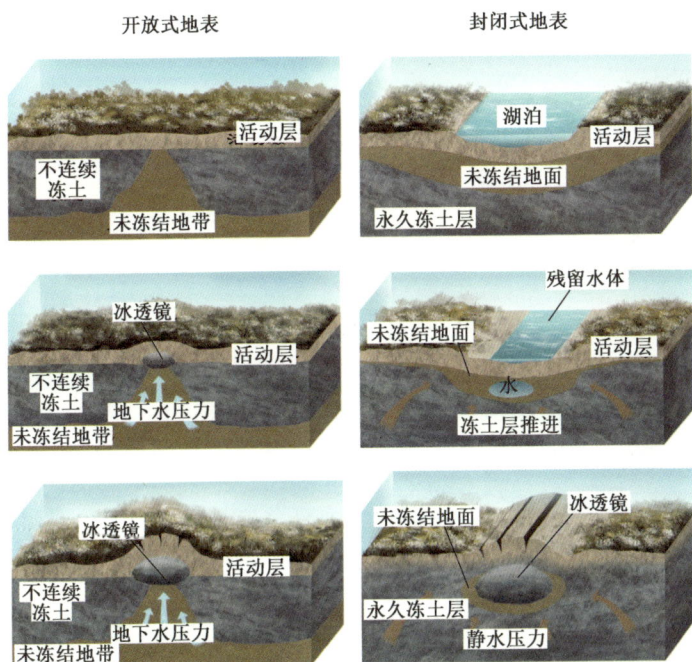

图1-20 冰丘形成过程

青藏高原上的冰丘会与土脉间产生复杂的相互影响。土脉，又称土壤层，是地表物质的重要组成部分，它的形成与发展受到气候、地形、地质背景以及历史上的冰川活动等多重因素的共同作用。

土脉与冰丘之间的相互关系主要表现在以下几个方面：①形成过程的相互影响：冻土层的存在对土脉的水分状况和土壤结构有显

著影响。地下水在冻土层上部积聚并冻结，导致土层膨胀，形成冰丘，这一过程可能会改变土脉的物理性质和水分条件。②相互作用：冰丘的形成和发展可能会改变地表的排水模式和土壤的热状况，进而影响土脉的水分和温度条件。同时，土脉的物理特性，如渗透性、热导率等，也可能影响冰丘的稳定性和发育。③环境影响：受环境温度变化影响，冰丘的融化可以为周边地区提供水源，同时也可能引起地面塌陷等地质灾害，影响土脉的稳定性。

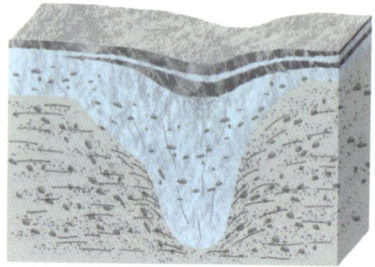

图 1-21   土脉

（7）多年冻土的醉林现象。

醉林现象是一种引人注目的地质景观，常见于极地、高纬度地区或高海拔地带的多年冻土区域。这一现象展示了树木生长的独特姿态，树干倾斜、弯曲，仿佛醉酒一般，让人感到震撼和惊奇。

这一现象的形成主要是由于地下的永久冻土层受到气候变暖等因素的影响而解冻，导致土壤结构不稳定。随着永久冻土的融化，土壤失去了原有的稳定性，植被根系无法保持垂直生长，使得树木生长方向产生异常变化。

图 1-22   多年冻土醉林现象的形成过程

（8）多年冻土的阴阳坡问题。

青藏高原的多年冻土区存在阴阳坡问题，强烈的太阳辐射、边坡坡向以及太阳总辐射特殊的日变化规律共同导致了"阴阳坡"现象。阳坡由于面向太阳，接受更多的太阳辐射，导致地表温度较高；而阴坡则因为背对太阳，接受的太阳辐射较少，地表温度较低。这种温度差异会对多年冻土的稳定性和分布产生影响。

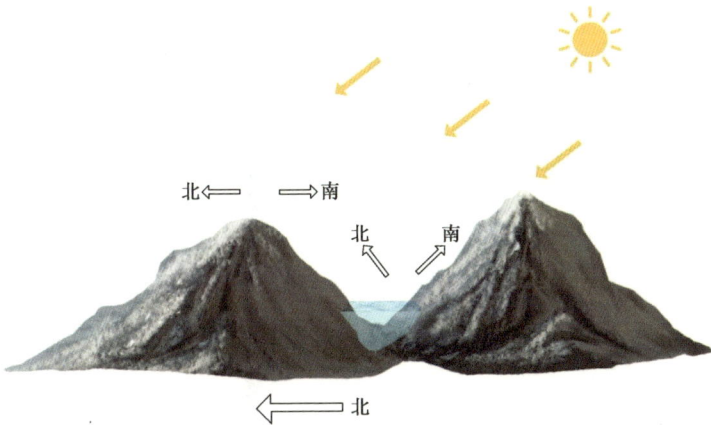

图 1-23　阴阳坡示意图

研究表明，青藏高原多年冻土区的阴阳坡地表能量和浅层土壤温湿度存在显著差异。阳坡的日冻融循环次数明显高于阴坡，阳坡各深度土壤温度均显著大于阴坡，阳坡的土壤热通量和短波辐射也大于阴坡。此外，阴阳坡效应还影响了土壤水文特性，尤其是在青藏高原的多年冻土地区。阳坡的土壤水分变化速率较快，但土壤含水率明显低于阴坡。

青藏高原多年冻土区的阴阳坡问题对路基稳定性造成了极大的危害。

（9）多年冻土的季节性特征。

多年冻土区内多年冻土总体呈不连续分布。在纬度地带性控制下，自北而南多年冻土的分布面积减小而融土的面积扩大。相应的，在多年冻土上发育的季节融化层的面积也是自北而南减小。而融土上发育的季节冻结层的面积则自北而南扩大，到多年冻土区南界以南即完全进入季节冻结区，即季节冻土区。

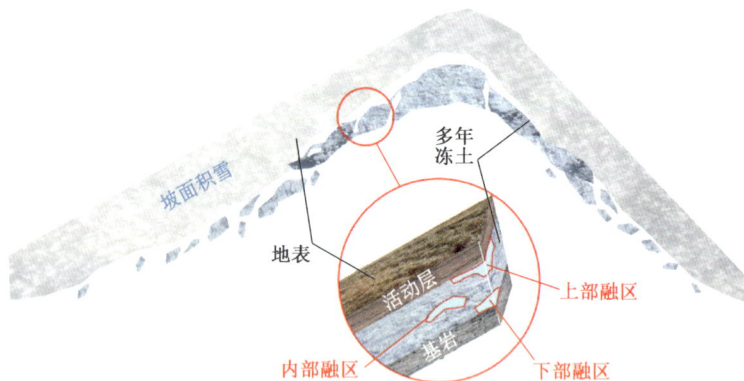

图1-24 多年冻土的阴阳坡问题

春季气温上升，阳光照射较强，冻土表层迅速融化，导致土壤表层出现泥泞和湿润的现象。但由于地下深处的温度变化缓慢，深层土壤仍然保持结冰状态，这就形成了一种深浅不一的春季冻土典型特征——"皮烂芯硬"，即土壤表层因融化而变得泥泞软化——"皮烂"，而深处仍然保持结冰硬化状态——"芯硬"。

秋季随着气温的下降，秋季冻土的表层开始重新结冰，导致土壤表层逐渐变得硬化和冰冻——"皮硬"。但由于温度的传递过程较为缓慢，出现了深处未冻结及深层融化效应：表现为秋季降温期，表层土随地表温度降低而降低，而土壤深部仍处于夏季升温阶段。土壤温度开始逐渐升温，导致土壤深处开始融化——"芯软"。这种深层融化的现象使得土壤内部硬软不一。

图1-25 季节性特征形象说明

（10）多年冻土与人造构造物的关系。

青藏高原上活动层在夏季吸收部分热量，在冬季释放余量，全年热量收支基本平衡，这也使得活动层的厚度保持相对稳定。更进一步的解释是夏季地表吸收的热量逐层往深处传递，在每年10月融化深度达到高限，此时的融化深度即为活动层厚度。然而，人造构造物的出现打破了原有的自然平衡。夏季的吸热活动超过了冬季的散热活动，使得活动层的厚度增加，多年冻土退化引发融沉。

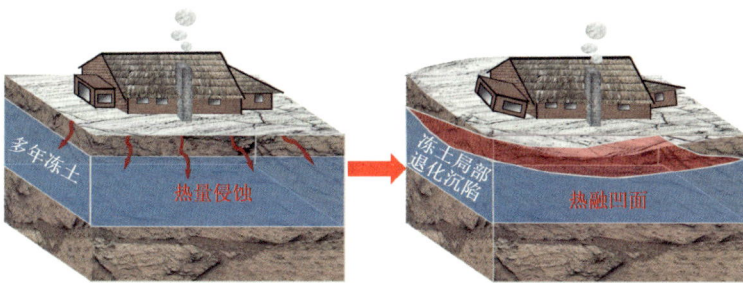

图 1-26　多年冻土的热触沉陷

图 1-27　道路侧永久冻土的热融

多年冻土对温度变化敏感，在多年冻土区进行道路建设面临多重挑战，包括但不限于活动层在夏季融化时导致的地基松软、因温度变化引起的冻融循环、多年冻土层上部融化造成的热融沉陷等。同时，由于冻土具有低渗透性，融化时水在路基内难以排出，容易积水，增加道路破损的风险。此外，冻土区脆弱敏感的生态环境、复杂的水热条件、严酷的野外施工建设环境等种种因素叠加，使得在冻土区建设公路尤其是高等级公路成为极具挑战性的任务。

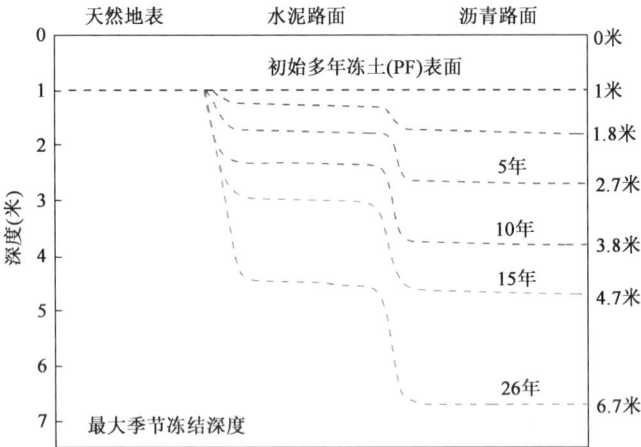

图 1-28   不同地表条件多年冻土退化过程

水泥、沥青和砂石是道路建设中常用的材料，但它们在青藏高原冻土环境中的应用和表现具有一定的地区特殊性。

在冻土地区使用水泥时，需要考虑到冻土的融化和冻结对水泥稳定性的影响。冻土的融化可能导致道路基础不稳定，而水泥的凝结和硬化过程需要在一定温度下进行，以确保其强度和耐久性。因此，在青藏高原地区，可能需要采用特殊的水泥配方或施工技术来适应冻土环境。

沥青路面的铺设会改变地表与大气之间的热交换关系，导致路面温度升高，进而影响多年冻土层内的能量积蓄，使得地温升高，冻土上限逐年下降。这种现象可能导致冻土融化形成融化盘，对道路稳定性构成威胁。

冻土融化可能导致砂石基础不稳定，增加工程建设的难度。此外，砂石材料的选择和使用也需要考虑到冻土环境的特殊性，以确保工程的稳定性和耐久性。

（11）多年冻土的分布阶地。

在多年冻土区，可根据地形和冻土特征划分不同的阶地。这些阶地主要由自然演变或地质过程形成，并对多年冻土的分布和特性产生影响。

高阶地通常位于多年冻土区的高山或高原地带，海拔较高，气温较低。此处永久冻土层较厚且稳定，冻结深度可以达到几十米甚至上百米。由于其海拔高，受气温和降水影响较大，土壤类型多样，常见的冻融现象如冰楔、冻胀丘等会对地表形态产生显著影响。

中阶地位于多年冻土区的中等海拔或坡脚部位，此区域的永久冻土层较厚，但受气温的影响稍大。活动层较为明显，冻结深度中等，春季和夏季融化层较深，可能会产生土壤滑坡、沉陷等地质灾害，对公路、铁路和建筑基础构成潜在威胁。

低阶地一般位于多年冻土区的低海拔平原或河谷地区，气温相对较高，永久冻土层较薄且不连续。此区域的冻土活动层厚度最大，冻结深度较浅。低阶地经常受地表水和地

图1-29 多年冻土区地貌地层示意图

下水的影响，冻结和融化较频繁，导致地表变形和不稳定现象多发，可能引起地基不均匀沉降、路基变形和建筑物开裂等问题。

1.3 青藏高原的气候特征

青藏高原的平均海拔超过4000米，其腹地的年平均气温在零摄氏度以下，最暖月平均气温也低于10摄氏度，这种寒冷的气候条件与地球的两极地区相似，因此人们将其称为地球的"第三极"。青藏高原的高海拔和寒冷气候与中低纬度地区的气候条件形成鲜明对比，形成了独特的高原山地自然景观。这些景观包括高寒灌丛草甸、高寒草原、高寒荒漠和高寒垫状植被等，与南北极地区单调的冰雪世界截然不同。

整个地球上海拔3000米以上的高原、高山总面积达850万平方公里。其中，有将近四分之一，即约200万平方公里集中分布在青藏高原上。这样的地理规模，使得青藏高原与中低纬度地区的孤立山峰或狭窄山脉有着本质的不同。

图 1-30　冷空气入侵青藏高原路径示意图

　　由于地势抬升，高大山系对气流的阻挡作用也趋于明显，进一步改变了高原大气环流，使海洋性气候与大陆性气候的地域分异逐渐确立，垂直变化与水平差异交错复合，构成自然景观复杂而又显著的三度空间分异。山脉和高原对气候的影响一直都是气象工作者们所关注的问题。从理论上分析，高原对大气运动过程有三种主要影响：一是机械的动力作用。这种动力作用的影响范围很广，从局地环流到长波以至超长波都受地形牵制。青藏高原因其东西向的延伸，对风向有显著的引导作用，气流在高原上往往与等高线近乎平行，被迫上升或绕行。二是热力作用。青藏高原作为一个巨大的热源，直接影响对流层中部的大气过程。观测显示，暖空气可以在冷空气上方上升，夏季局部地面因过热或其他因素可能形成局部对流，这种强烈的上升气流也会对周围气流产生阻挡效应。高原的热力作用和摩擦作用共同增加了高原的"有效"高度和范围。三是地形的复杂性。青藏高原的地形极为复杂，众多的山峰增加了大气运动的复杂性。地形的高度、坡度和方向与地表接收到的太阳辐射强度的日变化和年变化密切相关。海拔越高，大气对太阳辐射的吸收和反射越少，到达地面的辐射越多。然而，地形越高，冰雪覆盖也越多，这增加了地表的反照率，减少了地表吸收的太阳辐射。

1.3.1 气温与气压

青藏高原上极端最低地面温度普遍低于零度，极端值从 -11.0 摄氏度（察隅）到 -49.0 摄氏度（玛多）不等，大部分地区的极端最低地面温度在 -40.0 ～ -30.0 摄氏度之间。基于青藏高原的气候特性，习惯上常将 10 月至次年 3 月作为冬半年，4 月至 9 月作为夏半年。这种时间划分不仅适用于气候特征，也与地温的变化相吻合。

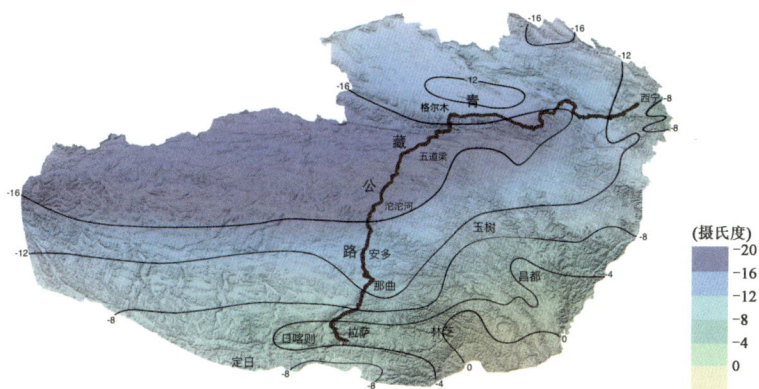

图 1-31　青藏高原 1 月平均气温分布图

1 月份，青藏高原地区最高的气温出现在海拔 4200 米以上的青南、藏北、羌塘高原以及祁连山以东的黄河、湟水河谷地区，温度范围在 -10 ～ -6 摄氏度之间。其次是柴达木盆地（-14.1 ～ -10.6 摄氏度）和祁连山北部（-22.2 ～ -12 摄氏度）。

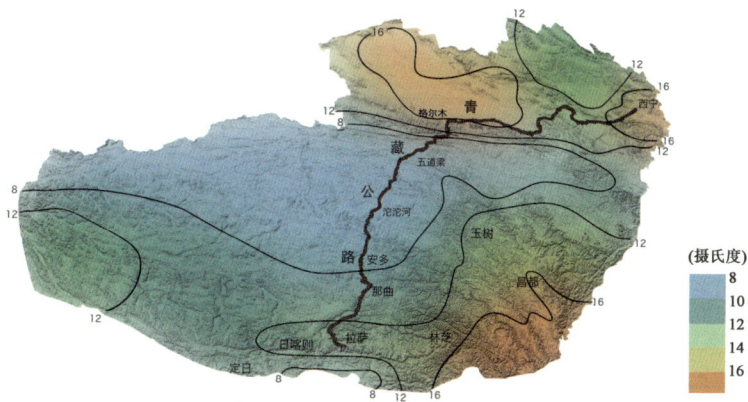

图 1-32　青藏高原 7 月平均气温分布图

　　7月份是高原上最热月，平均气温低于10摄氏度的地区主要在青海南部和西藏北部。如五道梁（海拔4612米），7月份平均气温只有5.4摄氏度，是全国同期温度最低的地区。7月份青藏高原最暖的中心在柴达木盆地，如察尔汗，月平均气温为19.1摄氏度。

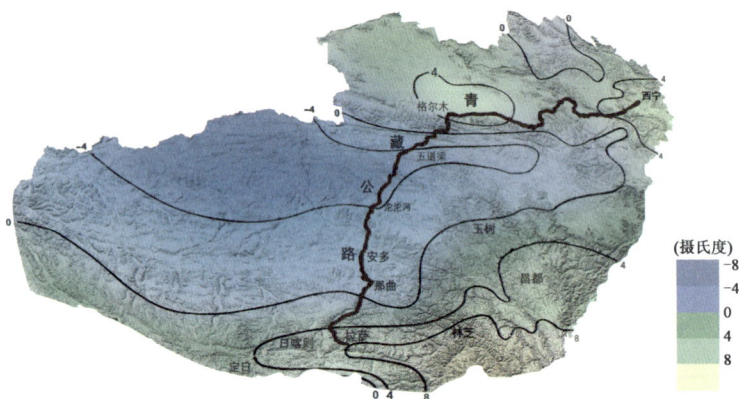

图1-33　青藏高原年平均气温分布图

　　从年平均气温来看，青海南部和西藏北部为一冷中心；祁连山西部为次冷中心；三个相对温暖的地区是柴达木盆地，青海东部的黄河、湟水谷地，西藏东南部雅鲁藏布江与三江谷地。其中，柴达木盆地由于受地形影响，年平均气温在3～5摄氏度，为一闭合的暖中心。

　　青藏高原的等温线分布基本上与等高线相吻合，这是高原气候的主要特征。具体等温线分布自东北部和东部边缘向西南部逐渐抬升，在祁连山及高原东部边缘处最低，在高原西南部最高，其次为横断山区。这一现象表明相同海拔上气温自边缘向高原内部逐渐升高，印证了青藏高原的加热场效应。

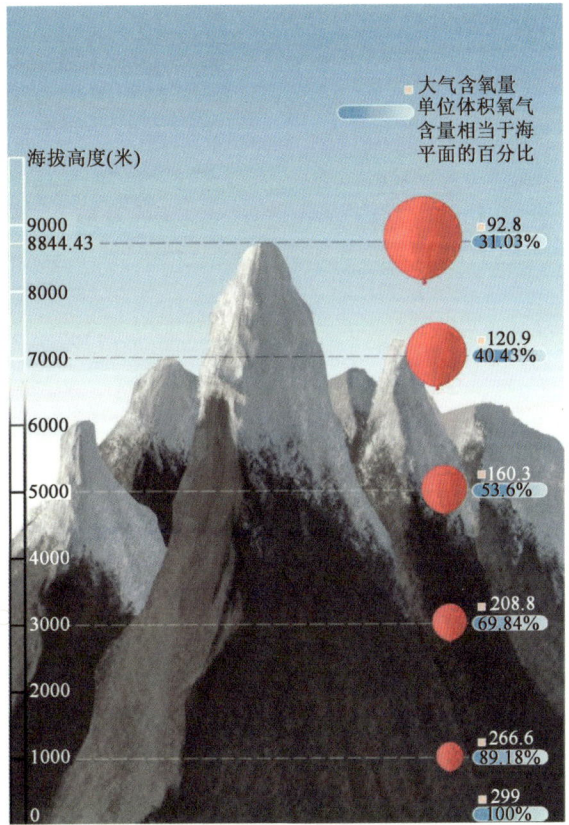

图 1-34 气压随海拔高度升高的变化

青藏高原的气压受到季节和地形的影响。夏季，受到强烈太阳辐射，地面升温快，形成热低压；冬季，太阳辐射较弱，地表温度降低，形成冷高压。青藏高原的大气压值在 78.9 ~ 92 千帕之间，平均海拔高度 3000 米，比标准大气压低 19.74 千帕。

1.3.2 降水与降雪

青藏高原的降水特点可概括为降水量少、地域差异大。青藏高原年降水量空间分布为东南多西北少，自高原东南侧（4000 毫米以上）向柴达木盆地冷湖一带逐渐减少。雅鲁藏布江下游地区是降水最为丰富的区域，而柴达木盆地西北部则降水最少。如雅鲁藏布江红河谷的巴西卡降水极为充沛，年均降水量可达 4500 毫米，是高原降水量最少地区的 200 多倍，也是我国降水最多的中心之一。青藏高原有 4 个降水中心，东南地区有 3 个，分别是横断山西南边缘地区、雅鲁藏布江大峡谷地区、高原东南边缘到四川盆地，第 4 个降水中心位于祁连山南侧的青海湖附近。

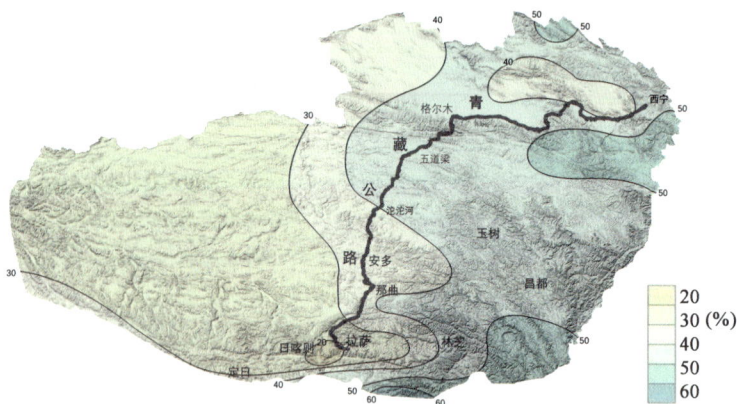

图 1-35　青藏高原 1 月相对湿度分布图

　　从时间分布上看，青藏高原降水主要出现在夏季，集中在 5 月至 9 月，旱季雨季分明。降水全年分布有两种形式：雅鲁藏布江红河谷地区和喜马拉雅山南麓呈现双峰形，其他地区基本呈现单峰形，峰值基本出现在 7 月或 8 月。

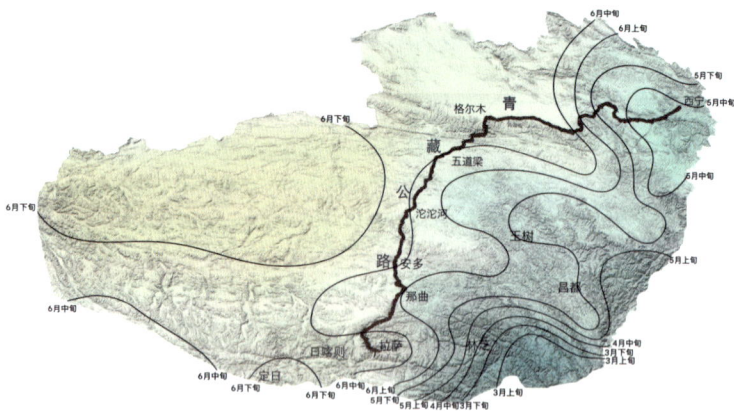

图 1-36　青藏高原雨季开始期分布图

　　青藏高原的年降水量变化表现出明显的地域性特征，其中北部和南部的降水变化趋势呈现反向关系。20 世纪 80 年代中期，青藏高原北部的降水量开始减少，而南部地区开始出现多雨现象。表明在这一时期，高原的降水分布开始出现显著的区域性差异。根据 1958—1996 年青藏高原及其周边 75 个雨量站的资料结果显示，在夏季，高原的大多数站点降水量呈现减少趋势，特别是在南部地区减少尤为明显。然而，高原东北部以及东部和南部边缘的一些地区降水量却有所增加。在秋季，高原中部和东南部的降水量呈现增加趋势，而西南部和东北部的降水量则有所减少。此外，大部分站点的降水量从 1958 年观测以来呈现增加趋势，特别是在高原的中东部地区，降水量的增加最为显著，这反映出青藏高原近期呈现的暖湿化趋势。

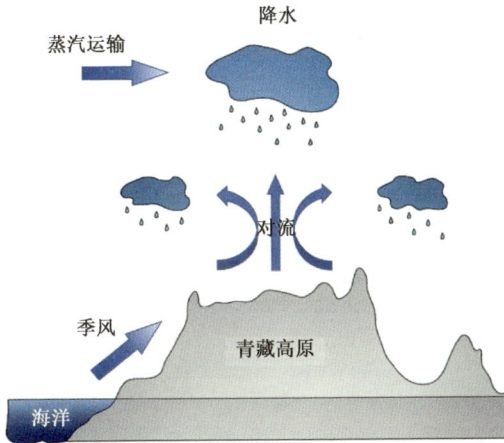

图 1-37　青藏高原降水、降雪过程图示

1.3.3　风速与蒸发

青藏高原地势高，风速较同纬度其他地区大，但空气密度较低，长期以来其风资源被认为不利于开发利用。在气候变暖的背景下，青藏高原春季风速在近 42 年间呈减小的趋势。高原春季气温的变化趋势也在 20 世纪 90 年代末发生了转变，并且与风速的转折期相对应。春季高原风速与地面气温的线性趋势是反相的，但二者在年际尺度上表现出同位相的变化。

青藏高原风速的变化受两方面的影响，一是近地面层气压梯度力做功，反映了大气温、压梯度即等压面倾斜度改变对风速的影响。二是高层动能向低层的输送。受高原地区垂直运动的制约，高、低层风切变的增大也有利于加强动能向低层的输送，环流场表现为当急流在中纬度地区增强而在高、低纬度地区减弱，急流管位置略偏北时，有利于高原地面风速增强，反之高原风速减弱。

青藏高原生态环境脆弱，地广人稀，对全球气候变化非常敏感。研究表明，最近几十年青藏高原的升温速率约是全球平均升温速率的2倍。在响应气候变化的同时，青藏高原可通过感热加热和潜热释放改变大气环流形势。蒸散作为下垫面潜热释放的主要方式之一，是研究土壤—植被—大气系统水热平衡的重要参量，也是表征陆面生态系统生产能力的重要指标，其变化与气候变化及地表覆盖变化密切相关。

目前，获取地表蒸散量的方法有许多，主要有站点观测法、遥感反演法和模型模拟法等。站点观测法精度最高，但成本较高，观测结果具有明显的局地性，难以进行尺度拓展；卫星遥感影像在一定程度上解决了大范围蒸散量的估算问题，但受限于卫星技术和反演算法，数据的时空分辨率和精度不足；模型模拟法的准确性依赖于参数化方案，存在不确定性。

潜在蒸散量指的是在充足水分条件下，特定下垫面可能达到的最大蒸散量。它是实际蒸散量的上限，与实际蒸散量有紧密的物理和统计联系，而且易于获取、区域可比性好，常被用作实际蒸发的替代指标。通常认为，气温升高会增加蒸散量，加速水循环。但是青藏高原大量观测资料显示，在气温上升至一定数值时，潜在蒸散量会出现明显下降趋势，这种现象被称为"蒸发悖论"，这可能是由于太阳辐射和风速减弱所致（如下图所示，潜在蒸散量在6月至9月间呈现出"波谷"）。

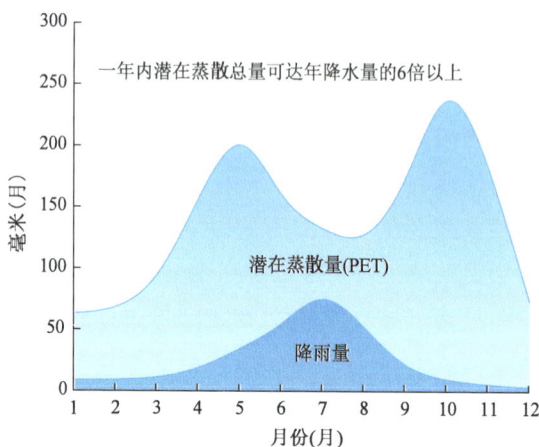

图 1-38 青藏高原潜在蒸散量与降水量的变化

1.4　青藏高原的水文特征

青藏高原作为地球"第三极",是气候变化的敏感地区。检测高原上水资源的分布和动态,对于制定水资源管理政策和维持生态系统的稳定性尤为重要。

图 1-39　青藏高原水文景观

1.4.1　地表水和斜坡径流

青藏高原的地表水主要源自冰川融水、大气降水和冻土融化，这些水体在高原上汇集形成了众多河流、湖泊和湿地。过去众多研究表明，气候变化会极大地影响地表水资源，导致年降水量的剧烈变化。通过统计模型分析，自 2000 年以来，青藏高原地表水的增加与气候变暖和湿润条件的改善呈现出正相关关系。在气候变暖的背景下，青藏高原上的许多冰川继续融化，这也促进了地表水的补充。降水的增加是地表水的直接来源之一，同时也是青藏高原上半干旱地区绿化的主要条件。

图 1-40　地表水

此外，植被在全球水分平衡中起着至关重要的作用。不同植被根据各自群落的分布、组成等特征，通过拦截气孔行为与控制叶面积等方式调节蒸散量与渗透产出。植被绿化可以通过大气反馈加速水文循环，在此过程中形成地表水体的可能性很高。同时，植被还将气候变化和地表水变化联系起来，即气候变暖和湿润的气候条件促进了植被的生长，进而增加了地表水。

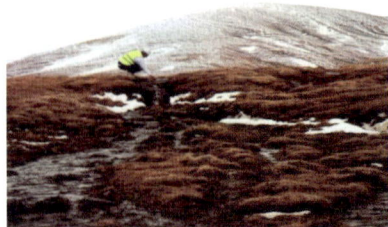

图　1-41

图1-41　斜坡径流

　　高原地区的独特地形、气候和地质条件，使得斜坡上的径流过程尤为显著。在降水或冰川融水输入的情况下，水分迅速在斜坡上汇集，形成表面径流。由于青藏高原的坡度较大，这些径流通常以较高的速度向下流动，导致水土流失和侵蚀作用增强。

　　与此同时，一部分降水会渗透到斜坡土壤中，形成土壤下渗现象。土壤的渗透能力取决于其组成、结构和湿度状况。在冻土层未融化的冬季，土壤渗透较少，而在夏季冻土层融化时，渗透量显著增加。融化的冻土层和降水共同增大了土壤的饱和度，导致更多的水分向下渗透，补给地下水。这些渗透水也会在土壤中部分存留，进一步参与地表径流过程。

　　斜坡径流与土壤下渗相互作用，形成了一套复杂的水文循环系统。这不仅影响了高原地区的水资源分布和生态系统动态，同时也对下游水文环境和人类活动产生了直接影响。通过这些过程，青藏高原的地表水资源得以调控和循环，由此说明该地区的生态系统和水文特征具有独特性和多样性。

1.4.2　融雪性洪水

　　在全球气温升高的背景下，青藏高原作为世界上海拔最高、最辽阔、积雪广布的高原，亦为融雪灾害频发之地。冰川融水和积雪的快速融化导致了融雪性洪水的风险增加，这种洪水通常发生在春季和夏季。随着气温的升高，大量积雪和冰川融水迅速汇集成流，可能会引发突发性的洪水事件。融雪性洪水的特点是流量大、来势迅猛，有时还会伴随着泥石流等次生灾害，对人类居住区、农田、基础设施以及生态环境构成威胁。

青藏高原的河流不仅是重要的水源，同时也是重要的海洋泥沙输移介质。据估计，全球入海的泥沙约有 1/3 来自青藏高原及其周边地区的大河。融雪性洪水不仅会增大河流的径流量，还会改变河流输沙量。有研究表明，1960—2017 年期间，除黄河源、长江源外，发源于青藏高原的其他河流输沙量均呈增加趋势。

图 1-42　融雪性洪水的形成

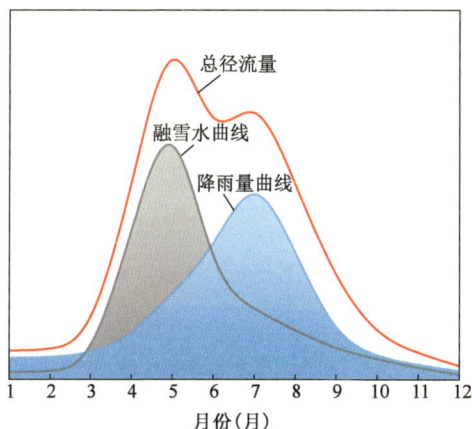

图 1-43　融雪水与降雨量曲线

1.4.3　河流

青藏高原南部与东部的边缘山区河网密集，较大的外流河有属于印度洋水系的雅鲁藏布江（大支流有拉萨河、年楚河、尼洋曲与帕隆藏布等）、怒江、朋曲及属于太平洋水系的长江、黄河与澜沧江。

青藏高原的河流可以分成两大部分：内流区和外流区，高原东部、南部和东南部河流属外流区。我国的两条大河——长江、黄河，以及南亚著名的印度河、恒河支流布拉马普得拉河，东南亚的萨尔温江、湄公河的上游均源于青藏高原，分别称为通天河、嘎玛勒曲、狮泉河、雅鲁藏布江、怒江和澜沧江。西北部的河流有许多为雨季流量大增而旱季骤减或断流的季节性时令河，也有一些是发源于高山冰雪、注入内陆湖泊或消失在干涸湖盆中的内流河。

高原河流内流区和外流区的分界，大致西起冈底斯山支脉卓木龙日—昂龙岗日—亚龙赛龙日一线，南沿冈底斯山和念青唐古拉山至青藏公路唐古拉山口，再顺唐古拉山往西至昆仑山脉的博卡雷克塔格，绕柴达木盆地东缘及青海湖盆，止于祁连山。内陆流域总面积大约占高原总面积的 40% 左右。高原内流与外流河之间，有的地方并无明显的分水岭相隔，分水线在平面上呈犬牙交错，这在一定程度上是晚近地质时期高原强烈隆起的结果。

　　高原河流内外流水系的分布形势与地形密切相关。高原地势的总轮廓是西北高而东南低，河流也大都由西北部或西部向东南、东北或南部倾泻。同时，河流水系格局也受到地质构造的控制。比如，雅鲁藏布江原来是一条东西方向的河流，到东部喜马拉雅山脉南迦巴瓦峰附近，则呈 90 度大拐弯，改向南流。由于山川交错，大拐弯中又叠套着连续的直角形小拐弯，使得江河迂回曲折，峡谷一个接着一个。高原东南横断山区的河流，也都顺着山势，泻向东南。

　　境内外流区较大的河流，由西往东有狮泉河、雅鲁藏布江、察隅河、怒江、澜沧江、金沙江、雅砻江、大渡河、黑河、白河和黄河。这些河流当中，黄河注入渤海；金沙江、澜沧江、怒江并肩南流；雅砻江汇入金沙江；大渡河、岷江下接长江，注入东海；澜沧江纳入南中国海；怒江长驱直下，最后流入印度洋安达曼海；流入印度洋的还有雅鲁藏布江和狮泉河。外流河网形态或为丛束状，

▼图 1-44　青藏高原河流分布图

或为羽状—互生状，即干流粗壮、支流短小且相互平行排列。河流的这些形态，主要取决于地质构造。

内流区河流中流域较长的有注入柴达木盆地南霍布逊湖的柴达木河，注入色林错的扎加藏布（主干长近400公里），注入达则错的波仓藏布（主干长200余公里），注入依布茶卡的江爱藏布以及措勤藏布和慧多藏布等。高原内流区的河流多以湖泊或盆地为中心，呈向心状排列。由于深处内陆、降水稀少，河水缺少补给水源，导致源短流细、河网稀疏。

1) 黄河源头和长江源头

黄河是中华民族的摇篮，黄河流域也是世界古代文化发祥地之一。在《山海经》《禹贡》和《水经注》等古籍中皆称黄河为"河"，因它的中游流经广大的黄土高原地区，支流挟带大量的泥沙汇入，使河水呈黄色，故名黄河。黄河的藏语名称叫"玛曲"，"玛"是藏语"玛甲"一词的简称，意为孔雀，"曲"为河、水之意，因此"玛曲"即为孔雀河。当地藏族群众中流传着一句描绘"玛曲"的谚语：孔雀河边有孔雀，尾翎插在宝瓶中，而当地人民根据黄河上游玛曲涌滩众多小湖的地理景观，以孔雀河这一美名命名此河。每当登高远望，数不尽的大小湖泊宛如繁星落地，绚丽多彩，恰似孔雀开屏，尾翎眼彩斑点点。

千万年来黄河奔腾不息，源远流长。它的源头究竟在哪里？唐代诗人李白的诗句"黄河之水天上来"和刘禹锡的诗句"九曲黄河万里沙，浪淘风簸自天涯。如今直上银河去，同到牵牛织女家"是古人对黄河源头的浪漫想象。我国科学工作者曾多次对河源地区进行深入系统的考察，历经千辛万苦，为确定黄河河源作了大量的工作。关于黄河河源问题一直存在争议，直至2008年，由青海省政府组织的史上最大规模的三江源头科学考察通过专家组评审，新确定的黄河源头为卡日曲。卡日曲的那扎陇查河源头为黄河源头，其长度、流量和流域面积均大于其他河流。根据国际上河流正源确定的三个标准，即"河源唯长""流量唯大""与主流方向一致"，同时考虑流域面积、河流发育期、历史习惯，卡日曲被确定为黄河的正源，这也是第一次在科学考察后得到国家正式批准的黄河正源。

黄河在内蒙古托克托县以上为上游，大体上自刘家峡以西属青藏高原范围。这里地势高、气候寒冷，虽然降水量不多，但水分蒸发消耗较小，是黄河产水量的高值区。河源河流迂回曲折，水散乱，有时难以辨别主河道。河道两侧分布着大大小小、形状万千的湖沼，湖沼之间是常年积水的沼泽化草甸。

青藏高原上的黄河流经多变的地形，形成了峡谷与平原交替出现的地貌：在由坚硬的片麻岩、花岗岩和变质岩构成的地区，河流侵蚀形成了深邃的峡谷；而在较为松散的砂页岩和红色岩系地区，则形成了宽阔的谷地。在这些峡谷中，龙羊峡、松巴峡和积石峡等较为著名，它们的形成与高原的隆起和河流的强烈侵蚀作用密切相关。

黄河以其高含沙量而闻名，是世界上含沙量最大的河流之一。然而，在青藏高原的河段，黄河的输沙量相对较低，水土流失现象并不严重。据研究估算，黄河的水量有大约70%来自甘肃兰州以上的地区，但输沙量却只占到总输沙量的约7%。这种低输沙量的特点对于水利工程的建设和维护是有利的，因为它减少了河流携带泥沙对水利设施的磨损和淤积。同时，这也凸显了黄河中上游地区水土保持和环境保护工作的重要性。

a)扎陵湖

b)牛头碑

图1-45 黄河源头实景

长江全长6300余公里，论长度仅次于亚马孙河、尼罗河，居世界第三位。它汇集百川，流域面积达180万多平方公里，每年入海总水量约一万亿立方米，相当于欧洲最大的伏尔加河水量的4倍。

　　长江确切的发源地在历史上很长的一段时间内并没有被查清。明代以前，一般皆沿用《禹贡》中的说法"岷山导江"。直到明代徐霞客写了《江源考》才把"岷山导江"的错误看法纠正过来，但他仍然没有得出正确的结论。我国对长江源头进行了多次科学考察，1976 年和 1978 年两次江源科学考察，发现长江源头地区有楚玛尔河、沱沱河、尕尔曲、布曲和当曲等 5 条河流。其中沱沱河最长，被认定为长江的正源。沱沱河发源于唐古拉山主峰各拉丹冬西南侧，这里有 21 座 6000 米以上的雪山，南北长达 50 余公里，东西宽约 20 公里。冰雪覆盖面积达 595 平方公里，周围发育着 40 多条现代冰川。冰雪融水源源不断地给长江提供丰富的水源。在 2008 年的长江源头科学考察中，科考队采用了全球卫星定位系统、地理信息系统、遥感技术等现代高科技手段，这些技术很多都是首次应用于三江源头科学考察。通过全球最先进的测绘仪器，测得沱沱河最长支流长度为 348. 63 公里，当曲则为 360. 34 公里，比沱沱河长 11. 71 公里。这次科学考察认为长江南源当曲才是正源，推翻了此前沱沱河为正源的传统观点。

　　沱沱河往下至玉树一段称通天河。它向东南缓缓地流淌于海拔 4000 米左右的高原上，地面平缓、开阔，间有低矮丘陵或山岗，一般高出河面不到 300 米。河谷宽广，谷宽 500～3000 米不等，水流散乱弯曲，呈辫状水道，流速缓慢，多沼泽地和草滩，是良好的天然牧场。

　　通天河以下至四川宜宾称金沙江，金沙江蜿蜒于青海、西藏、四川和云南三省区之间。金沙江因水中产沙金而得名，古代亦称丽水。金沙江属高山峡谷河流，河谷具有"曲、狭、深、陡"的明显特点。金沙江进入川藏之后，如同利斧，在峰峦叠嶂中劈开一条向南的通道，直奔而下。河流的两岸分别被海拔 5000 米以上的雀儿山、沙鲁里山、达马拉山、宁静山夹峙。这些高山终年白雪皑皑、冰川晶莹。河流强烈下切，峡谷大多幽深而狭窄，谷宽仅 100～200 米，岭谷高差一般在 1500 米左右。到处是巉崖绝壁、悬沟飞瀑，人们形容这里是"仰望山接天，俯瞰江如线"。

图 1-46   沱沱河实景

2）其他河流

青藏高原作为亚洲水塔，不仅滋养着高原本身，还为下游地区提供了丰富的水资源。除了黄河和长江的源头外，青藏高原上还孕育了许多其他重要的河流，如雅鲁藏布江、澜沧江（湄公河）、怒江（萨尔温江）等。除此之外，一些区域性河流也成为青藏高原上居民生产生活的重要淡水来源，从微观上缓慢改变着高原地貌。

a)花石峡区域河流   b)花石峡河谷

图 1-47   青藏高原上的其他河流

1.4.4   高山沼泽

青藏高原的冻土区沼泽是地球上独特的生态系统之一，其冻结和融化过程对区域环境和全球气候都有着深远的影响。这些沼泽地在冬季会经历冻结过程，而到了春季和夏季，随着气温的升高，这些冻土层开始融化。冻结过程通常从秋季开始，随着气温的下降，土壤中的水分逐渐结冰，形成坚硬的冻土层，这个过程会持续到冬季，此时土壤中的水分大部分已经冻结，形成了一个相对稳定的冻结状态。春季和夏季的融化过程则是冻土层由固态转变为液态的过程。随着太阳辐射的增强和气温的升高，表层土壤首先开始融化，水分逐渐释放。这个过程会逐渐深入到更深层的土壤中，直到整个活动层完全融化。融化的水可能会暂时积聚在地表，形成沼泽，或者渗透到地下，补给地下水。

a)冻结期　　　　　　　　b)春融期

图1-48　沼泽的冻结与融化

随着全球气候变暖，青藏高原冻土区的沼泽面临着加速融化的风险。这种加速融化可能会导致土壤有机碳的释放，这些碳以二氧化碳和甲烷的形式进入大气，进一步加剧全球变暖。此外，冻土的融化还会影响地表水的流动路径和地下水的补给，进而影响沼泽地的水文特性和生态功能。

冻土层剖面　冻土层　未冻土层

图1-49　高山沼泽剖面示意图

1.4.5　地下水的流动

多年冻土区地下水可以分为冻结层上水、冻结层间水和冻结层下水；在冻结层上水以上，还存在包气带。

冻结层上水包括多年冻土上限以上含水层孔隙水（包括活动层水、潜水）。其主要类型有沼泽水、土壤水、上层滞水、活动层水，也包括现代和古代河谷冲积层中的水。在一年之中，冻结层上水通常部分或全部发生液相和固相转换。在温暖季节，冻结层上水呈液态，含水层具有自由表面，分布区普遍接受大气降水及地表水的补给，以径流或蒸发的形式排泄，具有潜水的特征。在寒冷季节，冻结层上水含水层上部的水先转为固态，下部暂时保持液态，季节冻层构成暂时性"隔水层顶板"，水呈承压状态。含水层厚度受季节冻层最大厚度和多年冻土上限控制。如果在季节冻层较深，多年冻土上限较浅的地方，冬季里含水层可能全部冻结，而无液态水存在；当多年冻土上限下移很深，而季节冻深与多年冻土上限间仍存在融化的含水层，冻结层上水可能全年为无压的液态水。一般情况下，大气降水量是冻结层上水的主要补给来源。在高山、高原区，还有冰雪融水的补给；靠近地表水体时，可接受地表水的补给。另外，冻结层下水通过融区或断裂通道也可以成为冻结层上水的补给来源。

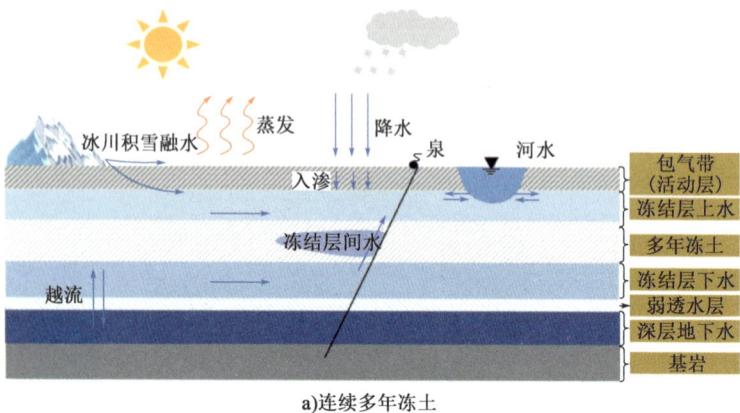

a)连续多年冻土

图　1-50

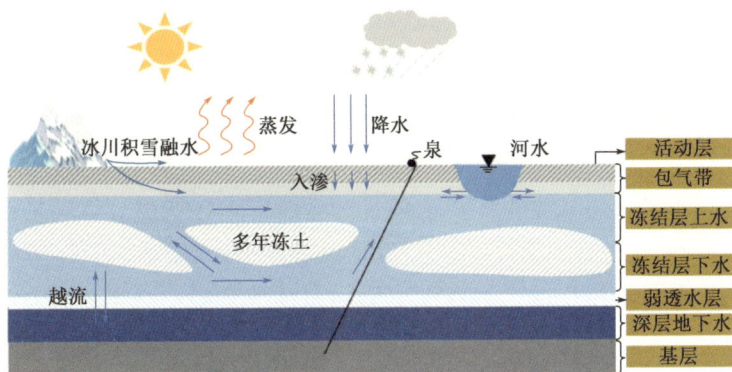

b)不连续多年冻土

图1-50 冻土层地下水流动图示

冻结层间水存在于多年冻土上限与下限之间。与冻结层上水不同，水的固态与液态不发生季节性转换。在融区之外，液态水以层状、透镜体状、管状或脉状等形式存在于固态水之间，通常具有承压性。这些液态水必须在周围温度低于冰点的环境中保持不断运动，或者具有较高的矿化度，才能维持其液态状态。冻结层间水通过融区或其他途径接受大气降水、地表冻结层上水和冻结层下水的补给，其水质、水量、运动状态均随补给来源而变化。如果补给不足，冻结层间水可能会迅速从液态转变为固态，从而被埋藏于地下。

多年冻土下限以下含水层所蕴藏的水，称为冻结层下水。其温度通常大于零摄氏度，并随着深度增加而加大。冻结层下水以多年冻土或多年冻土层下的隔水层作为"隔水顶板"，因而具有承压性，在一定条件下也可以自喷地表。由于存在冻土层作为"水顶板"，冻结层下水的补给和排泄只能通过融区进行。

图1-51 包气带水渗出形成积水

青藏高原地下水资源丰富，区域内主要涉及的西藏、青海、四川地下水资源，其总量分别为 1105.7×10^8 立方米、424.2×10^8 立方米和 635.1×10^8 立方米。青藏高原地下水储存对区域牧业、种植业、制造业和生态系统保护恢复至关重要，也关系着雅鲁藏布江、长江、黄河、怒江等重要江河的补给，对保障区域经济社会发展具有重要意义。

青藏高原山地冰川大幅度退缩和湖泊体量增加的趋势明显。湖泊面积增加主要原因可能是冰川积雪消融水、冻土融水和降水的流入，地下水在此过程中具有不可忽视的推动作用。地下水从补给区以降水、冰雪融水的形式补给，最终在高原山谷和邻近盆地以泉水、侧向补给河水与湖泊的形式排放。

高原地区的地下水流动由地形梯度驱动，其循环深度可达 1~2 公里，并可能携带地热能出露地表形成温泉水，这可能是破坏永久冻土并在高原上形成多年冻土消融区域的重要机制。多年冻土消融形成的水资源量十分可观，这不仅使区域地下水储量增加，也使冻土层隔水效应削弱，加剧了地下水与地表水体间的交换。因此，地下水径流量的增加也是间接导致高原湖泊数量与体量增加的因素。

大量研究成果表明，由于气候变暖，喜马拉雅山大部分冰川、积雪、永久性冻土在近年间加速融化。在此条件下，未来地下水在高海拔源区补给充分，加之地下水在青藏高原具有非常特殊的深储存和深循环特征，使其可携带更多的热能冲击地表多年冻土层，这一过程进一步加剧多年冻土的消融速度。冻土层的消融使得地下水和地表水之间的隔断逐渐消失，地下水与地表水的交换将更为频繁。由此预见，高海拔区域的地下水补给与相对低海拔区域的地下水自然排泄都将增大。在不扩大开采的条件下，未来青藏高原的地下水资源量及储量都将呈现增加的趋势。

土壤冻融过程中的水热迁移作为自然界中的一个重要环节，在农业、水资源、环境系统、基础建设等领域中都具有极其重要的地位，它的研究对于综合评价地表、地下水资源，有效利用土中水、热资源，合理确定农业灌溉技术参数，合理解决寒区和极地资源的开发、工程建设和环境保护，开展土中盐渍化防治等实际问题都具有重要意义。

在整个冻融过程中，由于水分发生相变，土壤含水层剖面将出现上下两个锋面。上层锋面是土壤水分入渗所形成的湿润锋，下层是冻融期形成的冻结锋。由于非均质土壤中各层土壤的质地和透水性不同，水分的入渗速率就会不同。以唐古拉山地区为例，10～60厘米土层的土壤质地比下层的土壤质地细，饱和导水率小于下层土壤，所以在入渗过程中，土壤的入渗速率由10～60厘米层土壤控制。此种情况下，当湿润锋前进到粗细土层的交界处时，由于水平方向上的吸力梯度大于垂直方向上的吸力梯度，湿润锋不再向下前进，而是在水平方向上向周围细土扩展，水分就会不断在10～60厘米的细土层富集，直到水平方向上吸力降低到与垂直方向上吸力相近时，聚集在细土层中的水分才会以较快的速率进入粗质土壤。在10～60厘米土层处，水分在冻融期出现了明显的积聚现象，含水率最大达到260克/千克。冻结结束后（11月19日至翌年5月初），活动层中部的含水率几乎为0。由于活动层的冻结过程是从上下两个方向向中间进行的，因此上下两个冻结锋面逐渐向中部移动直至最后合拢。这就是说，多年冻土活动层冻结过程中，水分向上下两个冻结锋面迁移，而活动层中部则被疏干。而在融化锋面之下的冻结层中，由于上部温度高，下部温度低，在温度梯度驱动下未冻水向下迁移。从5月中旬以后，土壤进入表层回融期。随着气温的升高，土壤从地表向下消融，各土层的含水率逐渐增大，剖面上水分的运动状态较为复杂。表层融化区的土壤水分（基质势）大于下层的冻土层，使土壤水分由融化区向锋面迁移，加上表层有入渗等原因，造成该处水分的富集；等到土壤完全消融，土壤水分剖面又恢复为非冻土的稳定剖面。融化过程结束时（8月中旬），活动层中上部的含水率增加，这可能与降水量增加有关；同时下部含水率高，成为水分积累区。在冻结期内，土壤水分会在冻结锋面（冻结缘）处富集。在持续冻结期到拟稳定冻结期，土壤含水率会在冻结缘内有一定的变化，同时含水率的峰值位置随着冻深的发展不断向下推进。

初冻期土壤剖面含水率均较高，各土层含水率达到 120 克/千克以上，但是随着冻结深度的加深，各土层含水率明显降低，在 30～200 厘米深度，含水率明显降低。随着气温的下降，土壤开始冻结，并存在一个温度梯度，部分水分结成冰，未冻水含量减小，冻结层土水势降低，土壤吸力增大，相邻非冻层土水势相对增大。同时也形成一个未冻水含量梯度（土水势梯度），在这个梯度作用下水分从土水势高的区域向土水势低的区域运动。当 2 月初气温达到最低值时，土壤温度也渐渐达到最低值，土壤水分受到土壤温度的影响，浅层 5 厘米、10 厘米和深层 245 厘米、280 厘米、300 厘米土壤含水率在 50～100 克/千克之间，而其他土层含水率均小于 50 克/千克。

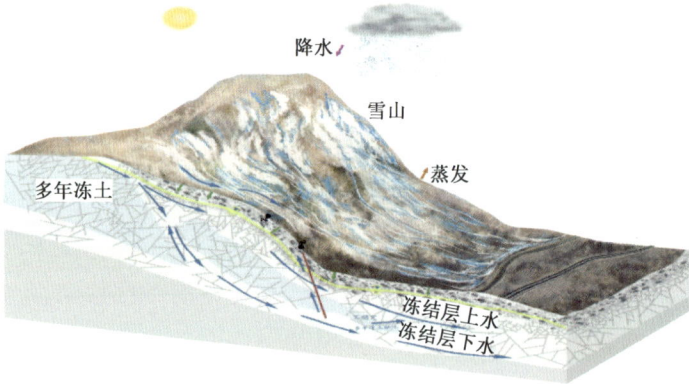

图 1-52 多年冻土地区地下水的迁移

在整个冻融期内，温度的变化较为平缓，而水分的变化较为复杂。浅层土壤水分在冻结期内较为稳定，而在融化期内波动较大，主要是因为浅层土壤对降水量等较为敏感。在深层 250 厘米以下，土壤水分明显增大，说明深层土壤水分条件较好，也进一步反映了冻结底板的隔水作用，水分集结在冻结底板上。从土壤水分在冻结期和融化期的变化规律可以看出，在冻结阶段水分向冻结锋面集结，而在融化阶段水分向融化锋面迁移的现象，即反映了在冻结和融化过程中水分向相变界面附近迁移的结论。

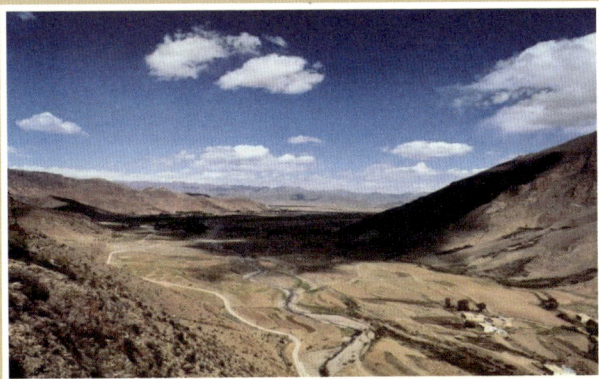

青藏高原的交通
与青藏公路

2.1 历史上的青藏高原交通

2.1.1 古代的交通

青藏高原，大致为北界昆仑山、阿尔金山、祁连山，南抵喜马拉雅山，西起帕米尔高原，东迄横断山脉。该地域以高海拔和极端气候著称，被称为"世界屋脊"，自古便是天然屏障。在西藏地区，古代的道路多是由人和动物长期行走逐渐形成的，例如那些狭窄而曲折的驼路。除此之外，还有临时搭建的栈道和云梯，这些道路状况极差，行走起来极为艰难。

公元 7 世纪初，松赞干布成功统一了西藏地区，创建了强盛的吐蕃王朝。为了促进藏汉两族之间的交流，吸收和学习中原地区及周边地区的先进技术和文化，松赞干布迎娶了唐朝的文成公主，文成公主入藏所走的道路即著名的唐蕃古道。

图 2-1 文成公主入藏

　　唐蕃古道，这条历史悠久的交通要道，不仅是 1300 年前唐朝与吐蕃王朝之间的重要纽带，也是自唐代以来中原地区通往青海、西藏，乃至尼泊尔和印度等国家的必经之路。作为地理上的连接线，它从唐朝的都城长安（今西安）开始，经过甘肃，穿越广袤的青藏高原，一直延伸到吐蕃的首都逻些（今拉萨）。这条古道不仅连接了中原与西藏，还成为古代丝绸之路中不可或缺的一部分。

　　此后两个多世纪中，唐蕃古道成为唐朝与吐蕃这两个强大政权之间经济和文化交流的重要桥梁。唐朝的丝绸、茶叶与吐蕃的马匹、药材在这条古道上频繁交换。据《全唐书》记载，自唐太宗贞观元年起的两百多年间，藏汉两族沿着唐蕃古道进行了密切交往，唐蕃使臣的互访次数达到了百余次。

　　古道沿途的人文景观丰富多彩，包括历史悠久的宗教场所、宫殿和城池，例如拉萨的布达拉宫和大昭寺，这些地方不仅是宗教信仰的中心，也是文化传承的象征。此外，还有许多与古道紧密相连的名胜古迹，如勒巴沟摩崖石刻、文成公主的庙等，它们承载着丰富的传说和历史记忆。

　　值得注意的是，尽管唐蕃古道的修建促进了西藏与周边地区尤其是与中原地区的密切交流，但当时的交通运输方式仍然十分原始，主要依赖人力和畜力。牦牛、骡子、马、驴和羊等动物都承担着运输的重任。牦牛因其出色的耐寒能力和长途跋涉的能力，成为运输的主力军，被誉为"高原之舟"。驮羊能够携带大约 10 公斤的货物，每天大约行走 10 公里，直到到达目的地才能卸下重担。骡马不仅供人们骑乘，也是山区运输的重要力量，同样适用于长途运输。而人力背运则主要在山区和险峻的道路上进行。

　　唐蕃古道全长 3000 余公里，其中超过一半的路程位于青海省内，穿越了青藏高原。沿途的自然环境十分恶劣，气候多变，且海拔变化巨大。2024 年 1 月，国道 345 青海玉树州杂多段与国道 317 西藏那曲巴青段连接路通车，使得这条历经千年的古道得以焕发新的生命，继续承载着现代交通的使命。

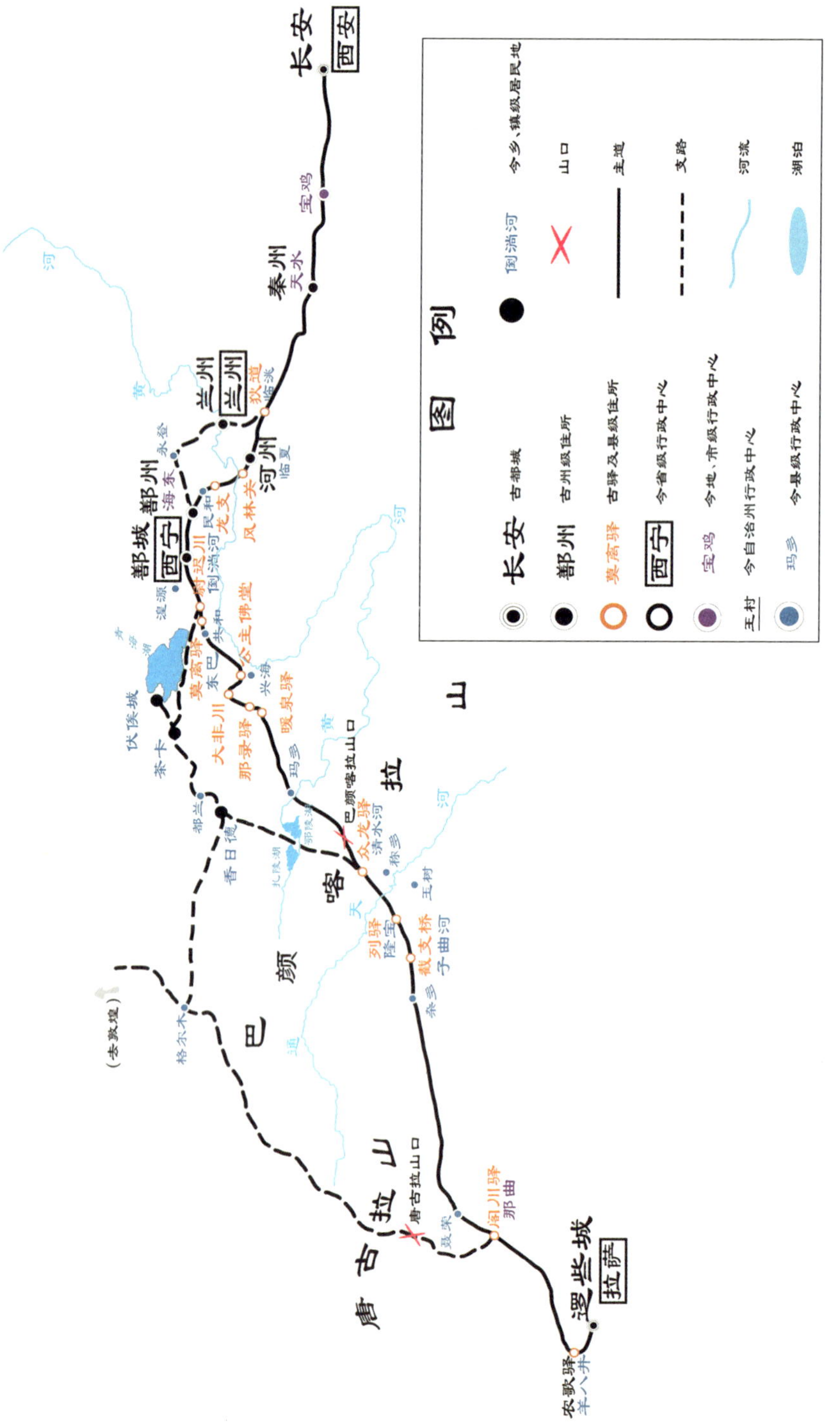

图2-2　唐蕃古道路线示意图

业拉山　吉拉山　谢尕拉山　俄尕拉山　尕日拉山　尕拉尕山　尕拉山　雁口山　巴颜喀拉山　长石头山　姜璐岭　鄂拉山

4168米　4356米　4496米　4496米　4333米　4504米　4458米　5267米　4542米　4470米　4499米

湟源　西宁 ——— 2275米
青海湖　150公里　58公里
共和 ——— 3200米　倒淌河
42公里
262公里
花石峡 ——— 4500米
83公里
玛多 ——— 4267米
262公里
称多 ——— 3813米
105公里
玉树 ——— 4493米
178公里
襄谦 ——— 4000米
213公里
昌都 ——— 3500米
类乌齐 ——— 3840米
89公里　167公里
邦达 ——— 4300米
八宿　95公里
90公里
然乌 ——— 3850米

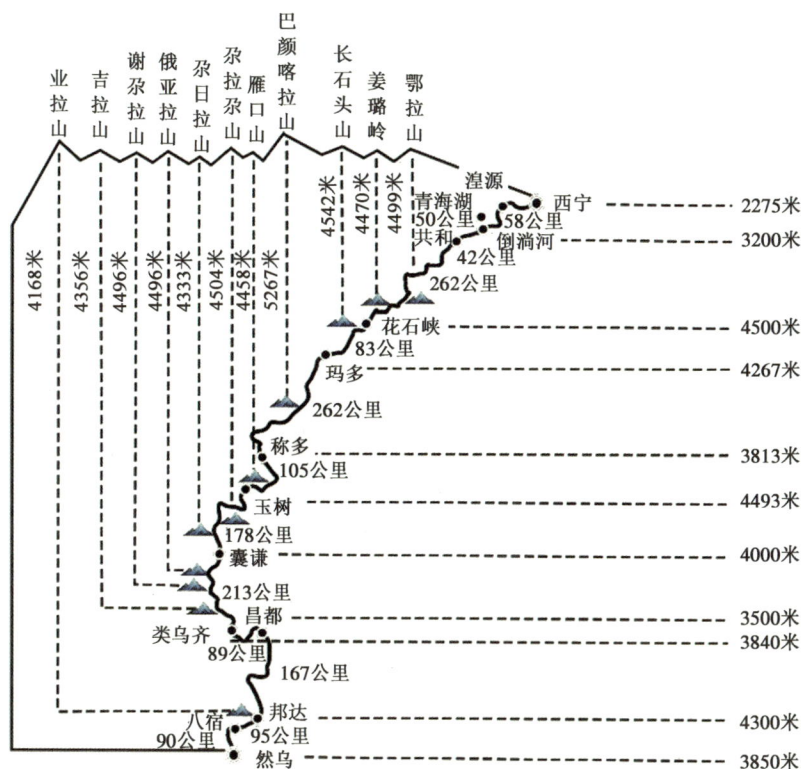

图2-3　唐蕃古道海拔图 （G214 北段）

2.1.2　中华人民共和国成立前后的交通

西藏的公路交通是在中华人民共和国成立之后才开始迅速发展的。共和国成立之初，党中央便着手解决西藏问题，毛泽东等中央领导高度重视西藏的交通建设，并制定了多项关键决策。彭德怀元帅当时提到："从于田、和田翻越昆仑山至西藏边境里河田盐湖需行十七天，纯小路，骡马不能通行，人烟稀少，其中有七天无人烟；据闻由里河田盐湖至拉萨，骑行需四十天，一说需两月。从南疆入藏甚为困难，（飞机）飞越昆仑山亦需特种装置。另由喀什噶尔经浦犁、帕米尔高原东腹道驼马可行，唯须经印度境内，东行入藏。此路好走，但因政治限制，故不可能。……如入藏任务归西北，须在和田、于田、玉树屯垦屯粮，修筑道路，完成入藏准备，需要两年……"这些都反映出当时西藏地区交通问题的复杂性。1930年出版的《西藏始末纪要》一书也对当时西藏的交通状况进行了描述，称其为"乱石纵横、人马路绝、艰险万状、不可名态"，这充分说明了前人行路的艰难以及修路的不易。

从前，由于历史和地理环境的限制，西藏地区几乎没有现代交通设施，没有公路也没有民用汽车，经济交流主要依赖人力和牲畜运输，经济发展严重滞后，社会进步极为缓慢。在川藏、青藏公路建成通车之前，依靠人背畜驮从拉萨到成都或西宁往返一次，常常需要耗费半年甚至一年的时间。1951年5月23日，《中央人民政府和西藏地方政府关于和平解放西藏办法的协议》在北京签署，标志着西藏历史进入新篇章。协议签署后，人民解放军有序进入西藏。面对进入西藏交通和补给问题，毛主席提出了"一面进军、一面修路"的战略方针。在军队进藏运送物资的过程中，面临的路况十分复杂，沿途有漫长的淤泥滩、"水盆地"、跨河路等，一趟行程下来，人员、牲畜损失巨大。因此，党中央作出一个决策：修建一条能够通行汽车的公路。

西藏被称为"世界屋脊"，历史上，这里从未进行过系统的地质勘探。然而，一支由解放军、技术人员和工人组成的筑路大军，不畏艰难，在缺乏详尽水文和地质资料的情况下，边勘测边施工。所到之处，地势非常险峻，一侧是波涛汹涌的江河，另一侧是险峻光滑的峭壁，人们必须时刻保持警惕，稍有不慎，就可能连人带工具坠入深渊。此外，高海拔带来的缺氧问题以及山体滑坡、泥石流、雪崩和坍塌等自然灾害，无时无刻不在考验着筑路者的勇气和决心。20世纪50年代初，机械化修路设备尚未普及，筑路工作几乎完全依赖人力。筑路者有的手持铁锤、钻头、镐头、钢钎，有的肩挑扁担，有的手提竹筐，使用炸药爆破，硬是在悬崖峭壁上开辟出了一条通道。由于单靠一条公路难以满足物资运输的需要，1954年，中央人民政府做出了一个重大决策：

青藏和川藏两条公路一起修。同年 12 月，两条公路在拉萨成功
会师，标志着西藏无公路时代的终结。两条公路为这片古老土地
带来了现代化的曙光。

图2-4　川藏路二郎山施工

图2-5　打通第一险雀儿山

　　青藏高原上另一条重要的公路是国道 214。国道 214（部分路段
称为青康公路）是"唐蕃古道""茶马古道"的延续，同时也与
"蜀身毒道""博南古道"的重要节点重合。这条国道不仅继承了唐
蕃古道的交通功能，而且成为连接青海、西藏和云南三省区的重要
交通干线。国道 214 于 1954 年动工，最初目的是将青海西宁与
西藏拉萨紧密相连。随后，这条公路进一步延伸至云南，终点在
云南景洪，全长 3256 公里，成功地将青海、西藏和云南三省区
联结在一起。1988 年，其被正式定名为国道 214。这条公路沿途
的海拔变化极为显著，海拔高度差超过 4000 米，气候类型也从
热带跨越至高山寒带，展现了中国地形地貌的多样性和复杂性。
这条国道的建成不仅见证了一个时代的变迁，也为中国西部地区
的繁荣发展打下了坚实的基础。此外，国道 214 的建设还具有重
要的战略意义。它不仅加强了边疆地区的防御能力，而且在必要
时可以迅速调动兵力和物资，对于维护国家安全和稳定起到了关
键作用。

图 2-6　跨越怒江天险

图 2-7　怒江七十二拐

图 2-8 交通部公路勘察设计院第一分院第二测量队
全体同志前往青海纪念

图 2-9 交通部公路勘察设计院第一分院第二测量队
全体党团员前往青海纪念

　　铁路在交通运输领域也占据着举足轻重的地位。青藏铁路被誉为"天路"，是中国西部大开发的重点工程之一。连接青海西宁和西藏拉萨，全长 1956 公里。青藏铁路的建设历程可谓波澜壮阔，从 20世纪 50 年代中期开始勘测设计，到 2006 年 7 月 1 日全线建成通车，经历了半个世纪。为解决青藏铁路建设中遇到的高原多年冻土问题，铁道部科学研究院西北研究所（现中铁西北科学研究院有限公司）于1961 年在海拔 4750 米的风火山北麓建立了风火山观测站，旨在开展关于高原气象、深层地温、太阳辐射等项目的长期监测和试验，支撑青藏铁路建设。青藏铁路的建成，不仅促进了西藏与国内其他地区的联系，还对沿线地区的经济社会发展产生了深远影响。它优化了西藏的产业结构，降低了运输成本，增强了地区对外开放能力，提高了当地人民的生活水平，促进了各民族的共同繁荣。此外，青藏铁路还创造了多项世界纪录，如风火山隧道，被誉为"世界第一高隧"，轨面海拔 4905 米，位于永久性高原冻土层内。唐古拉站，海拔 5068 米，是世界上海拔最高的火车站。昆仑山隧道，海拔 4648 米，是世界最长的高原冻土隧道。青藏铁路的建设体现了中国铁路建设者不屈的精神和坚定的信念，它不仅是一条连接东西的交通大动脉，更是一条促进民族团结、经济发展的幸福之路。

图 2-10　青藏铁路选线考察
（铁科院周镜）

图 2-11　中铁西北院风火山观测站

图 2-12 青藏铁路

2.2 青藏公路的建设

1954 年 12 月 25 日，青藏公路通车拉萨，结束了西藏历史上"行人攀岩走，世间哪有通天路"的悲叹。"天堑变通途，拉萨直通北京城"的赞歌伴随着汽车的轰鸣声，响彻青藏高原。这条公路以青海格尔木（原噶尔穆）为节点，分为东线和南线。东线从西宁出发，经过湟源、香日德等地到达格尔木；南线则从格尔木西南的纳赤台起，经过昆仑山、唐古拉山，直达拉萨。

这条著名的高原公路穿越峡谷、戈壁、沼泽、泥石流、冰川和多年冻土区等高原险峻地段，其中所经过的多年冻土路段长达 528.5 公里。青藏公路穿越了著名的昆仑山、风火山、唐古拉山、申格里贡山等山脉；跨越了唐古拉山下的布曲河、通天河，长江源头格拉丹东山下的沱沱河，风火山下的雅玛尔河、北麓河、秀水河，可可西里无人区的楚玛尔河，昆仑山下的昆仑河、雪水河、奈尔金河等十余条高原河流；平均海拔 4500 米以上，最高处达 5231 米，是世界上平均海拔最高的公路。年平均气温零下 5 摄氏度，最低气温零下 40 摄氏度，空气中含氧量不足东部平原地区的一半，被称为"生命禁区"和"人类不宜生存"的地方。经过多次整治和改建后的青藏公路格尔木至拉萨段全长 1155 公里，筑有大型桥梁 11 座、中型桥梁 24 座、小桥 90 座、涵洞 1554 道。青藏公路目前达到了二级公路标准。

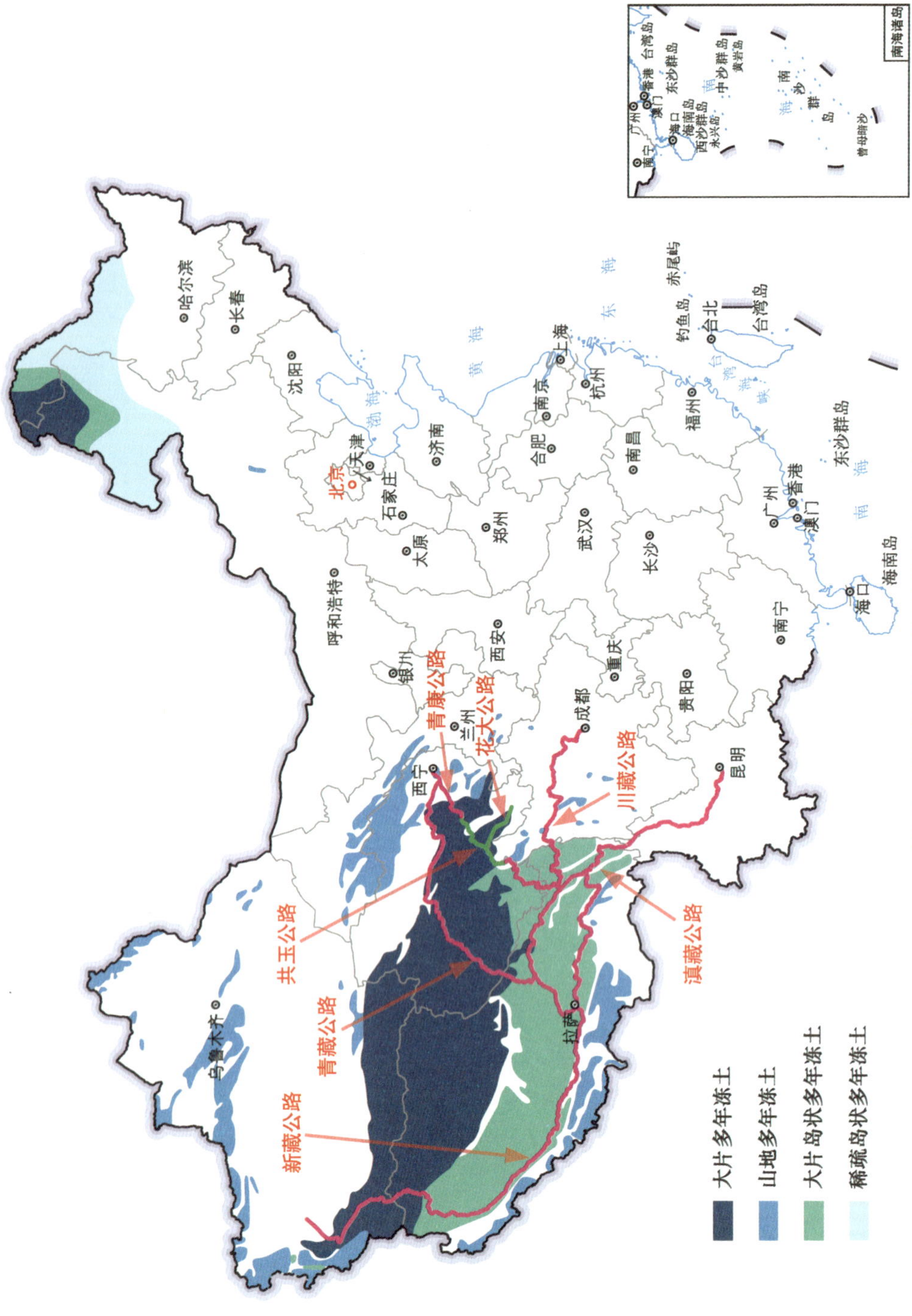

图2-13　我国多年冻土区出疆入藏主要公路走廊

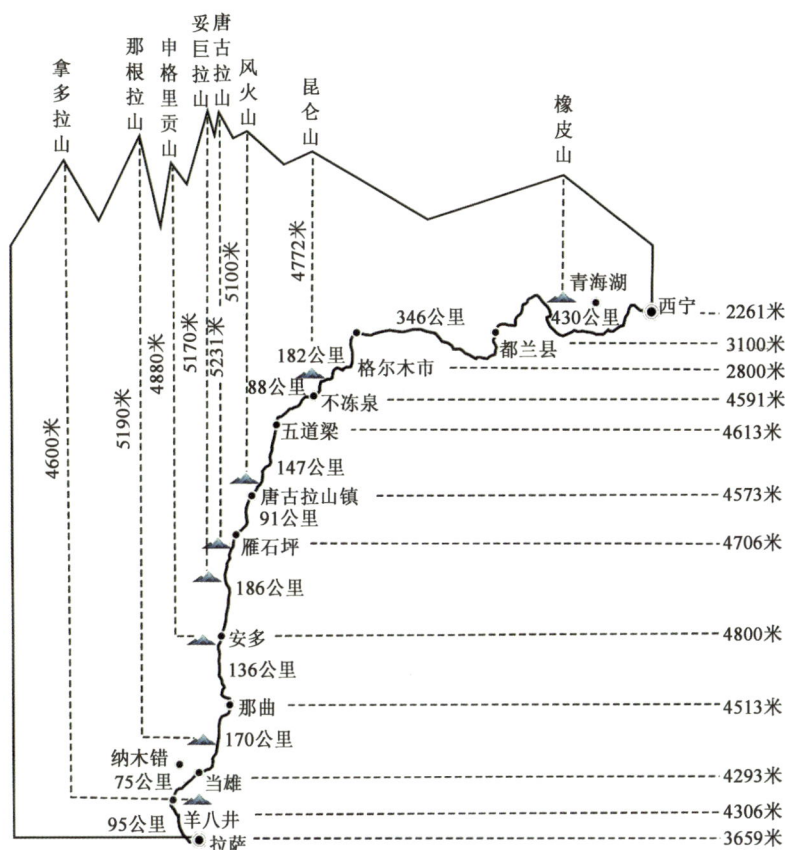

图2-14　G109青藏公路海拔图

长期以来，青藏公路担负着85%～90%的进出藏物资货运量和繁重的客运量，在国防建设、人民生活水平提高方面具有十分重要的地位，是西藏通往内地的一条极为重要的交通大动脉，被藏族同胞誉为通往北京的"幸福金桥""团结桥"和"生命线"。

2.2.1　青藏公路从无到有

1）党中央的决策

新中国成立之初，党中央和毛泽东主席高度重视并积极规划青海至西藏的公路建设。1949年11月23日，毛泽东致电彭德怀，提出解决西藏问题的建议，并提到青海至西藏的道路相对平坦的情况。1950 年 12 月 9 日，西南军区在电报中建议，玉树至黑河至拉萨的路线较易修筑，而昌都至三十九族至太昭至拉萨的路线则困难重重。1951 年 1 月 4 日，毛泽东批示周恩来和聂荣臻，要求研究是否令西北军区修筑玉树、黑河、拉萨公路。同日，毛泽东还就西北军区第一副司令员张宗逊关于减少骑兵入藏的问题，询问是否有经费修建玉树至黑河的公路。1951 年 1 月 31 日，周恩来总理指示西北军政委员会对青藏线进行详细调查，包括最佳路线、全长、所需工力和材料以及预计时间等。

《中央人民政府和西藏地方政府关于和平解放西藏办法的协议》签订后，毛泽东于 1951 年 5 月 25 日下达了进军西藏并修筑公路的命令。他指定由西北军区负责建设西宁—黄河沿—玉树—囊谦—类乌齐—丁青的公路，并派人对敦煌—柴达木—黑河—拉萨路段进行实地勘察，以备未来油料补给。1951 年 5 月 31 日，西北军区为贯彻执行毛泽东的"五·二五问令"部署修路任务。

1951 年 8 月 10 日，西北军区十八军独立支队接到命令，从兰州出发进藏。原计划乘车至香日德，但因无路可通，部队只得骑马和步行。西北军政委员会交通部派遣工程师邓郁清和两名测量员随军，负责公路勘测。他们从香日德出发，经过考里、果由拉（唐古拉山垭口）、聂荣宗（县）等多个地点，最终于 12 月 1 日抵达拉萨。勘测结果显示，沼泽地带是筑路的主要障碍，建议在勘测其他路线前不采用此线。

1952 年秋，邓郁清被要求向西北军政委员会交通部呼吁，尽快找到一条理想的入藏线路。同年，西藏运输总队成功完成了向西藏运送物资的任务，避开了沼泽地带，但未引起上级关注。1953 年，中共中央统战部部长李维汉主持会议，讨论青藏交通线路问题。由于勘测线路问题多，决定另选新线。同年，西藏运输总队探通了香日德至噶尔穆的线路，并开始往西藏运粮。1954 年 1 月，任启明

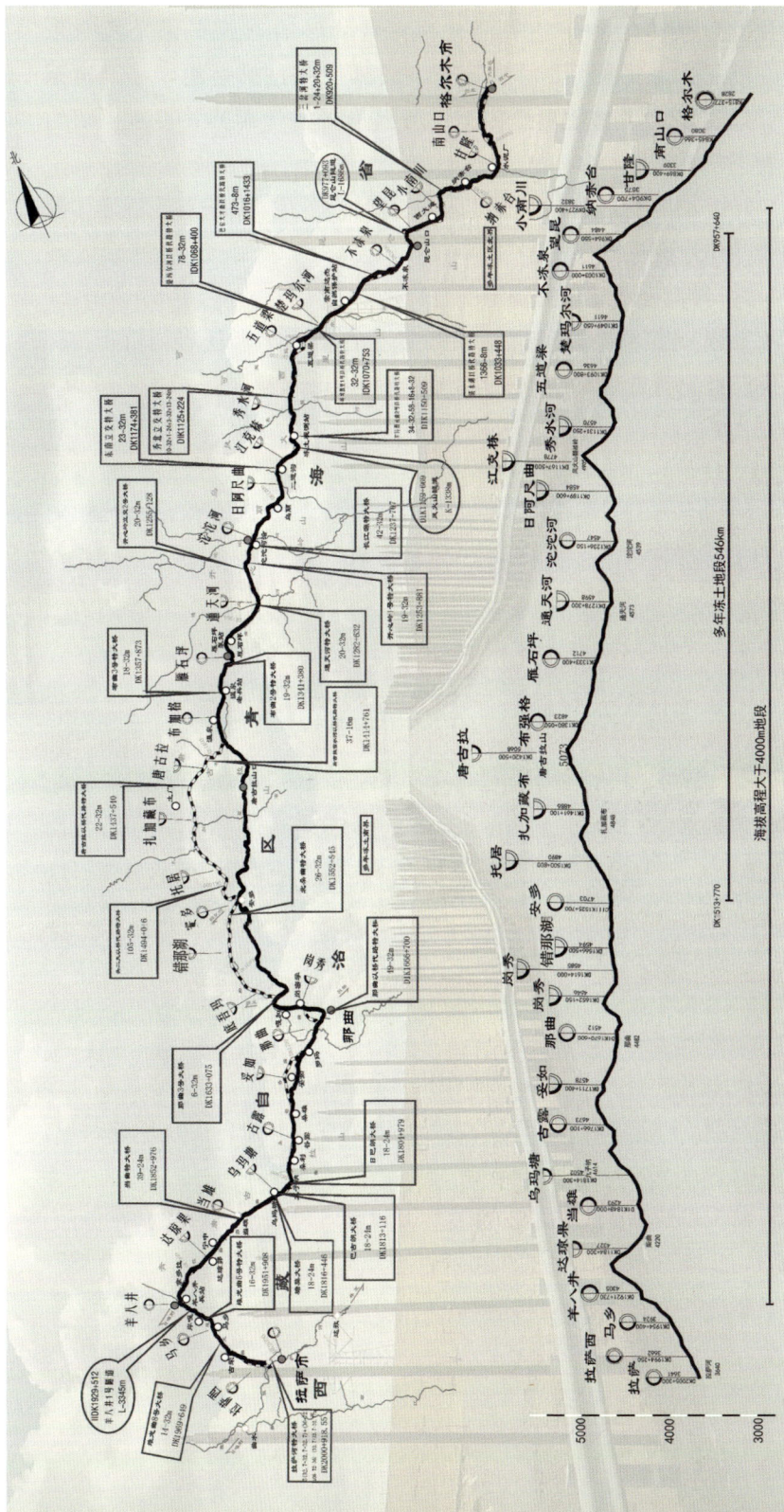

图2-15 格尔木至拉萨平面缩略图

率领的探路队成功到达黑河，为青藏公路的修建提供了重要依据。周恩来和彭德怀等中央领导对青藏公路的修建给予了高度重视，最终确定了修建噶尔穆至可可西里段的计划，并提供了资金和物资支持。

经过 4 年多的努力，西藏运输总队完成了探路任务，确定了修筑线路并开始施工。

2）青藏公路起点的确定

青藏公路确定修建后，党中央决定由慕生忠和任启明负责具体修筑任务，而筑路的首要任务是确定公路起点。

图 2-16　慕生忠将军入藏修筑青藏公路

1953 年末，西藏运输总队在执行运粮任务时，驮工们在香日德以西发现了噶尔穆地区。这里地势较为平坦，且避开了沼泽和盆地，适合成为青藏公路南线的起点。

慕生忠根据驮工信息，派遣张震寰等人前往噶尔穆建立转运站。随后，张震寰和赵建忠带队出发，历经周折，最终在一片芦苇地找到了水源和哈萨克族人家，确认了噶尔穆的位置。慕生忠随后带领大队人马到达，他们在戈壁上搭建帐篷，建立了筑路大本营。面对是否真正找到了噶尔穆的疑问，慕生忠坚定地表示，"这就是噶尔穆，我们的帐篷扎在哪里，哪里就是噶尔穆。"

1954年4月，慕生忠从北京筹得资金和物资后返回噶尔穆，准备带领1200名驼工展开建设。他还带回了10辆装满工具和杨柳苗的大卡车，鼓励工人们在这里安家立业。然而，由于对高原劳动的恐惧，有工人计划逃跑。慕生忠通过智慧和情感的动员，说服他们参与开荒种植，打破了"高原劳动致命"的说法，鼓舞了士气。

由于少数民族同胞的习俗与汉族不同，由此产生了很多故事。工程初期，恰逢伊斯兰教斋月，回族工人白天要禁食。经过讨论，他们决定举行一次集体礼拜来履行宗教义务，既尊重了信仰，又保证了工程的进度。回族工人的团结和领导层的尊重，共同确保了青藏公路工程的顺利进行，体现了民族团结和相互尊重的精神风貌。

3) 青藏公路的试修

在确定起点后，接下来的任务是完成噶尔穆至可可西里约300公里的试修工作。

图2-17 建设指挥部　　图2-18 在指挥部内用过的生活用品

1954年5月9日，西藏运输总队的驼工和干部被重新编组成6个工程队，由29名干部和1200名驼工组成，同时西北军区增派了10名工兵和必要的车辆进行支援。慕生忠和任启明进行了简短的动员讲话，强调修建青藏公路对青海、西藏的发展和国防的重要性，并表达了在"八一"前完成试修任务的决心。

图 2-19　选线勘察

　　5 月 10 日，两个施工队留在噶尔穆，四个施工队从噶尔穆向昆仑山下的艾吉沟进发。11 日，艾吉沟和噶尔穆两处工地同时施工，拉开了青藏公路建设的序幕。之后，施工队伍迅速展开工作，面对昆仑山的险峻地形和噶尔穆河冲刷的沟壑，施工队采取了分阶段施工的策略，快速推进工程进度。工程队在雪水河遇到了坚硬的岸壁，这无疑增加了施工难度，但领导的现场指挥和队伍的努力使得任务提前完成。为此，工程队内部召开了总结大会，对施工中的优秀集体和个人进行了表彰。

图 2-20　士兵修筑青藏公路

图 2-21　加速建设青藏、川藏公路

1954 年 6 月，工程师邓郁清加入青藏公路建设，负责工程技术工作。他与队伍共同制订了一个实际可行的修路方案，提出了"急造公路"的概念，并强调了施工的基本原则——和平、直、近硬。邓郁清还规定了粗通道路的标准，包括路基、纵坡、曲线半径和路基宽度等具体要求，并指出了跨越河流时的特殊处理方法。为了确保施工质量，所有工程都要有具体实施方案，并且要对已修路段进行全面检查，不符合要求的要返工，以确保道路能承受行驶中的载重汽车考验，并以此作为竣工验收标准。

图 2-22　铁工组在工地架炉生火，及时加工处理损坏工具

图 2-23　青藏公路修建施工现场

图 2-24　筑路部队的营区帐篷

　　在向可可西里方向推进约73公里的地方，工人们遇到了一条深邃的沟壑，仿佛大地的裂缝。这里是噶尔穆河上游的狭窄段，需要架设桥梁以克服障碍。1954年7月15日，慕生忠将邓郁清带至建桥现场，说明由于缺乏专业施工人员和设备，建桥任务十分紧迫。邓郁清面对建桥材料不足的困境，经过深思熟虑，提出了一个创新方案：凿平岩石边缘，设置桩架，后由石工师傅提议打入石窝固定。意想不到的是，在没有先进测量工具的情况下，他们利用简单的方法确定了桩位，用铅丝和蚂蟥钉固定桥桩，并在3天内完成了桥梁的搭建。

图 2-25　天涯桥的施工过程

图 2-26　《山路》

慕生忠亲自驾驶一辆满载面粉的卡车过桥，验证了桥梁的安全性。这座桥被命名为天涯桥，后由时任副总理陈毅更名为昆仑桥。

继续前行 20 多公里，便到达了纳赤台，意为"佛爷座"，是文成公主进藏时安置铜佛的地方。纳赤台附近的昆仑泉水质甘甜，后被开发成矿泉水，销往全国。从纳赤台到昆仑山口的 80 多公里路段，沿噶尔穆河道修筑，因昆仑山雪水造成的水毁灾害频繁，工程队不得不多次改线并抢修，以保持通车。

图 2-27　天涯桥 （现更名为"昆仑桥"）

在这里修筑公路还面临着一个重大难题——多年冻土问题。在高海拔地带，工程队施工时发现，开挖后即使垫上石头，下部的土体仍在不断融化，后来他们知道了，那是多年冻土。面对多年冻土问题，经过长时间摸索，工程队提出了解决办法：只填不挖，且最好不要在上坡取土，在下坡取土也要远离路基50米以外，以保障公路路基的稳定性。这段艰难的公路建设历程不仅展现了工程队伍的智慧和勇气，也体现出人们对自然条件的深刻理解和适应。

图 2-28　战士们背石子
　　　　　铺设路面

青藏公路在建设初期因条件限制，只在必要时架设桥梁，如天涯桥，而其他河流则通过选择滩宽水浅的地方修建过水路面。公路经过长江源头的楚玛尔河、沱沱河时，由于这些河流河水较浅，适合修筑临时过水路面。楚玛尔河是筑路队遇到的第一个挑战，他们用沙柳编笼装石筑起透水路堤，并在行车道上铺垫石头，使汽车能缓慢涉水通过。

为保证车辆顺利通行，第一工程队在楚玛尔河继续加固路面，第二工程队则向五道梁推进。五道梁因连续的五道山梁得名，山梁间夏季河流横贯，冬季则干涸。五道梁的恶劣气候给过路人留下了深刻印象，"上了五道梁，风雪路茫茫，高山反应重，头痛加心慌"。在五道梁地区，由于当地缺乏石料，施工队伍不得不从远处搬运，并用土修筑路基。

1954年7月27日，青藏公路完成了300公里的试修任务，恰逢班禅额尔德尼·确吉坚赞一行前往北京参加全国人民代表大会，一行人在此换乘汽车，成为青藏公路的首批乘客。7月31日，全体施工人员在可可西里庆祝"八一"建军节，并热烈庆祝试修任务的完成。慕生忠在庆祝会上作总结报告，鼓励大家继续努力，争取年底前将公路修至拉萨。

4）青藏公路胜利通车

完成300公里试修任务后，慕生忠迅速组织工程队长会议，安排了向拉萨延伸公路的施工计划，并立即赴北京向彭德怀汇报。彭德怀对他们的成绩感到满意，并承诺将提供所需的经费、人力和设备支持。1954年9月6日，中央军委批准青藏公路继续修建，由总后勤部提供物资和经费，兰州工兵二团参与施工，目标是1954年完成至拉萨的路段。

工程队根据部署加快施工，宋剑伯、张兆祥带领工程队推进，张炳武的队伍负责整修。在五道梁外40公里处，席上珍的队伍遇到北麓河，采取了铺垫片石的方法，保护了冻土层。张炳武的队伍随后翻越了气候多变的风火山，并于9月3日到达沱沱河。面对宽阔的河滩，工程队采取了分流和铺筑路基的策略，成功降低了水位和流速，为汽车涉水通过创造了条件。9月15日，工程队到达沱沱河，采取了包括使用羊皮筏子装沙袋等多种措施，有效解决了水流冲走沙袋的问题。经过昼夜不停的努力，10月10日完成了透水路堤的铺通，并采取了加固措施确保路堤稳定。10月13日，试车成功，标志着公路安全通过了沱沱河。这一系列的抢修工程，包括北麓河、风火山和沱沱河的施工，使公路向前延伸了150多公里，为青藏公路的全线通车奠定了基础。

慕生忠从北京返回后，在一处开阔的丘陵上向筑路队伍传达了与彭德怀的会面情况，并宣布施工中的几个紧迫问题已得到解决，队伍士气大振。此后，该地被称为"开心岭"，附近发现的煤矿也以"开心岭"命名。青藏公路沿途还开发了多个煤矿，如大柴旦的野羊煤矿、昆仑山的西大滩煤矿等，这些煤矿在公路建设和沿线开发过程中发挥了重要作用。

筑路队利用班禅、范明留下的马匹辅助测量工作，通过骑马定线，提高了线路的准确性。在没有电台的情况下，他们通过在土堆中埋信件的方式与工程队保持联系。在修建过程中，邓郁清尽量准确确定线路，除了两段因施工困难而有所改动外，其他部分改动不大。这两段困难路段分别是沱沱河至开心岭的路线以及申克里贡山的路线，后者通过绕道避免了翻越大山。在通天河和小唐古拉山施工时，筑路队克服了断粮等困难，展现了顽强的毅力。在唐古拉山口，筑路队修筑了海拔 5231 米的世界最高公路段，并在风雪中提前完成任务。

1954 年 10 月，筑路队在唐古拉山以南地区取得了显著进展，而解放军工程兵部队的加入进一步加快了工程进度。11 月，公路通车至黑河，并继续向当雄草原延伸。筑路队伍进入羌塘草原后，张炳武前往拉萨汇报工作。中共西藏工委、西藏军区和西藏地方政府共同成立青藏公路筹备处，确立了尊重当地风俗、保护宗教建筑、公平交易等原则，并在占用耕地时协商补偿。12 月，筑路大军在冈底斯山脉的羊八井石峡面临艰巨挑战。西藏军区和西北军区工兵部队南北突击，经过十天十夜的奋战，成功打通了 15 公里长的石峡。筑路队伍在石壁上刻下纪念文字，庆祝这一胜利。

1954 年 12 月 15 日，青藏公路全部路段在 7 个月零 4 天内抢通，创造了高原筑路的奇迹。国家投资 230 万元，实际决算为 250 万元。

青藏公路的建设是一个充满挑战的过程，工人们克服了恶劣的自然条件和物资短缺等困难，展现了人类征服自然的勇气和智慧。这条路的成功修建得益于党中央和毛泽东主席的决策，周恩来、彭德怀、邓小平等领导同志的关怀，以及解放军和西藏运输总队的大力支持。慕生忠、任启明等人的指挥和广大筑路人的英勇奋战，共同保障了青藏公路的建成通车。

图 2-29　康藏和青藏公路成功在拉萨会师

1954 年 12 月 25 日，拉萨举行了盛大的康藏、青藏公路通车典礼。3 万多人聚集在布达拉宫前，迎接 350 多辆汽车的到来。康藏公路和青藏公路分别剪彩，车队穿过彩色牌坊，受到群众的热烈欢迎。庆典上，藏族儿童向筑路功臣献花，各界代表发表讲话，共同表达了对公路通车的喜悦和对筑路者的敬意。同一天，西宁也举行了青藏公路的通车典礼。

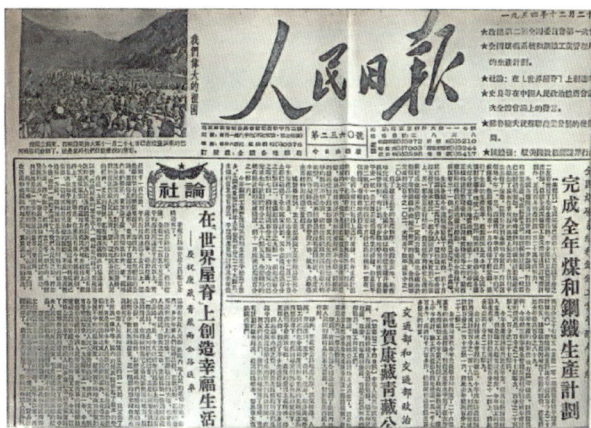

图 2-30　毛主席题词，人民日报

图 2-31　胜利通车

图 2-32　庆祝筑路成功

图 2-33　青藏、川藏公路纪念雕像与纪念碑

图 2-34   慕生忠将军纪念像

图 2-35   南山公园

图 2-36   布达拉宫

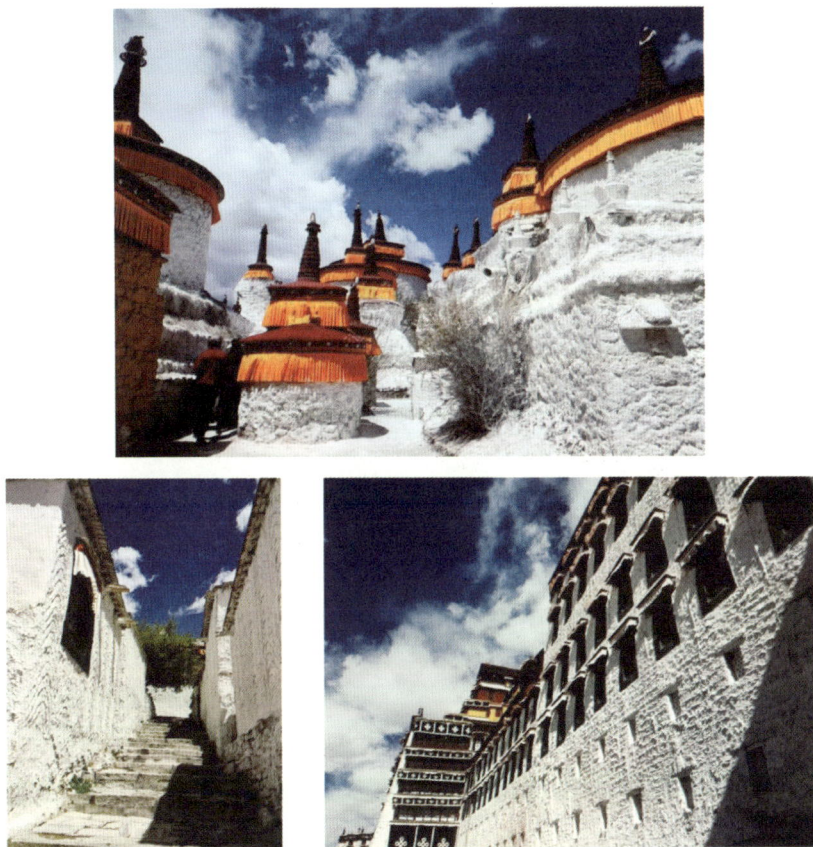

图 2-37 拉萨景色

2.2.2 青藏公路屡次大修

青藏公路噶尔穆（今格尔木）至拉萨段自 1954 年底通车的 70 年间，经历了两次改建、三期整治和一次改建完善。

（1）1955—1958 年实施了第一次改建，修筑了砂砾路面；

（2）1972—1985 年实施了第二次改建，按照 1972 年公路工程技术标准中的二级公路标准进行了全路段改建，在原砂砾层上铺筑干压碎石基层和 4 厘米沥青碎石面层；

（3）1991—1999 年实施了第一期、第二期整治，路面按照 1988 年公路工程技术标准的二级公路标准进行整治；

（4）2002—2004 年实施了第三期整治，整治路面病害，提高路面承载能力，改善行车条件；

（5）2008—2011 年实施了改建完善，对路面进行了加铺或铣刨重铺处治，部分路面未进行改建；

（6）2011 年改建完善之后，未再进行过整治改建，养护工作以局部路段大中修为主。

图 2-38　青藏公路工程处工程概况

1954 年青藏公路完工后，西藏运输总队的大部分驮工在 1955 年解散回乡。1955 年 3 月 9 日，国务院决定成立青藏公路管理局，负责公路的持续维护工作。慕生忠在交通部接受了组建管理局和继续修路的任务，他迅速行动，于 3 月 19 日指示召回休假的干部，并雇佣 1000 名工人前往工地。兰州办事处迅速响应，派人到甘肃武威招募工人，最初招募的 714 人在一个月内进入工地。5 月 10 日，慕生忠和徐松荣抵达噶尔穆，第二天青藏公路管理局正式成立，随即开始制定公路整修计划。徐松荣担任副总工程师，7 月间沿公路从噶尔穆到拉萨进行了往返考察，安排了公路的维修、养护以及雨季水毁的抢修工作。7 月，1000 名工人全部到位。

第二次改建的目标是在短期内实现路面"黑色化"，总投资超过 5700 万元，计划三年内完成。1975 年投入 3120 万元，改建 339 公里的公路并铺设 1267 公里的油路。由于任务紧迫且技术要求高，工程动员了 1500 多名固定职工中的 1400 人，以及 86 台筑路机械和 85 辆生产生活用车参与施工。同时，招募7000多名民工、1000多辆马车和100多台拖拉机参与建设，并成立国防公路会战指挥部统一指挥。具体工程方面，副指挥工程师牛清鉴全面负责工地技术。改建工程包括解决路基路面的整体强度和水稳性问题，以及在沙漠干旱地区保持干燥稳定性。随着党的工作重心转向经济建设，青藏公路的改建工程加快了进度。1979年初，国务院和中央军委决定调派基建工程兵103团和299汽车团参与施工。1980年，交通部成立了格尔木（噶尔穆于1960年改称格尔木）青藏公路指挥所，统一领导三个团的施工。1982年，青海省公路工程局的五个工程队也参与了施工，参工人数最多时达8000人。1980年3月，中共中央书记处召开西藏工作座谈会，要求尽快完成青藏公路的黑色路面铺设。在中共中央的关怀下，国家对青藏公路的投资大幅增加，1982年拨款9300万元，1983年达1.2亿元。整个改造工程总投资达8亿元，全长1900余公里，其中格尔木至拉萨1155公里为二级公路，其大部分路段海拔超过4000米。

图2-39　青海交通规划院钻探现场

图2-40　1987年的沱沱河大桥

图2-41　吴承志副省长检查青藏公路改建工程
由左到右，毛家安（时任交通部公路局副局长），吴承志
（时任青海省副省长），何宗华（时任公规院副院长）

1990 年 3 月，西藏自治区财政厅和交通厅向中央报告青藏公路出现严重病害，影响长度达 110 公里，占总养护里程的 10%，请求将国家财政补助从每年 500 万元增至 1000 万元。同年 8 月，江泽民同志在西藏考察时强调青藏公路需要彻底整治，避免反复修补。同年，时任交通部部长钱永昌调研青藏公路并部署整治工作。

图 2-42   青藏公路病害严重影响行车安全性

1991 年 2 月，西藏自治区交通厅上报了整治工程计划，得到交通部批复。整治计划包括路基整治 346.8 公里，改建桥涵，重新铺设沥青混凝土路面，总投资 8.5 亿余元。1996—1999 年，国家再次拨款 5.9 亿余元，对青藏公路 35 个段落和两座大桥进行整治，基本提升了公路的通行能力。为进一步提升行车条件，1999 年交通部启动了青藏公路羊八井至拉萨段的改建工程，铺设油路 66.5 公里，投资近 4 亿元，于 2001 年完成。

2002 年，为保证青藏铁路这一国家重点工程的顺利开工建设，针对青藏公路的病害程度和修建青藏公路的实际需要，交通部决定对青藏公路实施保通应急工程，后改为青藏公路改建整治工程。西藏自治区交通厅成立工程项目办，由一名副厅长专门负责，办公地点设在青藏公路管理分局院内，工程施工单位包括天源、天怡、天润、天顺、天路，以及西藏武警交通一、二支队，交通部公路二局，中铁二局，山西路桥公司等。工程整治路面779.06公里，新建大桥6座1151.08米，总投资12.2亿多元，于2004年整治完工。截至2009年10月底，青藏公路格尔木至拉萨段改建完善工程累计完成投资75亿元。此后，未再开展过大型整修工作。

2.3　青藏公路的科研攻关

1973年以来，青藏公路的科研攻关分为几个阶段：

（1）低等级砂石路面——交通可达（1954—1972年）；

（2）加铺沥青罩面——提升技术等级（1972—1985年）；

（3）保护多年冻土——抬高路基、主动冷却（1985—1999年）；

（4）修筑高速公路——增强结构、抬高路基、主动冷却、以桥代路（2011—2017年）；

（5）新理念——冻土处治技术、浅层处治、深层保护、综合治水（2020至今）。

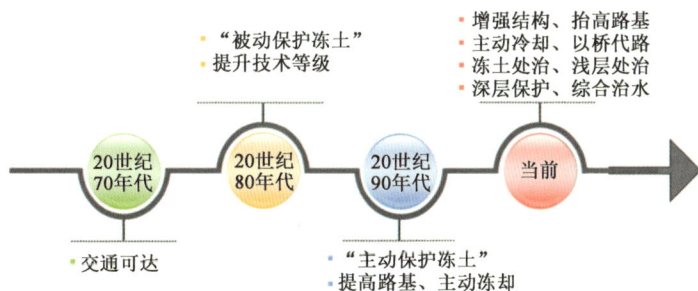

图2-43　青藏公路科研攻关发展

2.3.1　砂石路面的黑色化

经过军民十余年奋战，青藏公路改建工程于1985年8月全线竣工，通过了国家验收，特别是行经唐古拉山560多公里的多年冻土地区，全部建成沥青路面，使车辆的载重与行驶速度明显提高。进藏物资的车队昼夜奔驰，为巩固国防、繁荣西藏经济，发挥着不可估量的作用。

1954年12月，青藏公路通车拉萨，但因技术和条件限制，部分路段存在工程问题，如冻胀融陷和热融滑塌等，影响了运输能力。20世纪60年代末至70年代初，随着运输需求的增加，原有沙砾路面已不适应需求。1972年，国家决定对青藏公路进行再次改建，交通部成立了青藏公路科研组，对高原多年冻土地区修筑沥青路面和有关工程问题进行调查研究。参加该科研组的部分工作人员有交通部科学研究院的朱学文，交通部第一公路设计院的武慜民、侯镇铎，交通部科学研究院重庆分院的郭文甫、杨宏波，青海省交通局公路试验室的柳华本、马世章，西藏自治区交通科研室的吕世纲等。

1973年5月，科研组人员陆续抵达西宁，两天后乘车向格尔木出发。由于人员都是从内地赶来，高原沙漠地区气候干燥，大家普遍感觉口干、舌燥、睡不好觉，但没影响工作。三天后他们到达格尔木，立即分别到格尔木养路总段、格尔木兵站部、西藏驻格尔木办事处联系工作。此后，全组人员直接奔赴典型高寒缺氧的五道梁工地。这里山陵环绕，称"山间盆地"，海拔4612米，气压仅570毫巴（1毫巴＝100帕斯卡）。与内地相比，人们常说只呼吸"半口气"，被视为青藏线上的"鬼门关"，如果没有坚强的意志和吃苦耐劳的精神，想在这里工作是十分困难的。来自6个省、区、市设计单位的11名科研组人员，年龄最大的五十多岁，最小的才十八岁，克服重重困难，在这埋藏着"万年冰冻层"的极端环境地区驻扎下来，拉开了13年科研工作的序幕。

5月下旬积温迅速增加，是观测融深变化的季节，必须立即进行勘察。在地下冰发育受人为活动影响、历年来热融泛浆严重的路段，科研组经过比较、试验分析，发现冻土上限以下含冰量达80%左右。根据各方面资料，科研组最后确定在可可西里山北坡，低山丘陵地区，选建试验路三段、观测场一处。在这三个路段，试作三种面层、五种基层、多种保护高度，以观察施工后对原有路基的受热影响反应。试验路段由格尔木养路总段工程队负责建设，尽管技术人员少且施工人员多为临时民工，但最终在8月上旬完成了路基的勘察工作。

在冻土区，便道建设面临地下含冰量大的挑战，施工过程中材料消耗大。此外，在高原地区热拌热铺沥青也是首次尝试，需要通过试验解决技术问题。1973 年 9 月 28 日，试验路段和观测场竣工，唐古拉山地区首次建成了沥青路面。

1974—1977 年，科研组继续在楚玛尔河、五道梁和可可西里山等地区修筑试验路，取得了不少经验。1977 年，科研组在五道梁气象站东新建观测场，安装了多种观测仪器。同年 9 月，科研组在西宁召开总结会议，对 5 年来的工作进行了肯定，并颁发了奖状。但后来由于观测场被改建填筑，后续观测工作被迫停止。

图 2-44　青藏公路冻土路基相关设计手册

1979 年，根据交通部文件关于"改建青藏公路、继续搞好科研工作"的指示，成立第二期青藏公路科研组。同年 4 月下旬，第一批工作科研人员进入唐古拉五道梁工地，在第一期科研组工作的基础上，首先扩建可可西里山观测场，加宽沥青面层，并且向南加长十米，用当地粉黏性土填筑，作沙砾面层，在不同的结构部位装设测温仪器 16 组，观测点 55 个。第二年，利用 33 个观测点控制观测，起到了同样效果。五道梁观测场亦经改建，装设不同的测温仪器 23 组，水位观测孔 1 个，监测着全场黑面、白面、阳坡、阴坡的变化。

图 2-45　1975 年交通部交通科学研究院刘以成所长去西藏看望冻土课题人员时与朱学文（左一）的合影

图 2-46　科研工作者在五道梁时的合影

从 1980 年到 1985 年，科研组在昆仑山北坡至风火山南坡进行了地下冰分布的勘探，并在关键路段增设了地温孔和观测点，定期监测路基变化。1985 年 8 月，所有调研资料都交给了参加国家验收工作的青海省副省长、工程师吴承志。

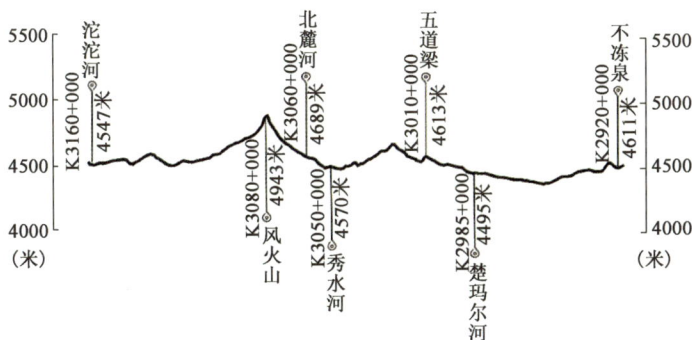

图 2-47　青藏公路的重要地点

科研工作的过程是艰辛的。据参与此项科研工作的老专家回忆，在五道梁工作时住在兵站，由于当时虱子很多，所以大家晚上睡觉都将衣服挂起来，早晨起床就抖一抖，以便继续开展工作。当时的工作人员回忆，等回到稳定的住处后，大家需要用硫黄肥皂洗澡，并将衣服用开水煮一煮，才能彻底解决虱子问题。

功夫不负有心人，经过科研工作者的不懈努力，"青藏公路多年冻土地区黑色路面的修筑技术"在 1985 年申请了国家科技进步一等奖，但未获批准，原因是 1985 年青藏公路仍未验收，专家认为无法验证成果在工程中的适用性，所以该项申请保留了一年，即项目验收后，待评。青藏公路直至 1986 年才正式验收。1987 年，该项研究获得国家科技进步一等奖，排名依次为朱学文、武憼民、吴紫旺、喻文学、虞叔藩和陈国靖等。

2.3.2　保护冻土和冷却路基

冻土地基在低温下，有良好的稳定性和高地基承载力，而在温度升高后，冻土会产生融化而下沉，类似于软土的性质。前期国内外学界针对多年冻土地基，围绕减少路基吸热量、阻止冻土退化、保护冻土的主旨目标，从热传导、热辐射和对流换热三个方面出发，建立和提出了一系列被动保护冻土和主动冷却路基的冻土地基处治方案。

图 2-48   "青藏公路多年冻土地区黑色路面的修筑技术"获得重大奖项

图 2-49   青藏公路科研总结暨"获奖"表彰大会合影留念

冻土公路路基处治与铁路类似。从目前在青藏公路的应用来看，被动保护冻土处治方案和主动保护冻土处治方案都得到了广泛应用。被动措施是指提高路基的阻热能力从而抑制热量向下卧冻土传递的措施，例如增加路基高度、采用可发性聚苯乙烯（EPS）或挤塑聚苯乙烯（XPS）隔热层等。主动措施是指提高冻土路基的散热能力进而主动降低多年冻土温度的措施，应用较多的是片块石路基、通风管路基和热棒路基。

1）片块石路基

片块石路基在多年冻土区二级及以下公路路基下取得了一定的应用效果，但关于片块石路基在宽幅冻土路基中的设计和适用性，目前研究还处于初步阶段，即感性认识阶段。在宽幅路基下，由于路基宽度增大带来的"聚热效应"，采用单一片块石路基能否对路基下伏多年冻土起到很好的保护作用，宽幅路基下片块石的降温效能如何及宽幅路基下片块石层的合理厚度、粒径、孔隙率等都需开展大量的研究和进一步的实践验证。

图2-50　片块石路基

图2-51　片块石路基现场应用

2) 通风管路基

目前国内外应用的通风管路基都集中在二级及以下的低等级公路上，在高等级公路宽幅路基中的适用性还有待研究。在高等级公路中，由于路基宽幅大幅度增加，路基内通风管长度增加，管内空气的对流作用将减弱，通风管的主动降温功能将受到影响。在暖季，由于通风管长度增加，对流作用减弱，热空气进入后很难排出，造成路基吸热量增加。

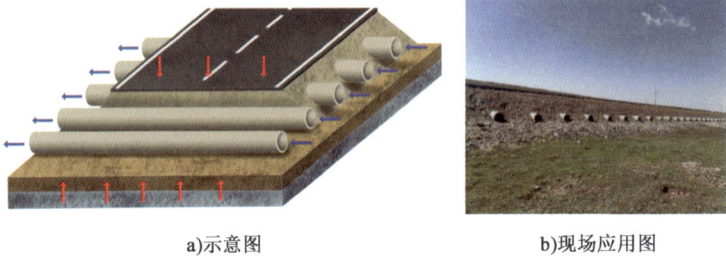

a)示意图   b)现场应用图

图 2-52   通风管路基

3) 热棒路基

热棒路基利用液态物质在不同温度下的相变，将冻土层中的热量传送到地面的空气中，从而减少冻土的融化和沉降。然而，在实际运营过程中发现，热棒路段的病害也十分严重，主要表现为横纵向裂缝以及融沉，其对冻土地基的作用效果有限，也有待科研人员进一步研究。所以，近年来，科研人员在对传统技术进行创新性改进的基础上，提出了一些新型复合技术措施。

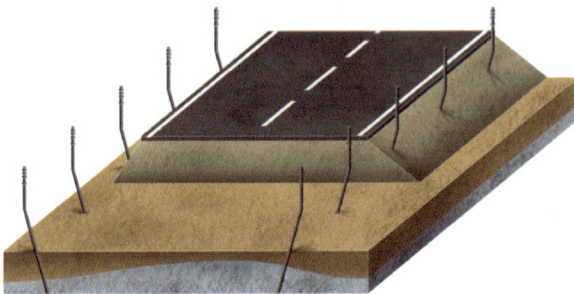

图 2-53   热棒应用示意图

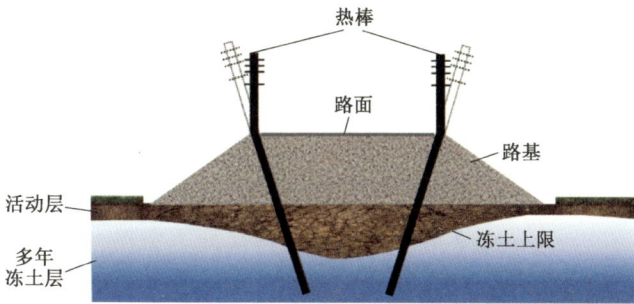

图 2-54　热棒应用断面图

图 2-55　热棒路基现场应用

随着气候暖湿化趋势的不断持续，多年冻土持续退化，青藏公路沿线融化夹层、冻结层上水大面积发育。现有保护冻土处治措施均是以良好冻土地基条件为前提条件的，在大气气候变暖和人为因素的影响下，夏季冻土融沉情况越来越严重，并在融化后出现类似于软土的性质特点，单纯依靠保护冻土措施已无法满足车辆安全运行要求，应考虑从根源采取措施，提升地基承载力。

2.3.3   冻土活动层处治与深层多年冻土保护

目前，青藏公路的工程问题大致可分为三种类型：地表和地下水积聚，地基承载力不足，边坡开挖热扰动大。所以，在青藏高原冻土地区的道路建设中，目前比较一致的处治思路是浅层活动层处治和深层冻土保护。活动层处治主要包括地基增强和综合排水两个方面，旨在提高地基的承载能力和稳定性，同时有效清除地表和地下水，防止冻土层的融化和变形。具体来说，地基增强可以通过铺设砂石垫层、桩基加固、使用土工格栅等方法来实现，以增强地基的抗剪强度和整体性；综合排水则通过设

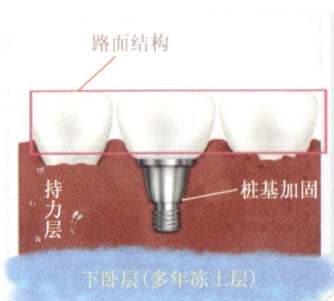

图 2-56   冻土区公路路基处置思路

置排水沟、盲沟等排水设施，引导地表水和地下水迅速排出，减少水对地基的侵蚀作用。保护深层冻土通过设置隔热层、保温层等措施，减少外界热量对深层冻土的影响，保持冻土层的稳定性。通过这些综合措施，可以有效延长道路的使用寿命，提高道路的安全性和可靠性。

2.4   新时代的科研攻关

为响应党和国家号召，在祖国需要的地方有新的作为，在交通运输部和交通运输部公路科学研究院的大力支持下，田波创新工作室团队逐步将工作重点向西部地区倾斜。自此，成员们开始频繁往返西藏地区，平均海拔 4500 米的阿里、4800 米的孔塘拉隧道、5200米的唐古拉山口，都有团队成员奋斗的足迹。

要知道，青藏高原平均海拔在 4000 米以上，气压只有平原地区的 60%，气候恶劣，是人类第三极。在这里开展科研试验，时刻挑战着人类的极限。在最初一两年里，团队成员每次前往西藏，都要

忍受严重的高原反应。渐渐地，团队成员适应期越来越短，从 5 天变成了 3 天，从 3 天变成了 2 天，他们迫使身体逐渐适应了高原低气压、缺氧的气候环境。

为了保障物资快速运抵工程一线，2015 年，团队前往阿里地区修筑公路。在预制拼装路面施工过程中，工作强度大，施工工期短，团队成员顶着巨大的压力抢工期、赶进度。不仅如此，在这片科研的"无人区"中，既没有人可以商量，也没有前人经验可以借鉴，只有依靠自己的勇气蹚出一条新路。

为攻克核心技术难题，他们开展技术攻关，一次次地试验失败，一次次地探索未果。然而，服务国家大局、服务行业发展的神圣使命，支撑着他们一次次从挫折中奋起，一次次从失败中振作。有一段时间，团队成员谢晋德体重持续下降，导致他一度都不敢上秤。他笑着说："不能上秤，一上秤我就不敢在高原呆了，工期怎么办？"艰苦不怕吃苦、缺氧不缺精神。在他们的不懈努力下，团队攻克了特殊环境下公路路面施工技术难题，提高了阿里地区公路通行能力，保障了物资的快速投放。

虽然取得了一系列成果，但团队成员又发现了更多的问题。近年来，伴随着青藏高原暖湿化，路基多年冻土退化严重。为攻克冻土路基这一世界性难题，他们选择继续远离内地的公路建设主战场，奔赴雪域高原开展研究。

2022 年 1 月，团队前往青海玛多开展冻土科考试验。零下三十摄氏度的气温，13% 的含氧量，在这样恶劣的环境下，人们走路都要缓步行走，更别提开展体力劳动了。但就是在这样的条件下，他们顺利完成了钻孔、卸料、拌混凝土、打桩这些重体力工作，获取了青藏高原冻土分布的第一手资料，并跨越式提出了新型路基融沉解决思路。

团队中，刘军伟在青藏高原工作 163 天，朱旭伟在高原工作 131 天，易高强在高原工作 128 天，李雪阳在高原工作 127 天，管新……一连串的名字跃然纸上。有人说，他们像一群流浪的野牦牛。但是，他们也是普通人，他们不是没有高原反应。在最困难的时候，团队多人同时入院吸氧，但在症状缓解之后，他们又马上投入战斗。

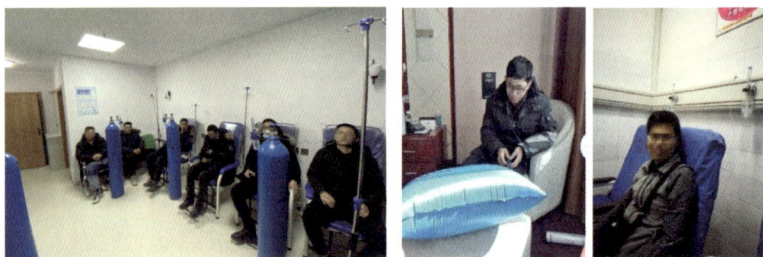

图 2-57　高原现场吸氧照片

他们却说："还好呀，这是 2023 年的今天，物资充足交通便利。遥想七十年前的慕将军，带领着解放军战士们，在缺少工程机械的条件下，缺吃少穿竟然只用六个月的时间就修出来一条青藏公路。六十年前的地学老前辈，风餐露宿，啃着冰疙瘩般的馒头，用脚一尺一尺丈量着青藏高原，一孔一孔的钻探去探求多年冻土的演变规律。五十年前公路院的朱学文研究员领着年轻的陈国靖、曾沛霖、武憼民，把青藏公路铺上沥青路面，那时的条件是何等艰苦。"

他们期待着建功立业，他们期待着青藏高原多年冻土区域高速公路建设技术得到突破，他们期待着青藏高原这条云端之路早日建成。他们期待着天堑变通途，西藏人民和内地人民一道，稳步走在共同富裕的康庄大道上。

★★★★★★★一封来自青藏高原的信★★★★★★★

（作者：田波）

亲爱的小伙伴们：

此刻我正在海拔 4532 米的长江源头沱沱河，带领课题组的兄弟们，一行 11 人开展青藏公路冻土路基野外调查。

5 月 10 日，正当我们在唐古拉山口 5328 米附近观测融雪性洪水对路基冲蚀时，我接到北京同事的电话、微信向我报喜，告知我进入了人社部、科技部、中国科协和国资委组织的第三届"创新争先"奖公示名单。一瞬间，我竟然泪流满面。

上一次痛快淋漓的流泪大概是在40多年前，那时还是孩提时代，哭是权利，也是武器。如今人到中年，男儿有泪不轻弹！更何况事业顺利，心静如水。怎么一下子泪水犹如唐古拉山上融化的雪水宣泄不止，不知道这咸咸的眼泪会不会随着融化的雪水汇入长江奔腾入海，难道这是高原应激反应的另类体现？

大家可能好奇，我们这一群"流浪的牛"不在内地平原好好做科研，怎么跑到了人迹罕至的青藏高原？身体能适应吗？说来也怪，课题组大部分成员的身体似乎有着较强的适应能力，在4500米的地方血氧饱和度竟然达到95%，5300米的也可以达到85%。因为，我们是一群属于青藏高原的"牦牛"！因为，我们是一群立志负重前行的"孺子牛"！更因为，我们是一群有科研思维的"拓荒牛"。

做有科研思维的工程师，第一要务是保持好奇心，探索未知世界！正因为空气稀薄，人迹罕至，所以才有更多的未知规律和知识宝藏等着我们去挖掘。好奇是开展工作的第一驱动力，也是驱动我们开心工作的源泉。有了好奇和开心，大家才能适应这里气压低、氧气含量低的环境。

做有科研思维的工程师，第二要务是自己用眼睛看，自己去收集现场数据，用心去思考，反复跟书本上的知识做对比，努力超越书本中的知识范围，补充和拓展书本中人类已经积累的知识。因为，大自然是最好的老师。

做有科研思维的工程师，第三要务是以解决问题为导向，构建出自己的解决问题的工程方案。这是有别于科学家思维的工程师思维。科学家思维要求去探求自然本来的规律和现象，不要人为去干扰事物客观发展规律，而工程师思维则是主动干预，用工程技术主动解决问题。以我们正在观测的青藏高原春融季节融雪性洪水为例，在科学家层面上，就是探求高山小气候下，降雪和温度对融雪性洪水的客观规律，而作为有科研思维的工程师，既然是来修路，面对洪水，就要考虑是修截水沟还是修拦水坝，截水沟的截面尺寸是多少，或者拦水坝混凝土的耐候性如何提高。工程师的目的就是不让融雪性洪水冲刷、摧毁路基。科学家思维和工程师思维不是对立的，而是互相补充的！

科技工作者日，我们在青藏高原恭祝每一位从事科学规律探索的科学家们，硕果累累！

恭祝每一位从事工程技术研发的工程师披荆斩棘！

恭祝所有科技工作者，事业有成！扎西德勒！祝夏安！

★★★★★★★★★★★★★★★★★★★★★★★★

★★★★★★★我们在海拔 4000 米处攻坚世界性难题★★★★★★★

（作者：田波）

行走在海拔 4000 米以上的青藏高原，团队苦中有乐，这里是我和团队开展研究的地方。我们常年在这里调研特殊复杂环境、筑路材料和路面使用性能，攻克青藏高原冻土路基这一世界性难题。

从坐在办公室里搞科研，到跑到人迹罕至的青藏高原做调研，身体能适应吗？过去的一年，团队成员用实践证明，我们就是一群属于青藏高原的"牦牛"！团队中刘军伟在高原工作 163 天，朱旭伟在高原工作 131 天，易高强在高原工作 128 天，李雪阳在高原工作 127 天。常人眼中的缺氧、头疼等身体反应，在团队成员权磊、李立辉等人看来问题不大。遇上有同事不适应了，我们相互帮忙。偶尔干累了，大家挺直身子，眺望远方。在海拔 4000 米处，曲折的山路以及狂风卷起的漫天雪花，都是陪伴我们的风景。

行走在海拔 4000 米处的高原，我经常感慨："还好这是 21 世纪，物资充足，交通便利。"想想 70 年前的慕生忠将军带领解放军战士们，在缺少工程机械、物质保障极其匮乏的情况下，用

7 个月零 4 天建成了世界上海拔最高的公路。60 年前的地学老前辈周幼吾、吴紫汪，风餐露宿，啃着冰疙瘩般的馒头，用钻孔机一孔一孔地钻探，去探求多年冻土的演变规律。50 年前我院的朱学文研究员领着年轻的陈国靖、曾沛霖、武憼民，给青藏公路铺上沥青路面，那时的条件是何等艰苦。

如今，在大数据、人工智能（AI）蓬勃向上的年代，我们又走了前人走过千百遍的路，难道不能用高算力的超级计算机模拟一下，或用高原环境模拟试验装置去模拟高原环境吗？不了解我们专业的人，大多很难理解这种长时间待在青藏高原、身体力行开展研究的工作方式。

这是因为，首先，气候变暖使高原多年冻土呈持续退化状态，青藏高原暖湿化趋势加剧。气候环境的巨大变化让科研工作者必须到现场获取准确的数据资料。如果拿着以前的科研成果和积累的经验去修路，就如"刻舟求剑"。不入虎穴，焉得虎子？过去的一年，我们依旧步履不歇。在平均海拔 4500 米的阿里、4800 米的孔塘拉隧道、5200 米的唐古拉山口，利用无人机精确测量、钻孔机高效取芯，青藏走廊上留下了团队科技报国的足迹，彰显了团队科技报国的理想信念。

其次，新技术已经迭代 50 年，新装备也在持续不断地更新。50 年前 5 吨的压路机算是高端装备，现在双轮振动压路机轻松激振力达到 35 吨，冲击压路机作用深度超过 1.5 米。不在青藏高原上测试一下新技术，不把新装备拉到现场施工，怎么能攻克500 公里级的大规模施工任务？这一年，我和团队将自主研发的新装备搬到高原，在公路沿线探测冻土分布、监测环境变化，全天候守在施工一线，发扬"艰苦不怕吃苦、缺氧不缺精神"的作风，反复研究，多次试验。

第三，科学探索无极限。我和团队前 20 年主攻混凝土，10年前专心研究冻土，从混凝土到冻土，跨度有点大，但本质都是"土"，都是建筑材料。最大区别是混凝土遇水是由软变硬，而冻土遇热则是由硬变软。将此"土"与彼"土"同等看待，需要我们打破传统枷锁束缚，进行无尽的探索。

　　使命召唤我们、鼓舞我们、激励我们。勇敢者先发现这个世界的奇妙，勇敢者先享受了发现的快乐。我们期待青藏高原多年冻土区域高速公路建设技术得到突破，期待青藏高原云端之路早日建成。

★★★★★★★★★★★★★★★★★★★★★★★★★★

图　2-58

图2-58　田波创新工作室成员在青藏高原科研现场

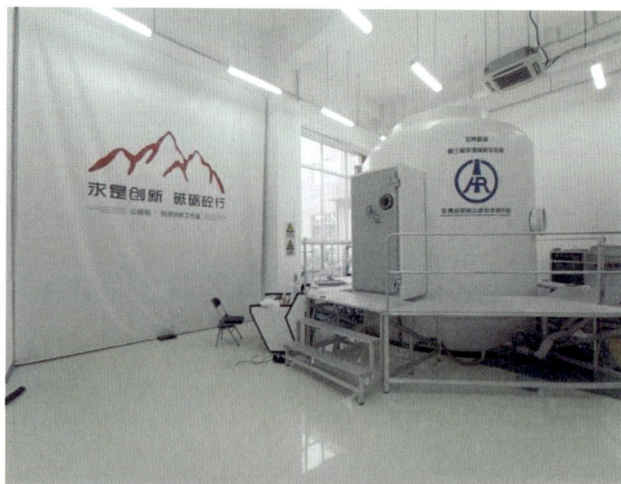

图 2-59　世界屋脊第三极环境模型实验舱

图 2-60　交通运输部多年冻土研究观测基地

Chapter 3 | 第 3 章

青藏高原的冻土
与公路路基

3.1   季节性冻土和多年冻土

　　温度低于零度的土就是冻土。多年冻土是指温度多年维持在零度以下，而季节性冻土的温度只有在冬季低于零度。一般多年冻土上面都有季节性冻土（在季节性冻土和多年冻土一同出现时，季节性冻土又称活动层），活动层和多年冻土可以直接相连，也可能分开。分开时，有时多年冻土上还有水分存在，常叫作冻结层上水。

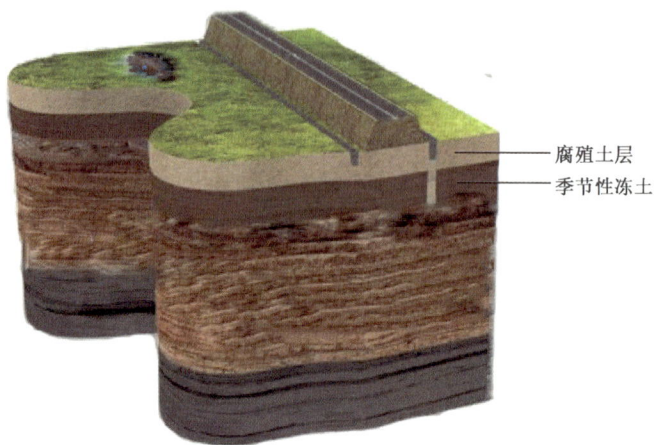

图 3-1   季节性冻土地区地质分层

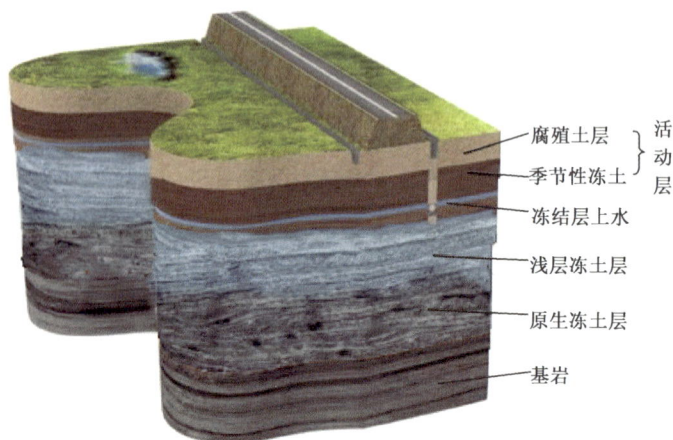

图 3-2   多年冻土地区地质分层

反过来，季节性冻土下除特殊地区外，一般没有多年冻土。季节性冻土地区路基常见的病害是冻胀翻浆。冻结时地下水被不断泵吸到冷锋面上，导致水分富集，水结成冰，体积膨胀进而引起冻胀。春融季节，表层的冰融化成水，下层的冰没有融化，导致融化的水越积越多，从而引起翻浆。

多年冻土上的季节性冻土（即活动层）一般冻胀现象不明显，因为活动层在冻结过程中，地下没有水分补充（水是以固体冰的方式存在）。青藏高原上的多年冻土层从数米厚到一两百米厚不等，活动层一般厚度在 1.5 米至 2.5 米之间。一般多年冻土都是连续分布，不连续分布时常被称为岛状多年冻土。多年冻土层可以分为原生多年冻土和次生多年冻土。原生多年冻土一般埋深较深，含冰量在 20% 左右；次生多年冻土埋深浅，其含冰量高，有时达 50% 以上，多是浅层潜水或者地下滞水冻结而成。多年冻土地区路基常见的病害是冻土退化引起的融沉，且多是由浅层的次生多年冻土引起。

近年来，多年冻土受到非常多的关注。地表温度在北极和北半球高纬度陆地地区上升非常剧烈，而这些区域正是多年冻土的主要分布区域。近 10 年内，青藏高原冻土层温度升高幅度比全球平均地表温度高 1.5 倍，多年冻土层融化速率不断加快。

当多年冻土层因温度升高而开始融化时，其内部所封存的有机物开始分解，释放出大量的温室气体，这一过程可能会进一步推动全球气候变暖。这些有机物是历史上动植物残骸的积累，原本在冰冻条件下分解速度较慢，类似于食品在冰箱中冷冻保鲜的效应。据研究，冻土中的碳储量约是大气中的两倍，高达 16000 亿吨。随着冻土的融化，微生物分解作用加速，排放出二氧化碳、甲烷、一氧化氮等气体。尤其是甲烷，虽然在大气中存在时间较短，但其温室效应是二氧化碳的 30 倍，甲烷的大量释放可以在短期内急剧推升全球气温。这个过程形成了一个恶性循环：多年冻土融化释放温室气体，全球变暖进一步加剧，然后又导致更多的冻土融化。

图 3-3   永久冻土融化向大气中释放碳的速度增加

3.1.1   季节性冻土与活动层

季节性冻土区域通常会经历多次冻结和融化的循环过程。这种冻融循环会对土壤产生应力和变形，引起土壤的升降和收缩膨胀。在冬季，气温下降，土壤中的水分开始冻结，形成季节性冻土带。土壤中的水分冻结后会形成冰，填充在孔隙中，导致土壤膨胀，这种膨胀会对土壤的力学性质和工程行为产生影响。随着气温回升，季节性冻土开始解冻，冰开始融化，并释放出其中的水分，导致土壤变得松软，容易变形。

季节性冻土对基础设施等工程项目建设有着显著的影响。在冻结阶段，冻土带的土壤会变得坚硬且脆弱，难以进行钻探和施工。在融化阶段，土壤会变得湿润而松软，容易造成沉降和变形。在季节性冻土区域，需要采取特殊的工程措施，如加热地基、采用抗冻土工程材料等，以适应土壤的冻融循环特性。

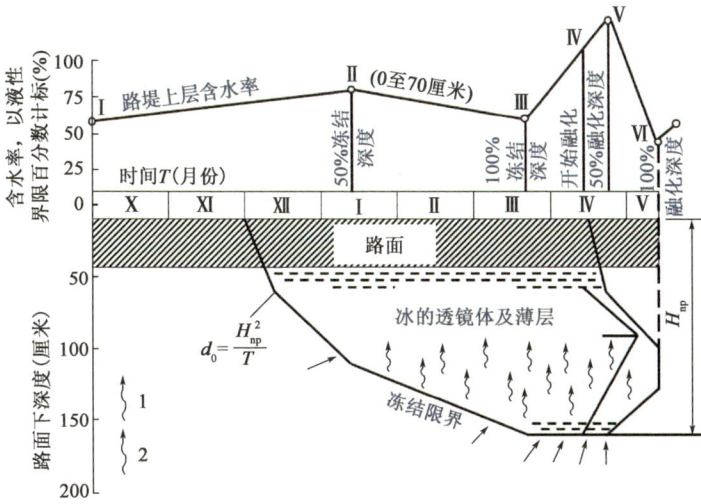

图 3-4 路堤秋季—冬季—春季期间的典型水温情况图

（箭头表明水流方向）

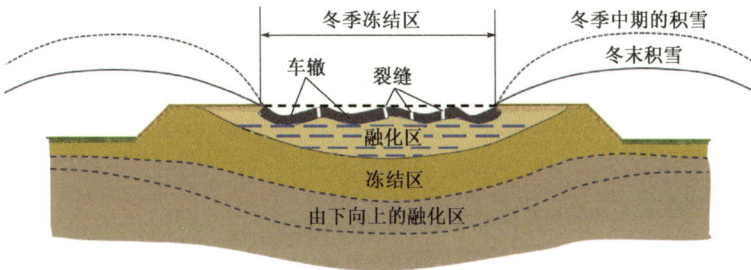

图 3-5 融化时道路的横断面

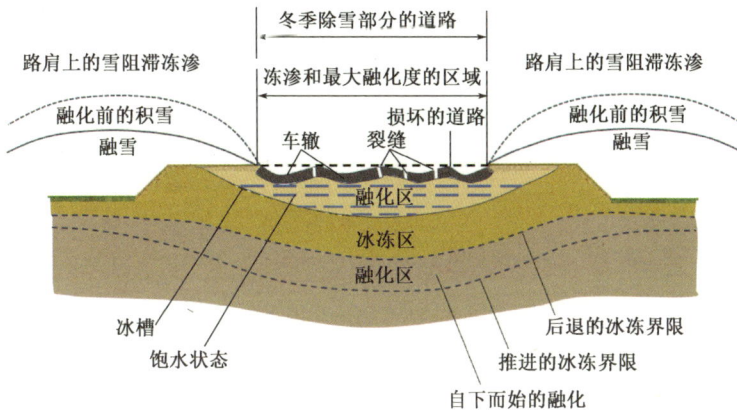

图 3-6 道路冻融灾害示意图，融化促成"泉裂"

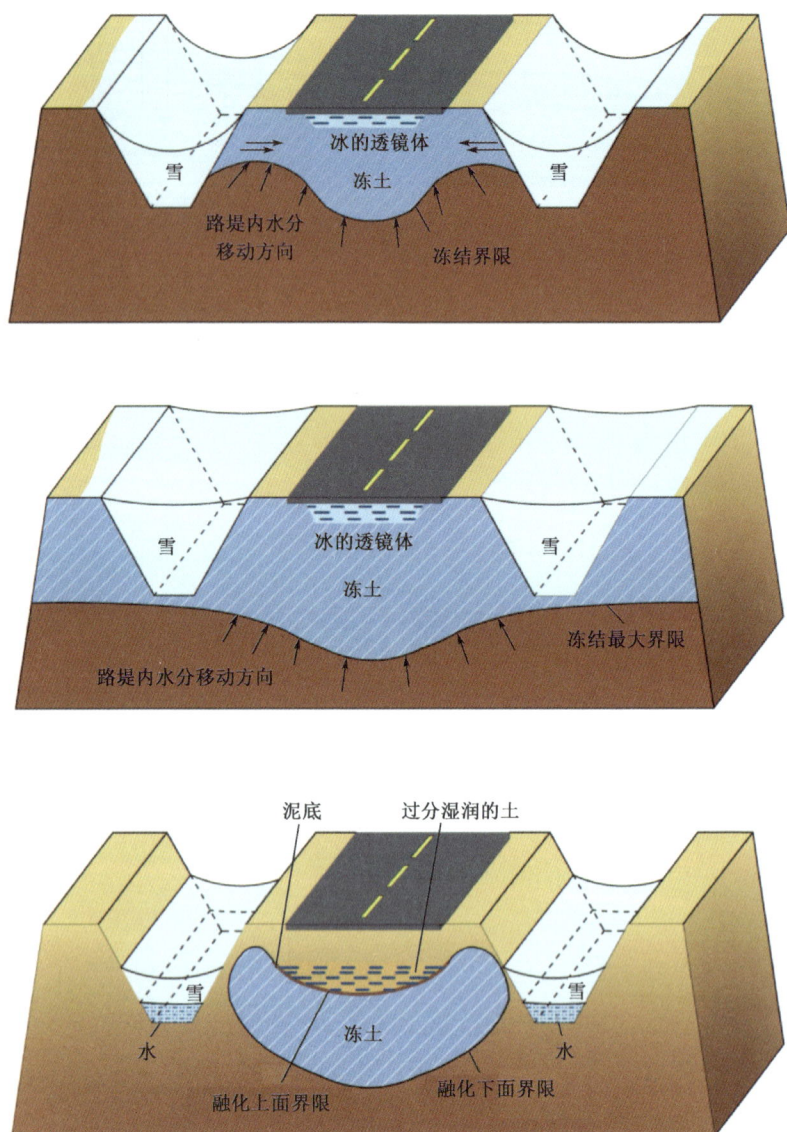

图 3-7   路基土的冻结和融化示意图

剖面

| 砾石路面 | 冻胀 | 砾石路面 |

平面

剖面

| 冻胀 |

平面

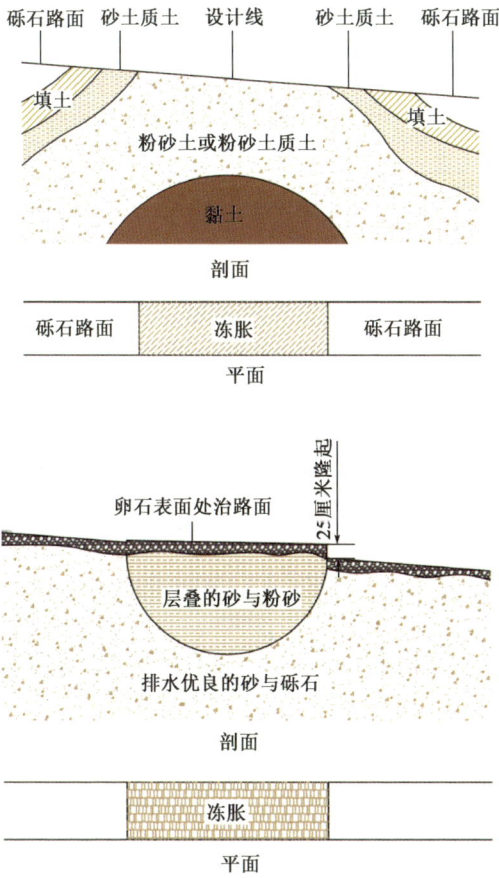

图3-8 沿路线纵断的不均匀冻胀

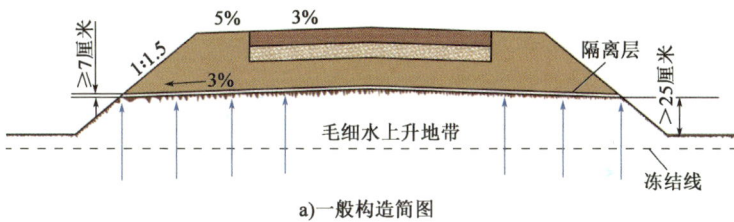

a)一般构造简图

图 3-9

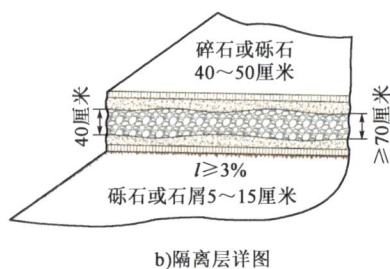

图 3-9   粗粒料隔离层

多年冻土上的季节性冻土（活动层）的厚度取决于地区的气候条件，包括温度、降水以及土壤的类型和含水率。

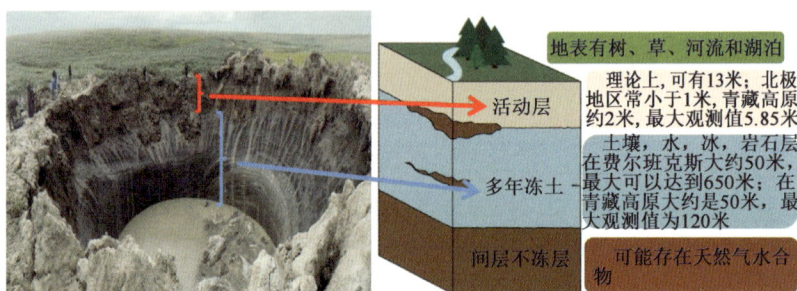

图 3-10   多年冻土活动层

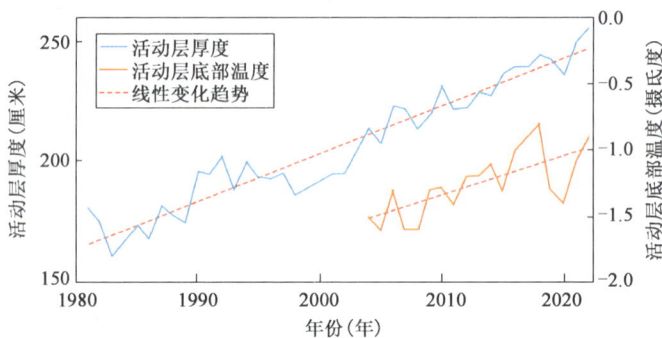

图 3-11   青藏公路沿线多年冻土区活动层厚度和活动层底部温度变化

3.1.2   次生多年冻土

次生多年冻土指的是由于近期气候变化或其他环境因素影响，

在原本不是多年冻土区的地区新形成的多年冻土。这类多年冻土与已存在数千年的原生多年冻土相比，其形成主要是由于现代气候冷却导致的。次生多年冻土的发展常与几个关键因素相关，包括全球或局部的气候变冷、植被覆盖的变化（如森林砍伐或自然火灾后的植被变少），以及土地使用改变（如农业扩张或城市化）。这些因素通常导致地表能量平衡发生变化，从而使得土壤温度下降，促进了多年冻土的形成和扩展。次生多年冻土的出现和扩张对地区的生态系统、水文循环以及地质稳定性都可能产生显著影响，因此对其进行监测和研究是理解全球气候变化影响的重要部分。

斜坡渗水形成的次生冻土

图 3-12 次生冻土

3.1.3 原生多年冻土

原生多年冻土是指土壤或岩石在连续两年以上的时间内，其温度始终保持在负温的地区。在天气回暖之时，气温仍然在零摄氏度以下，冻土内的冰不能再次融化成为水，因而冻土的组成不改变。原生多年冻土的形成主要受低温气候的影响，尤其是在高纬度或高海拔地区，长时间的低温环境使得地面水分无法完全融化或蒸发，从而冻结积累，形成多年冻土。

图 3-13 多年冻土剖面特性

图 3-14 三维模型

3.2 传统多年冻土的工程分类和分布

3.2.1 传统多年冻土的工程分类

1) 按土颗粒大小

1991 年我国颁布了《土的分类标准》（GBJ 145—90），粒组划分如表 3-1 所示。根据不同粒组的相对含量，可将土划分为巨粒土、含巨粒土、粗粒土和细粒土。巨粒土、含巨粒土和粗粒土按粒组、级配、所含细粒的塑性高低可划分为 16 种土；细粒土按塑性图、所含粒组类别以及有机质的多少划分为 16 种土。

我国土粒组划分标准 表 3-1

粒组统称	粒组名称	粒组粒径 d 的范围（毫米）
巨粒	漂石（块石）粒	$d > 200$
	卵石（碎石）粒	$200 \geqslant d > 60$
	砾粒　粗粒	$60 \geqslant d > 20$

粒组统称	粒组名称	粒组粒径 d 的范围（毫米）
粗粒	细砾	$20 \geqslant d > 2$
	砂粒	$2 \geqslant d > 0.075$
细粒	粉粒	$0.075 \geqslant d > 0.005$
	黏粒	$d \leqslant 0.005$

2）按含冰量

含土冰层　　饱冰　　富冰　　多冰　　少冰

图3-15　多年冻土按含冰量的分类示意

　　多年冻土是由固体土颗粒、冰、未冻水和气体所组成的多相复杂体系，其工程性质也随土颗粒骨架和土中冰水含量的变化而变化。当土中水分基本处于未冻结状态时，其性质与融土相似；在矿物颗粒与土中冰水体积之比占优势的条件下，为典型冻土；当冰水与矿物颗粒体积相当时，则为一种过渡状态的冻土-冰；当冰水占优势，则反映了冰的特性，基本上失去了土的自身特性。按照冻土中的含冰量可以将其分为少冰冻土、多冰冻土、富冰冻土、饱冰冻土和含土冰层。少冰冻土基本反映了融土的特性，多冰冻土和富冰冻土是典型冻土，饱冰冻土是冻土-冰的过渡类型，而含土冰层类冻土则基本反映了冰的特性。下表给出了以冻土含冰特征进行分类的不同含冰量冻土的具体特征。

不同含冰量冻土的具体特征 表 3-2

冻土名称	土的类别	总含水率 w（%）	融化后的状态	融沉性
少冰冻土	粉黏粒含量≤15%（或粒径小于 0.1 毫米的颗粒含量≤25%，下同）的粗颗粒土（其中包括碎石类土、砾砂、粗砂和中砂，下同）	$w \leqslant 12$	潮湿	不融沉
	粉黏粒含量>15% 的粗颗粒土、细砂、粉砂		稍湿	
	黏性土		半干硬	
多冰冻土	粉黏粒含量≤15% 的粗颗粒土	$12 < w \leqslant 18$	饱和	弱融沉
	粉黏粒含量>15% 的粗颗粒土、细砂、粉砂		潮湿	
	黏性土		硬塑	
富冰冻土	粉黏粒含量≤15% 的粗颗粒土	$18 < w \leqslant 25$	饱和出水（出水量约<10%）	融沉
	粉黏粒含量>15% 的粗颗粒土、细砂、粉砂		饱和	
	黏性土	$W_p + 7 < w \leqslant W_p + 15$	软塑	
饱冰冻土	粉黏粒含量≤15% 的粗颗粒土	$25 < w \leqslant 44$	饱和出水（出水量约10%~20%）	强融沉
	粉黏粒含量>15% 的粗颗粒土、细砂、粉砂		饱和出水（出水量约<10%）	
	黏性土	$W_p + 15 < w \leqslant W_p + 36 \sim W_p + 48$	流塑	
含土冰层	粉黏粒含量≤15% 的粗颗粒土	$w > 44$	饱和出水（出水量约>20%）	强融沉
	粉黏粒含量>15% 的粗颗粒土、细砂、粉砂		饱和出水（出水量约>10%）	
	黏性土	$w > W_p + 36 \sim W_p + 48$	流塑	

注：W_p 为塑限含水率。

3.2.2　青藏公路多年冻土的分布

青藏公路格尔木至拉萨段全线平均海拔在 4000 米以上，穿越大面积多年冻土区，是世界上海拔最高、线路最长的多年冻土区公路。伴随着道路的整治、改建等过程，青藏公路沿线多年冻土的研究已经持续了 50 余年。青藏铁路的建设又进一步完善了对青藏公路沿线多年冻土的监测，提升了对沿线多年冻土的认识水平。

1）多年冻土分布、温度及厚度

青藏公路由西大滩的 60～61 道班至两道河以南的 124～125 道班，长约 650 公里，为高原多年冻土区，其中由昆仑山垭口至安多北山（116 道班一带）为大片多年冻土，长 550～560 公里。60～61 道班至昆仑山垭口和安多北山至 125 道班分别为青藏公路南、北段岛状冻土区。南段岛状冻土沿公路延续长达 90 公里左右，北段不到 20 公里。青藏公路北段岛状冻土分布下界海拔为 4150～4300 米，南段（124～125 道班）冻土分布下界海拔为 4640～4680 米，自南而北纬度大约升高 1 摄氏度，多年冻土下界海拔降低 80～100 米。多年冻土下界大致与年均气温 -3.0～-2.5 摄氏度线相当。冻土温度和厚度是从不同角度反映冻土特征的两个指标，二者在空间分布上具有较好的一致性。一般年均地温低的地方，冻土厚度较大；反之则小。在 1:600000 青藏公路沿线多年冻土图上，学者曾将沿线冻土按照温度、厚度划分出四种类型。

（1）第一种类型：冻土年均地温为 -0.5～0 摄氏度，对应的冻土厚度为 0～25 米。该种类型冻土主要分布在公路沿线南、北段岛状冻土区和融区边缘的地段，如楚玛尔河、北河、沱沱河、通天河、布曲河谷地等融区地带边缘的冻土即属于该类型。

（2）第二种类型：冻土年均地温为 -1.5～-0.5 摄氏度，厚度为 25～60 米。它主要分布于楚玛尔河、北麓河、沱沱河、通天河高平原及开阔的山间盆地、谷地，如唐古拉山南坡至头二九山之间，以及 113 道班一带的谷地、盆地等。受纬度地带性及地质构造形成先后次序影响，上述各高平原、盆地、谷地冻土温度、厚度尽管属同一类型，但由北而南也有差异。已有资料表明，北部的楚玛尔河、北麓河的高平原冻土年均地温多在 -1.0 摄氏度左右，冻土厚度一般以大于40米的居多；南部的高平原及盆地、谷地冻土地温一般不低于 -1.0 摄氏度，厚度以40米以下者居多。

（3）第三种类型：冻土年均地温为 -3.5 ~ -1.5 摄氏度，冻土厚度为60 ~ 120米。它主要分布于公路沿线的低山、丘陵及中高山的下部，如昆仑山垭口盆地、可可西里山（指五道梁盆地之南、北山）、风火山、开心岭、唐古拉山、头二九山等。

（4）第四种类型：冻土年均地温低于 -3.5 摄氏度，冻土厚度大于120米。该种类型冻土在昆仑山、唐古拉山中上部基岩带可以见到。

从冻土热稳定性角度来看，第三种、第四种类型是稳定型和极稳定型冻土；第二种类型属于过渡型冻土；第一种类型属不稳定型冻土，这类型冻土在气候变暖或人为活动影响下，可能发生很大变化。

2）高含冰多年冻土的分布规律

多年冻土的含冰量是反映冻土能量及稳定性的重要标志，同时它对工程建筑物稳定性也有重要影响。已有勘探资料表明，青藏公路沿线冻土上限附近一般是地下冰富集的部位。因此，本书讨论的范围仅限冻土上限以下0.5 ~ 2.0米深度内的地下冰。青藏公路沿线高含冰量冻土，主要表现出以下分布规律。

（1）处于不同地温带的相同地貌单元，无论是中高山、低山丘陵还是高平原及盆地区，随纬度向北推移，年均地温降低，其冻土含冰量呈现增高趋势。例如，北河和沱沱河的一级阶地，二者的组成岩性大体相同，主要由古近系和新近系泥岩、泥灰岩和粉砂岩组成，但由于北麓河一级阶地处于年均地温为 -1.5 ~ -0.5 摄氏度带，而沱沱河一级阶地的地温一般不低于 -0.5 摄氏度。据已有勘探资料表明，北麓河一级阶地上限以下可见厚0.03 ~ 0.04米的层状地下冰，体积含冰量可达60% ~ 70%，而沱沱河一级阶地上限以下2.5 ~ 3.5米多是网状构造冻土，体积含冰量一般小于25%。

（2）在大片连续多年冻土区段，地形由高平原过渡到低山丘陵或中高山。一般低山丘陵区为高含冰量冻土，特别是含土冰层比例最大，中高山区次之，而高平原区最小。例如，由秀水河、北麓河至风火山垭口，地下冰的分布反映了与地形变化相匹配的上述规律。在风火山观测站，80道班一带（属低山丘陵段），上限以下0.5~2.0米深度主要为饱冰冻土及含土冰层，体积含冰量多在80%以上；风火山垭口一带，上限以下0.5~2.0米深度主要是富冰冻土及饱冰冻土，含土冰层比较少见，体积含冰量一般为60%~80%；秀水河、北河一带，上限附近主要为富水冻土及多冰冻土，体积含冰量一般不超过70%。

（3）在同一低山丘陵或中高山区，阳坡比阴坡接受的太阳辐射多、地面水分蒸发较大，地温相对较阴坡高，因此阴坡较阳坡地下冰发育。在大片连续多年冻土地段，上述二者差别往往表现为"量"的差别，如风火山大东沟阴坡的地下冰明显比阳坡要厚。在岛状多年冻土地带及连续多年冻土边缘地段，则往往表现为地下冰分布在"质"上的差别，即在阴坡可见到高含冰冻土，而阳坡一般无高含冰冻土。

（4）坡度大、覆盖层薄、排水条件好的地区不利于地下冰形成；相反，坡度小、覆盖层厚、排水不畅的地区不仅有利于植被生长，而且有利于地下冰发育。据青藏公路沿线多年积累的资料可知：一般坡度小于10度的山坡，地下冰较为发育，坡度在4~8度时最有利于地下冰生长；坡度为10~16度的山坡上地下冰的发育条件变差；坡度大于16度的山坡上一般见不到厚层（指5厘米以上冰层）地下冰；坡度大于25度的山坡，剥蚀作用占主导，基岩裸露，一般只可见到裂隙冰存在。

气候变化背景下，生产实践和区域气候、水文及生态研究的发展，对高分辨率的青藏高原多年冻土空间分布制图提出了更高的要求。近20年来，科技水平的迅速提升和各类数据资料的不断积累，也为完成青藏高原多年冻土空间分布格局研究提供了保障。本节是在近年来相关调查和研究获得大量数据的基础上，充分利用遥感和再分析资料及模型模拟手段，在多年冻土制图方面进行尝试。由于青藏高原地域辽阔，气候、地质、地理条件复杂多变，不同区域多年冻土的分布和特征差异极大，为准确描述不同区域多年冻土的特征，本章针对不同调查区域进行了较大比例尺的多年冻土制图，为大范围制图提供了较为精准的比对和验证空间数据。在综合考虑地质、气候、地理等因素对高原尺度多年冻土分布影响的前提下，通过模型模拟对比研究，对整个高原尺度的多年冻土空间分布格局进行了制图。

3.3　浅层多年冻土与公路路基融沉

下图所示为多年冻土区公路路基融沉的发展过程。因新建路基结构刚度不足，在结构自重和车辆荷载作用下，路基底面会产生变形。春融季节地表水下渗，活动层内水分携带热量迁移，使活动层内水热空间分布不均，产生压缩沉降并向下侵蚀多年冻土层，使浅层多年冻土也发生融沉（转化为融化夹层）。随着时间推移，路基底面会形成融化槽，季节性活动层发生畸变，路表反映出不均匀沉陷，道路两侧产生积水。

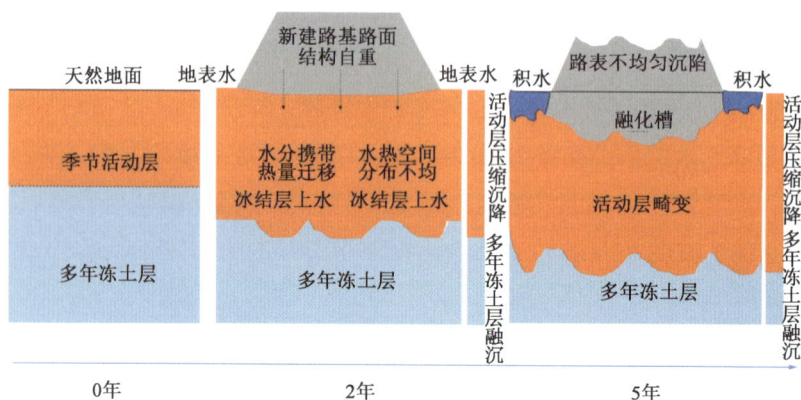

图3-16　路基刚度不足、活动层畸变加剧、深层多年冻土不稳

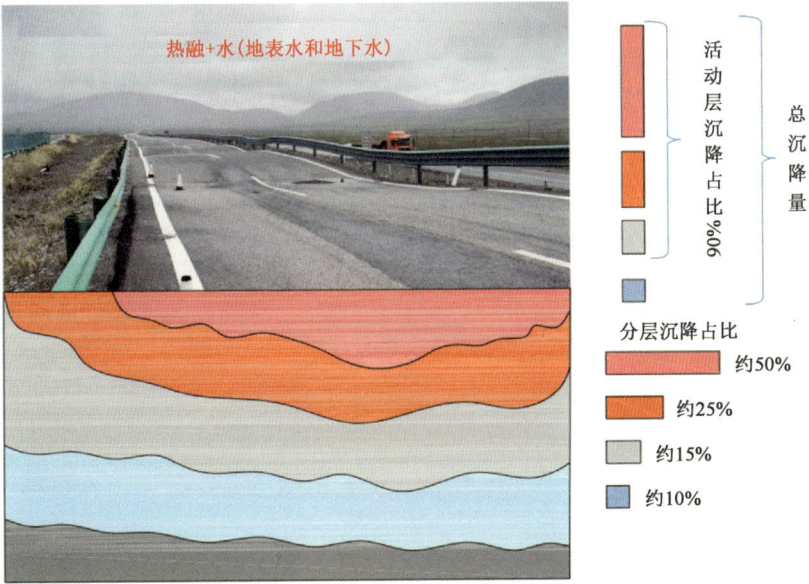

图 3-17 热融和水共同作用产生的融沉

3.3.1 铺设公路后多年冻土融化层

下图展示了多年冻土区地表下土壤结构的变化过程。左侧图代表原生多年冻土状态；中间图表示由于某种外部因素（如气候变冷）引发的土壤状态转变，导致次生多年冻土的形成；右侧图显示了次生多年冻土的稳定状态。这一过程展示了多年冻土由原生状态向次生状态的转变，强调了环境因素对地表下土壤结构变化的影响。

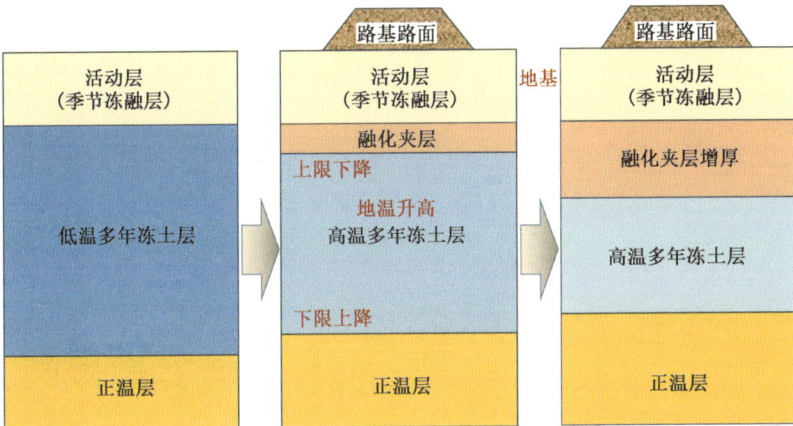

图 3-18 多年冻土区地表下土壤结构的变化过程

3.3.2   周边大地冷却稳定多年冻土层

如下图所示，在铺设公路后，低温多年冻土向高温多年冻土转化，冻土上限下移、下限上移，冻土层上下两侧"变薄"；但随着时间推移，周边环境土体中未受影响的低温冻土如同巨大的"冰箱"包裹着路域影响范围内产生的高温冻土层，不断对后者"制冷"，使正温层顶面部分土体回冻并最终趋于稳定。

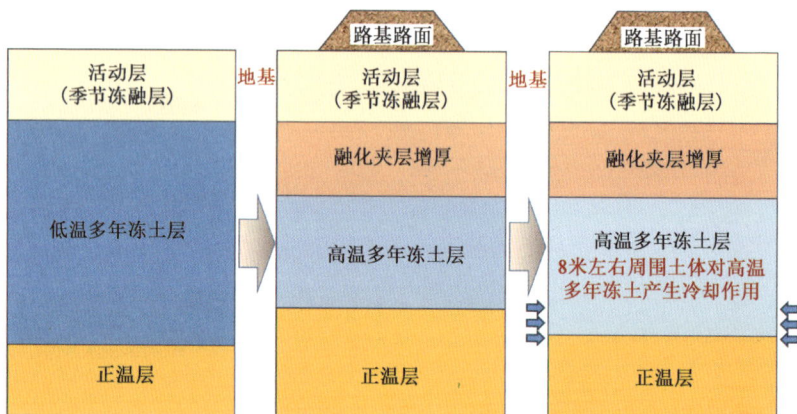

图 3-19   周围土体对多年冻土层的冷却作用

下图为冻土上限的退化过程，其退化速率由最初的快速发展随时间推移逐渐降低，最终因周边土体的冷却作用稳定于 8 米。

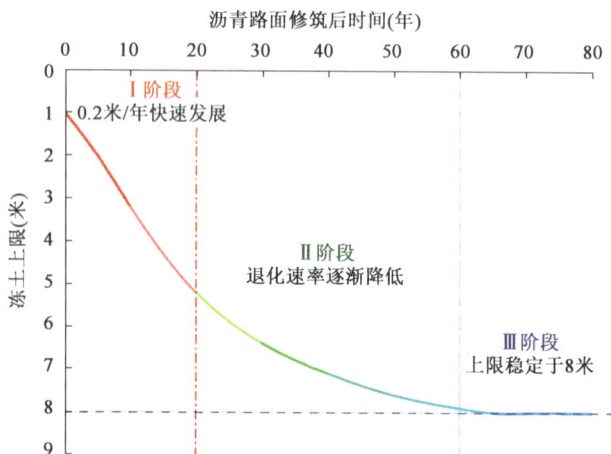

图 3-20   冻土上限退化过程

多年冻土地区的
现场勘探

4.1　冻土取样

为更好地了解多年冻土的特性以及多年冻土对全球气候的潜在影响，科学家们进行了大量的勘察和研究工作。这些勘察工作涉及多个学科领域，包括地质学、气象学、地球物理学等。地球物理勘察是一种常用的手段，通过测量地下的温度、电阻率等参数，科学家可以了解多年冻土的分布和性质。

目前，冻土工程勘察仍沿用地学界传统的勘探方法，包括钻探、坑探、井探、槽探、物探、化探等，以及室内试验和原位测试。除了满足岩土工程勘察基本要求外，还要满足多年冻土特殊项目要求，即冻结地基土的冰与温度。

多年冻土的热物理和力学参数是工程设计重要依据，热物理参数（导热系数、冻结温度等）可由试验室测定，力学参数亦可由试验室测定或由经验数据选用，但有些重要工程所需的力学参数必须经原状土试验室测定。不仅如此，多年冻土中含有不同程度的冰，即地下冰，这是其有别于一般岩土的基本特性，工程勘察过程中必须清楚和详细描述地下冰埋置深度、含量、结构构造、分布特征等，这些特性会影响工程设计所需采用的地基处理方法。不同地质及环境条件下，多年冻土具有不同的温度状态，即年平均地温。工程勘察过程中必须给出年平均地温的数值，描述其与环境的关系，它涉及工程地基设计采用的设计原则，关系到工程建筑的安全和造价。

工程勘察的季节宜选择在每年9月末左右，或通过冻土岩芯判断，或用该地区的季节融化深度进程图判断多年冻土最大季节融化深度以选择最佳时间。工程勘察必测的基本物理参数包括：冻土总含水率、原始状态的冻土天然密度、未冻水的重量含水率（按天然温度状态下试验室测定）或替代冻土中冰的重量与全部水重之比的冻土相对含冰率。

在冻土取样方法中，钻孔勘察在多年冻土科研中扮演着重要的角色。钻孔是通过使用钻头等工具在地下进行孔洞制作，从而获取地下岩土样本或数据的一种地质勘察方法。这种方法通过地下岩土的取样和观测，为工程建设提供了关键的地质信息。这些数据对于了解多年冻土的结构、成分和演化过程至关重要。此外，通过钻孔勘察，科研人员能够获取地下水文信息，揭示多年冻土下水系统的运动规律，为水资源管理和环境保护提供科学依据。

地质钻探的主要设备包括钻机、钻杆、钻头、钻管等。钻机根据不同的钻探深度和钻探方式有不同的选择，如手动钻机、汽车钻机、卡车钻机、集装箱钻机等。钻杆是钻探过程中的主要工具，用于将钻头和钻管连接起来，并将钻头送入地下。钻头则是钻探过程中的关键部件，不同的钻头适用于不同的地质条件。钻孔又分为旋挖钻孔和冲击钻孔，旋挖钻孔是一种通过旋转钻头来切割和破碎地层的方法。这种钻孔方式通常用于岩土层，其主要优势在于可以适应各种地质条件，但在冻土地区可能受到冻结层的限制。冲击钻孔是一种通过冲击或振动来破碎地层并推动钻头向下的方法。这种方法适用于一些较为松散的地质层，但在多年冻土地区可能受到冻结层的限制。在实际的工程勘察中，常常会根据具体的地质条件和勘察目的，综合使用旋挖钻孔和冲击钻孔，以获取更全面、准确的地质信息。

图 4-1　汽车钻机

此外，随着科技的不断进步，地球物理勘探、遥感技术等也逐渐与钻孔勘察相结合，为多年冻土研究提供了更为全面的信息。钻探工具主要包括以下几类：管式取芯工具、半合管式取芯工具、压入式取芯器和抽芯式取样器。

图4-2　管式取芯工具

图4-3　半合管式取芯工具

图4-4　大型旋挖钻机

图4-5　小型液压式钻机

图4-6 钻探芯样图片

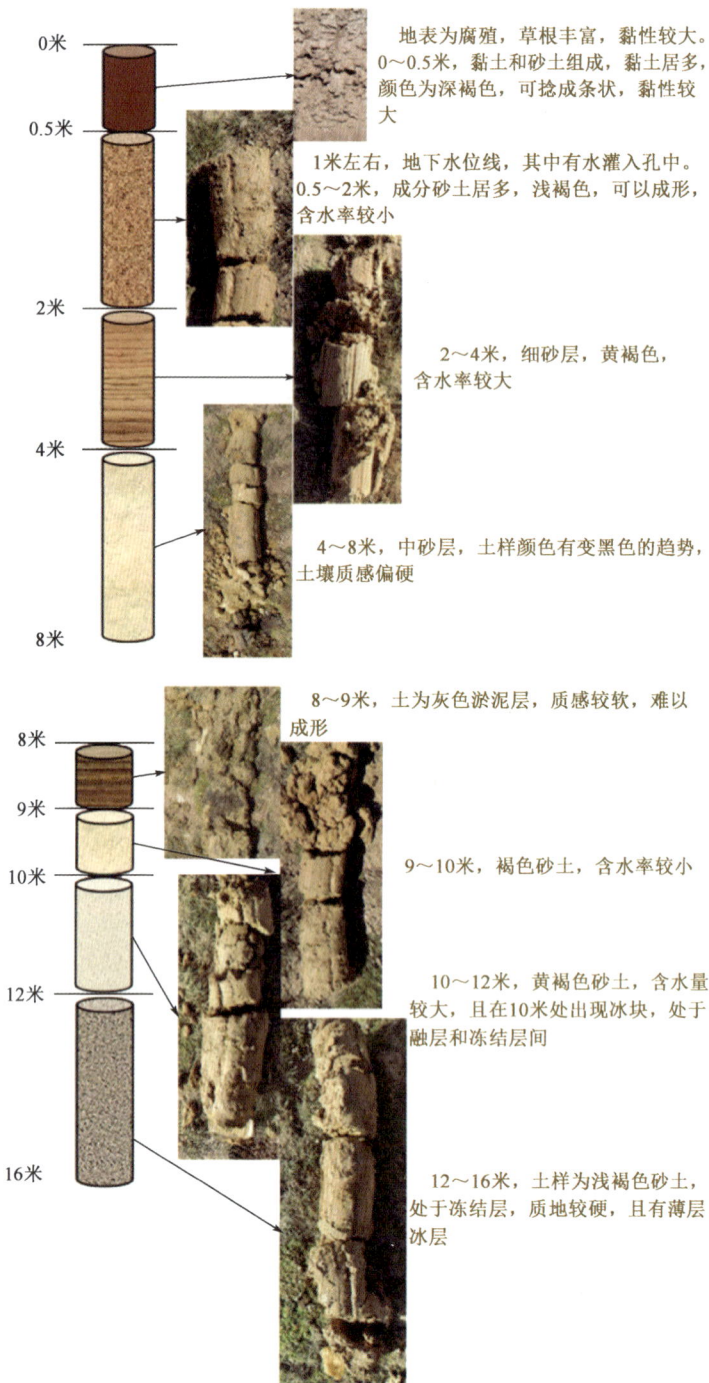

地表为腐殖，草根丰富，黏性较大。
0～0.5米，黏土和砂土组成，黏土居多，
颜色为深褐色，可捻成条状，黏性较
大

1米左右，地下水位线，其中有水灌入孔中。
0.5～2米，成分砂土居多，浅褐色，可以成形，
含水率较小

2～4米，细砂层，黄褐色，
含水率较大

4～8米，中砂层，土样颜色有变黑色的趋势，
土壤质感偏硬

8～9米，土为灰色淤泥层，质感较软，难以
成形

9～10米，褐色砂土，含水率较小

10～12米，黄褐色砂土，含水量
较大，且在10米处出现冰块，处于
融层和冻结层间

12～16米，土样为浅褐色砂土，
处于冻结层，质地较硬，且有薄层
冰层

图4-7　土层分布

图 4-8 冻土样心图片

4.2 温度场监测

不同于野外调查，针对多年冻土水热变化和区域气候环境的定位监测，能够获取更详细的冻土本底数据，能够揭示多年冻土季节变化和常年变化的过程。青藏高原地区的多年冻土定位监测主要针对自然状态下多年冻土本身的变化过程和工程建设扰动下多年冻土的动态变化过程两个方面。工程建设扰动下的多年冻土定位监测点主要集中在青藏公路/铁路、青康公路、新藏公路等主要的交通干道沿线布设。自然状态下多年冻土变化过程的监测点则遍布在高原不同的冻土区。中国科学院青藏高原冰冻圈观测研究站（格尔木站）是开展青藏高原地区多年冻土监测研究的中坚力量。20 世纪 80 年代以来，该站在青藏公路沿线建设了大量针对区域气候、多年冻土活动层水热过程、多年冻土地温、多年冻土地区通量等监测的场点。

2009 年以来，在科技部"青藏高原多年冻土本底调查"项目的支持下，格尔木站在西至喀喇昆仑山南麓、东至共和盆地东缘、北至阿尔金山、南至冈底斯山南坡范围内的青藏高原地区建立了数十个监测场点，实现了对青藏高原多年冻土区的全面覆盖。格尔木站的监测系统涵盖了对青藏高原不同类型多年冻土、植被生态以及不同地貌单元多年冻土温度、活动层水热动态变化的监测，同时也初步建立了与我国西部其他高海拔多年冻土区的对比监测场点，基本形成了对我国西部高山、高原多年冻土变化过程的一个监测网络。

1）气象监测

气象站是用于监测实时环境变化且做出相应预警提示的监测仪器，主要由采集传感器、气象监控主机、供电系统、通信模块等部分构成。气象站能主动观测和传递气压、气温、相对湿度、风向、风速、雨量等常规气象要素信息，进行地面气象监测、储存和发送监测数据，并且能够根据需要将监测数据转换成气象信息或编制成表格、曲线等表现形式。由于青藏高原冻土区的气象条件对降水和融雪具有显著影响，融雪监测有助于研究雪盖的时空分布和消融过程。监测这些参数对于了解水文过程和水资源管理至关重要。

30 多年来，中国科学院青藏高原冰冻圈观测研究站在高原不同地区建立了多处自动气象综合观测场。青藏公路沿线的五道梁气象场是该站在高原地区的首个气象综合观测场，建立于 1988 年，建设初期利用 30 米大气物理观测塔和地面的能量收支观测站开展大气环境监测，同时通过多年冻土钻孔开展冻土温度环境监测。目前监测场点开展着 4 层温、湿、风梯度以及辐射平衡、积雪深度、雨雪量等连续的监测，同时对多年冻土活动层不同深度水热特征也进行了监测。唐古拉气象场和西大滩气象场于 2004 年建设完成，监测内容基本与五道梁气象场一致。早期建设完成的这 3 个监测场点均开展了涡动相关监测，并对地表能量平衡和温室气体浓度开展强化监测。

虽然多年冻土所涉仪器均适合在低温环境下工作，但高原严酷的气候环境给仪器的运行带来了极大的挑战。另外，野生动物和人为破坏，也对仪器正常运行造成影响，导致监测工作中断、数据丢失。总体而言，中国科学院青藏高原冰冻圈观测研究站在高原地区布设自动气象观测站采集的数据连续性一般在 70%～80%，部分站点的数据连续性可达到 90% 以上。各类气象要素采集间隔般为 0.5～1 小时，监测精度高，数据量大。由该监测网络获取的数据已经成为多年冻土区相关研究主要的数据来源，为开展青藏高原地区气候环境研究、冰冻圈环境研究、生态环境研究以及工程建设提供了宝贵的数据支持。

2）地温监测

在冻土地温监测中，温度传感器的使用是关键的。这些传感器通常埋设在不同深度的地下，以测量土壤的温度变化。常见的传感器类型包括热电偶、电阻温度传感器等，选择的传感器要考虑其在低温条件下的精度和稳定性。

不同温度传感器工作原理也不同。恒温器是一种接触式温度传感器，由两种不同金属（如铝、铜、镍或钨）构成的双金属条组成。两种金属线性膨胀系数的差异导致它们在受热时产生机械弯曲运动；而电阻温度传感器中的热敏电阻通常由陶瓷材料制成，例如镀在玻璃中的镍、锰或钴的氧化物，这使得它们很容易损坏。但双金属条的主要优势在于对温度、准确性和可重复性的任何变化的响应速度。热电偶是最常见的温度传感器之一，因为其体积小，且具有宽温度工作范围、可靠性、准确性、简单性和灵敏度。

地温监测站通常会在不同深度埋设传感器，以研究土壤温度的垂直分布。常见的深度包括地表温度、不冻层底界深度、冻土深度，以及更深层次的土壤温度。这有助于研究冻土的形成、演变和对气候变化的响应。监测站点的选择应考虑到冻土区域的地形、土壤类型、植被覆盖等因素。在站点布局上要追求代表性，以确保监测结果的可靠性和广泛适用性。温度传感器收集到的数据需要进行实时或定期的记录和传输，可以通过自动数据采集系统、遥测系统或定期的人工采集方式完成。及时传输和记录数据对于监测和分析地温变化至关重要，监测到的地温数据需要进行分析和建模以推断冻土的状态、深度和季节性变化。数学模型和地球系统模型可用于模拟和预测冻土区域的地温动态。

4.3　现场原位勘察

高原冻土地区道路建设需要对该地区冻土的分布范围及其冻融状态变化过程有着清晰的认识。传统手段采用钻探、坑探等方式探测多年冻土，效率低、耗时费力，且无法应对大面积冻土路段探测，容易出现冻土段落偏差和遗漏，同时这些探测方法对多年冻土生态环境与赋存状况破坏极大。与钻探、坑探等地质勘察手段相比，地球物理勘探是一种线状探测方法，具有勘探断面连续、不扰动地层、探测速度迅速的优点。

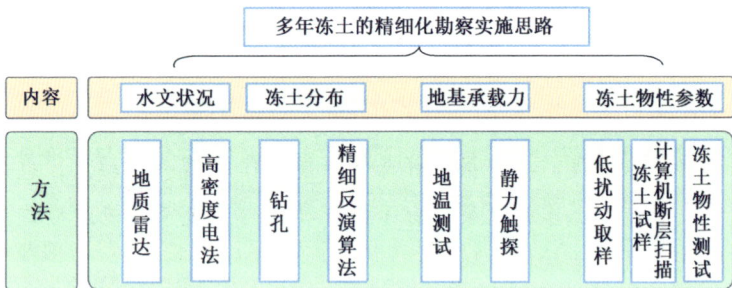

图 4-9　精细化勘探实施思路

4.3.1　静力触探

道路工程与岩土工程之间存在着密切的相关性，岩土工程的专业知识和技术为道路工程的设计、建设和维护提供了重要支持，确保道路工程的质量、安全和可持续发展。岩土工程是在岩土材料（即土壤和岩石）上、岩土材料中或与岩土材料一起施工的技术的系统应用。路基、路面和附属设施都以某种方式与土壤相关，因此，其设计将取决于土壤或岩石的性质。岩土工程作业对于土壤取样、调查岩土材料特性、控制地下水位和流量，以及环境和水文相互作用非常重要。基础工程、道路和机场、路基和地面结构以及边坡稳定性评估是岩土工程在实践中应用的例子。尽管岩土工程取得了显著进展，但仍面临许多问题，这主要是由于土壤的自然固有不均匀性和主要环境条件造成的。此外，与钢铁或混凝土等其他预制建筑材料相比，土壤对当地环境条件更敏感，特别是冻土地区。因此，有必要全面了解自然土壤沉积、环境相互作用和对当地条件的反应，以更准确地预测多年冻土地区中的土体特性及影响。

　　鉴于岩土工程勘察的节约成本原则，并考虑到钻芯、取样、转移样品和实验室测试等常规程序的耗时过程，目前国内外普遍倾向于原位测试手段，可直接确定土壤剖面、岩土参数及特征。应用较广泛的原位测试技术包括静力触探（Static Cone Penetration Test，CPT）、扁铲侧胀试验（Dilatometer Test，DMT）等，其中 CPT 技术由于其高效快速、数据准确、适用范围广、实时性高等优点，在土体工程勘察和岩土工程监测等领域得到了广泛应用。CPT 技术的原理是通过在地面上施加垂直向下的静载，将一个锥形探头（通常是圆锥形）插入土层或岩石中，测量探头在不同深度下的阻力和摩阻力，以推断地层的物理性质和工程性质。按探头测量参数的不同，CPT 技术主要包含三种类别：单桥 CPT（比贯入阻力 p_s）、双桥 CPT（锥尖阻力 q_c、侧壁摩阻力 f_s）、孔压静力触探测试 CPTU（锥尖阻力 q_c、侧壁摩阻力 f_s、孔隙水压力 u）。目前 CPT 技术主要应用于地基勘察、基础设计、地质灾害评估等领域，通过 CPT 测试可以获取土层的承载力、变形模量、孔隙水压力等参数，为工程设计和施工提供重要数据支持。

　　多年冻土区气候严寒、生态环境恶劣、地质条件复杂，该地区修筑路面后，在人为扰动情况下，路基下多年冻土往往不断退化为高含水率的季节性冻土，往复的冻融效应严重削弱了路基的强度。在一定时间内，造成诸如冻胀、翻浆、沉陷等病害，危害道路的行车安全。青藏地区受高海拔影响，分布着大片多年冻土，属中低纬度多年冻土，与高纬度多年冻土差异较大，更易受到青藏高原湿热化倾向的影响。由于青藏地区地理环境特殊，降雨分布不均，而永久性冻土融化后的增水使得土壤更加湿润，加剧了土壤的液化和水分渗透，进一步降低了土壤的承载能力。此外，永久性冻土的融化还会导致地面沉降，冻土融化过程中，固相冰转变为液相水时体积大幅度减小，导致地面沉降。多种因素耦合作用使得青藏地区交通系统及其附属设施在一定程度上失去了支撑，进而在自重及车辆荷载作用下引发了路基的不稳定和下沉现象。

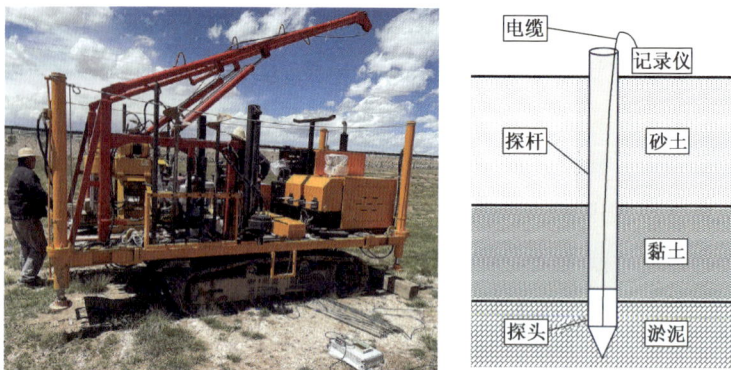

图 4-10　CPT 作业平台及原理示意图

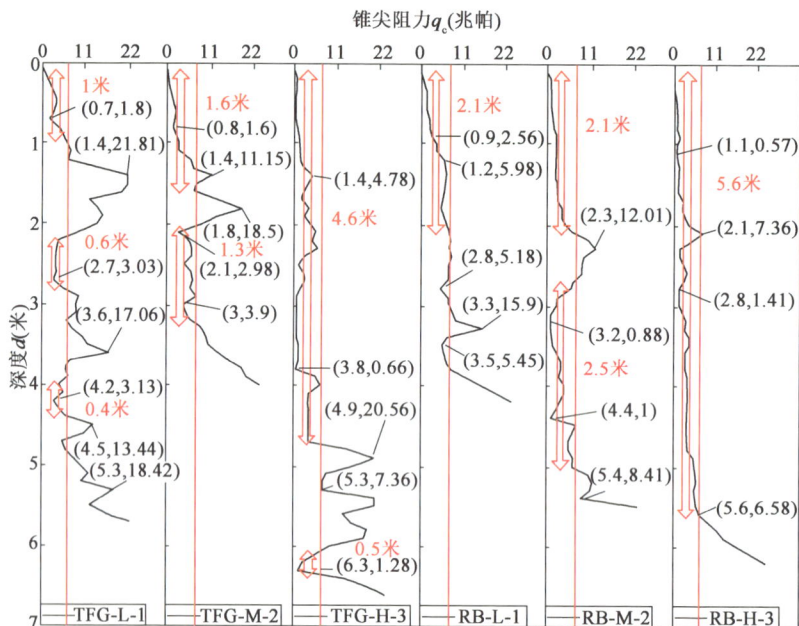

图 4-11　CPT 测试结果

　　传统公路病害检测技术多是对公路通车运营后产生的病害进行检测评价，往往需要人工巡查和评估，存在主观性较强的问题，不同的检测人员可能会有不同的判断标准，导致检测结果不一致，且对于大面积的公路路段，需要耗费大量时间和资源。此外，运营期的公路病害检测通常是针对特定位置或特定类型的病害进行检测，难以全面评估公路整体的状况，且侧重点在公路病害本身，难以评价公路病害的内在原因。

CPT 技术在以往的应用中主要用于地质评价，近几年部分学者将其与地质灾害风险进行关联分析，进一步拓展了该技术的应用场景。青藏公路是世界上海拔最高、线路最长的高原公路，其中包括了大面积的永久冻土区域。青藏铁路修建过程中，有专家应用 CPT 技术进行地质评价，而受限于当时的技术水平，探头贯入深度有限，并未进行广泛推广。近年青藏公路的修建、维护工作中，随着作业平台的改进，CPT 技术进一步应用于冻土区地质状况的勘测及评价，提供了大量地质力学参数。交通运输部公路科学研究院田波创新工作室首次提出运用 CPT 技术探寻公路病害严重区域地质力学参数的分布规律，以实现运用 CPT 技术预测公路病害易发性的目的，将"整治冻土公路病害"转化为"预防冻土公路病害"。

多项研究结果表明：地质的稳定性和承载能力直接影响公路的抗压性能。不同类型的土质对水分的吸附和排水能力不同，可能导致公路路基和路面的沉降、变形和开裂，特别是冻土区随着温度的变化，冻融作用下土体体积变化程度较大，对上覆公路结构的影响更为明显。因此，可通过 CPT 技术获取冻土区地质力学参数，进而关联公路病害发育情况，指导地质状况评定并提出相应处理措施，可见 CPT 技术在提高冻土公路安全性和可靠性方面具备广阔的应用前景。

4.3.2　面波法

面波即在自由表面（如地表）处产生的，并平行于该表面传播的波。众所周知，纵波的特点是质点的振动方向平行于波的传播方向，横波的特点是质点的振动方向垂直于波的传播方向，那么面波同样可以根据质点振动方向与波传播方向的关系分为瑞雷波（Rayleigh waves）、勒夫波（Love waves）和斯通利波（Scholte waves）。瑞雷波传播时，介质质点呈椭圆轨迹振动，长轴垂直于自由表面，短轴与波的传播方向平行；勒夫波传播时，介质质点在垂直于波的传播方向的水平面内振动；斯通利波沿固水界面传播，可以用于地下水研究。下面主要介绍瑞雷波。

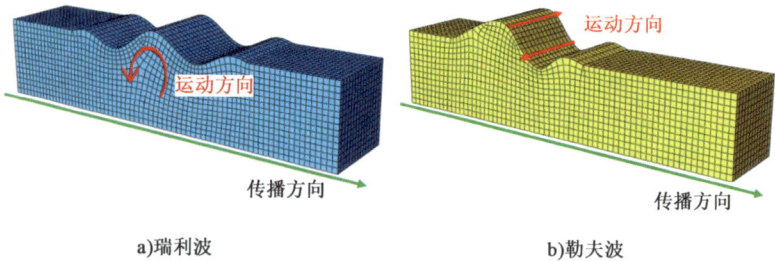

a)瑞利波　　　　　　　　　　b)勒夫波

图4-12　瑞雷波和勒夫波的传播模式

瑞雷波法用于工程地质勘察、检测等方面，根据震源、接受方式和资料处理方法不同，可分为稳态法和瞬态法两种。

1）稳态法

稳态法即稳态激振法，是用特制的激振装置激发瑞雷波，每次产生单一频率成分的简谐振动，从而在介质中激发出单一频率的简谐瑞雷波，并用两个或多个检波器接收，通过对两个检波器接收到的数据做相关运算，就可求得两个检波点间波动到达的时间差，并根据时间差和两检波点之间的距离计算传播速度。由于震源的振动频率是可变的，不断改变输出频率，就可以得到不同频率所对应的瑞雷波相速度。由于稳态法所使用的震源笨重庞大，非常不适合在复杂场地条件下使用，同时数据采集效率低，所以现在已经逐渐不被使用。

2）瞬态法

瞬态法是利用重锤冲击地表，在激发点产生垂向脉冲振动，从而在介质中激发出具有一定频带宽度的混频瑞雷波波动。利用频散分析技术提取各个单频成分的瑞雷波相速度，即可得到瑞雷波的频散曲线。与稳态法相比较，虽然瞬态法提取瑞雷面波相速度的分析方法比较复杂，但是现场测试只需要一次激振即可完成，激振装置简单、效率高，现场测试工作量远远小于稳态法，比较适合工作条件复杂的现场，所以在近年得到了广泛的应用。现在如果没有特殊说明，面波勘探即是指瞬态瑞雷面波勘探法。

若勘察区域的地形地貌以及地质构造复杂，可以综合使用瞬态法和钻探法，以显著提升勘察成果的精度。此外，在进行道路工程地质勘察之前，注意收集勘测区域的地质资料，了解公路沿线岩土分布，为后续勘察工作奠定基础。

从当前瞬态法在工程地质勘察实践中的情况来看，其不仅适用于道路地质勘察，同时也适用于路基质量检测、地下采空区的探测、滑坡调查以及软土地基加固效果评估等方面，并且都起到重要作用。

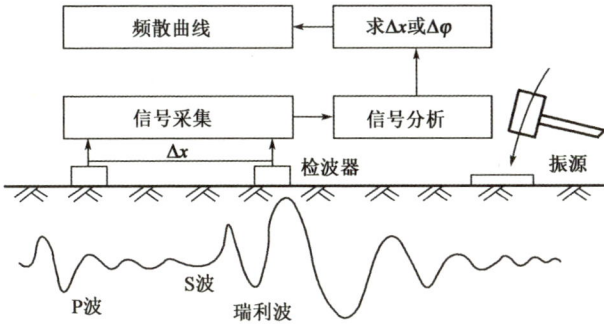

图 4-13　瞬态瑞雷波勘探法

面波勘探主要是应用其频散特性，即在均匀水平层状介质中，其速度会随着频率变化，频率越低，传播速度就会受到越深的地层介质影响。其基本流程如下图所示。

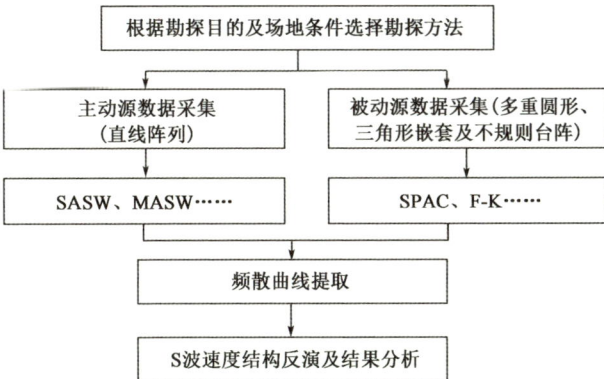

图 4-14　面波勘探基本流程

一般情况下，纵波波速、横波波速、面波波速在相同介质内传播有着很好的相关性，结合岩土体的质量密度及泊松比，就可以计算小应变状态下的动剪切模量、动弹性模量和动泊松比。

面波波速和剪切波波速大体遵循如下关系：

$$V_R = V_S \cdot (0.87 + 1.12\mu) / (1 + \mu) \tag{4-1}$$

式中：V_R——面波波速；

V_S——剪切波波速；

μ——泊松比，对一般的土而言泊松比是 0.45 ~ 0.49，岩石泊松比在 0.25 左右。

对于土层来说，剪切波波速和面波波速可看作大体相同。

下面是一个现场野外冻土区片块石路基瞬态面波测试实例。以 24 个检波器为例，道间距 1 米，偏移距 0.5 米，二维法震源放在检波器之间和测线两端，震源激发次数 = 检波器数（N）+1，得到 $N+1$ 张记录。由于场地受限，偏移距选择过小，近波场的检波点接收的波含有基阶、高阶面波与各种体波。

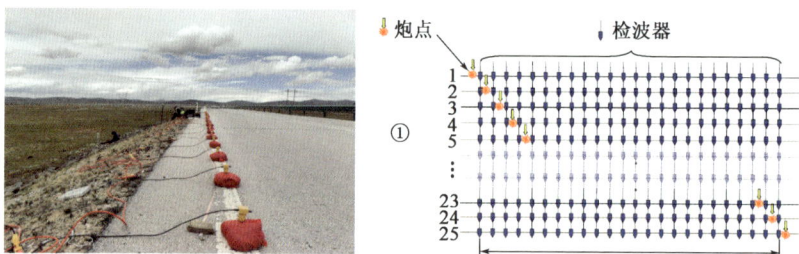

图 4-15　现场测试示意图

图 4-16　测量数据处理标准流程

瑞雷波反演软件采用多点震源激发，加入 CMP（Common Mid-point Cross-correlation）分析，数值模型和现场观测的波形数据分析都优于传统多道瞬态瑞雷波方法，可以大大提高地下剪切波波速结构的精度和横向分辨率。该方法中 CMP 相关分析的数据采集方式类似于二维地震反射勘探，数据处理有点类似于二维地震反射勘探数据的 CDP 共深度点分析，但不同的是，初始波形的相关校正在 CMP 分析之前就计算了。其中，CMP 相关校正分析的数据处理包括：①对每炮数据的各道数据进行相关校正计算；②将具有共中心点的相关道抽取出来放在一起，合成相关校正道集；③对 CMP 相关校正道集进行多道分析，计算瑞雷波的相位速度；④通过非线性最小二次方程反演建立二维的剪切波波速剖面。

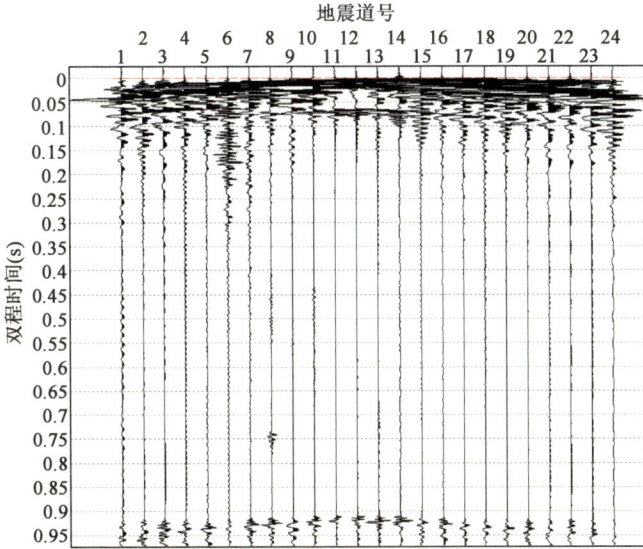

图 4-17　多通道地震数据记录图

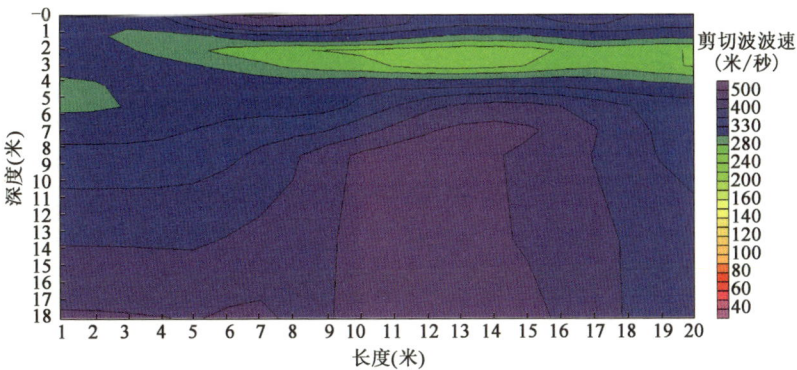

图 4-18　片块石路基断面剪切波波速剖面图

冻土区片块石路基瞬态面波测试结果如上图所示，剖面为共玉高速公路下行（K434＋572）处。由波速剖面图可以看出，由浅至深，速度先增大后减小再增大，略似层状，大致可分为3层：表层波速300～400米/秒（厚约1.2米）；在1.2～2.7米深度范围为片块石层，为低波速区域（200～300米/秒），该片块石层由于存在较多的空隙使得与表层的结构波速存在差异；2.7米以下为路基下部土层，波速逐渐增大（350～500米/秒），该土层结构较为密实，中心区域8米以下波速最大，可能存在冻土层，具体应结合勘探结果与各断面钻孔测温资料进行分析。

4.3.3 探地雷达

我国高原多年冻土区路基设计遵循因地制宜、以防为主、防治结合的原则，对多年冻土段路基采取不同的设计方案，分为一般路基和特殊结构路基。对于少冰冻土、多冰冻土地段常采用一般路基，富冰冻土、饱冰冻土地段采用片块石路基、通风管路基和热棒路基等特殊结构路基。探地雷达检测技术因无损、高效等优点在路基检测领域受到青睐。采用探地雷达对青藏公路特殊结构路基（通风管路基、片块石路基、热棒路基）进行检测，得到特殊结构路基的典型雷达图像，可为雷达图像识别不同路基类型提供参考。

探地雷达是一种快捷、高效、无损检测的高分辨率地球物理勘探方法，如下图所示。探地雷达通过发射机以脉冲形式向地下介质发射高频无线电磁波来探测地下介质空间分布规律，当电磁波遇到介电常数、电导率、磁导率存在差异的介质时，部分电磁波会反射至地面而被地面的接收天线接收，技术人员根据接收到电磁波的相位、频率、振幅等参数信息判断地下目标体的深度、形态、空间位置等。

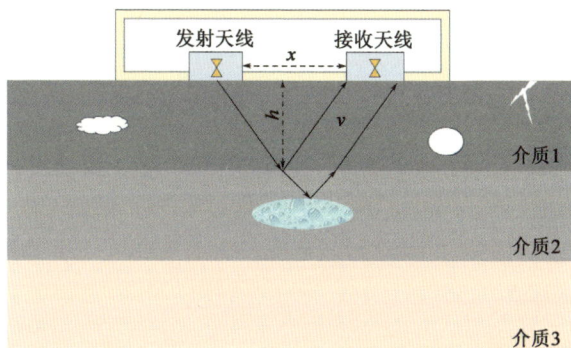

图 4-19 探地雷达探测原理图

典型的通风管路基雷达图像如下图所示，通风管路基通过通风管对流换热冷却路基，通风管的雷达图像回波曲线呈双曲线形态，波幅较宽两侧缓慢下降，与周围介质分界明显，完整的通风管结构双曲线雷达图像完整清晰，其相邻双曲线顶点间隔均匀，如图中黄色箭头所示。通风管路基钢筋混凝土预制管纵向间距按照相邻管壁对管壁 2 米布置，通风管间距及深度可通过相邻通风管双曲线顶点位置确定，通风管的损坏或非固定间距放置影响大气与路基间的对流换热冷却路基效果。

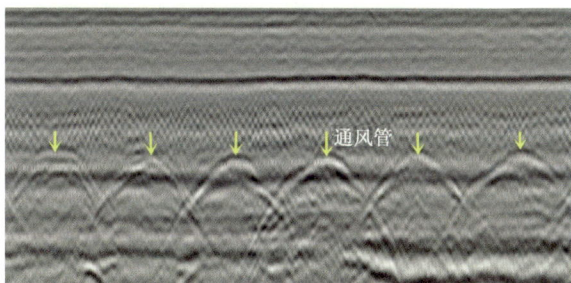

图 4-20 服役良好通风管路基雷达图像

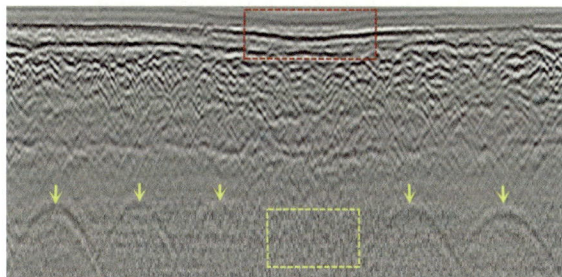

图 4-21 发生融沉通风管路基雷达图像

如上图所示，通风管路基下部黄色虚线框部分双曲线雷达特征消失，说明此处通风管已损坏或缺失，同时其上方区域发生不均匀沉陷，如上图上部红色虚线框所示，可知此段路基服役效果不佳。

典型的片块石路基通风层处的雷达图像如下图 a）黄色虚线框所示。片块石通风层处雷达图像特征与其上下部路基地面部分存在较大差异，其波形杂乱、振幅较强无规律，多次波明显，结构杂乱呈区域化分布，原因为片块石材料颗粒间的孔隙较大（空隙率不小于 25%）。当探地雷达信号经过孔隙区域，电磁波在孔隙区域发生折射、反射衍射等，介电常数经历由大到小和由小到大变化，主要表现为块石层中的无序电磁波形，具有大量短、不连续和不规则排列的反射。此表现特征可作为片块石路基的判断依据。片块石路基在服役过程中常会发生片块石孔隙被小孔径砂砾碎石填充密实的情况，堵塞区域雷达图像与正常路段有较大差异，异常堵塞区域波形呈现低频振荡，没有局部强振幅，与周围区域的波形不同，如下图 b）所示。

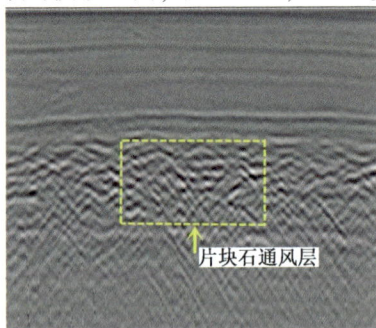

a)片块石路基雷达图像

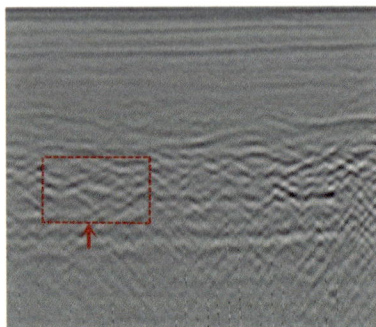

b)片块石路基孔隙堵塞雷达图像

图4-22　片块石路基雷达图像

典型的 400 兆赫热棒路基雷达图像如下图所示，热棒路基利用间距 4 米的热棒，冬季时单向传热降低地温，减少冻胀融沉，保持路基稳定。由于热棒路基所用热棒管壳采用碳钢或不锈钢，因而会在雷达图像上呈现典型的同间距窄波幅月牙双曲线特征，如下图中黄色虚线框所示。

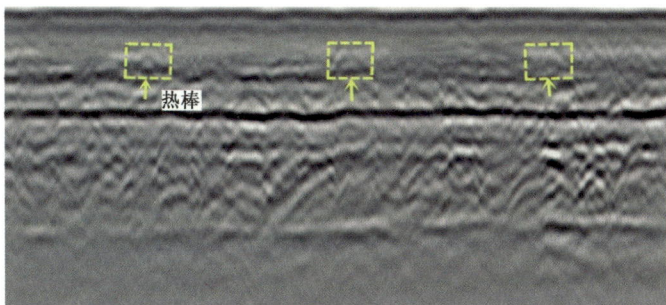

图 4-23　热棒路基雷达图像

4.3.4　激电探测

当供电电极向地下供电时，供电电流不变，测量电极之间的电位差随时间增长会趋于某一饱和值，断电后在测量电极之间仍然存在着随时间减小的电位差，并逐步衰减趋近于零，这种现象称为激发极化效应。激电测深法就是以岩体、地下水激发极化效应的差异为基础，用人工地下直流电流激发，以电测深装置接收、研究地下横、纵向激发极化效应的变化，从而查明矿产资源和有关水文地质问题的方法。

以采用 GT-SIP-I 频谱激电探测仪对国道 109 开心岭至通天河段多个路基侧天然地基断面进行测试为例，激电探测仪的布置示意如右图所示。

图 4-24　激电探测仪测试现场

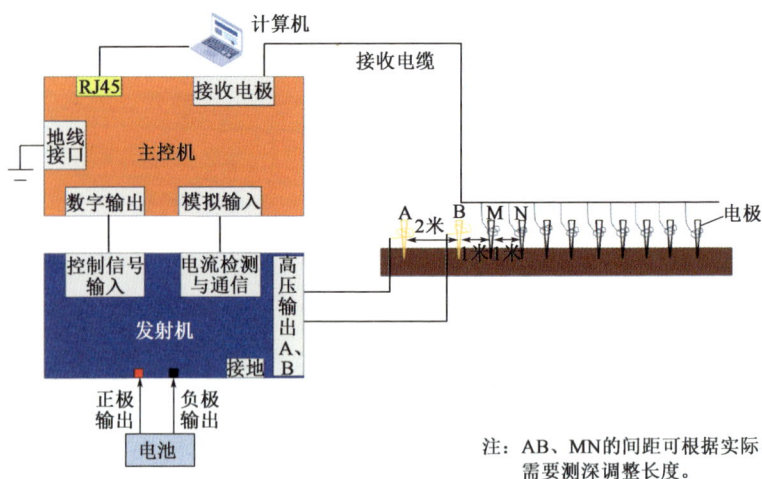

图 4-25   频谱激电探测仪现场测试布置示意图

　　选取其中地下水及冻土分布较为明显的两处断面进行激电探测仪测试结果的对应分析。依据 2022 年同期在该路段的钻芯结果，选择国道 109 富水段桩号 K3164 + 970 天然地基断面及冻土浅埋段 K3147 + 850 断面进行测试，野外激电测试结果如下图所示。

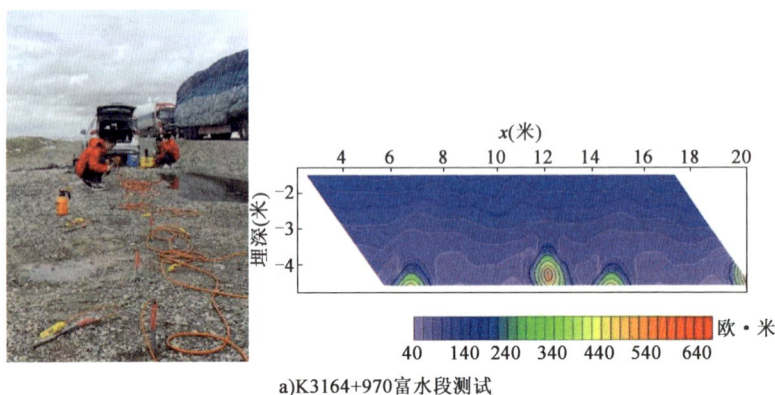

a)K3164+970富水段测试

图   4-26

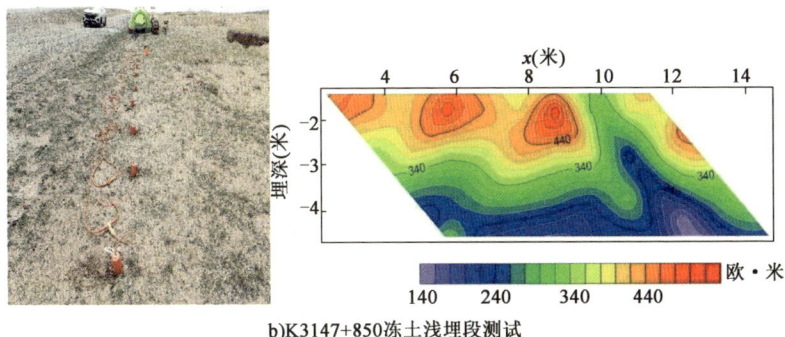

b)K3147+850冻土浅埋段测试

图4-26 激电探测仪测试与钻芯结果比照

对比2023年6月原位的激电测试结果与2022年同期的钻孔芯样结果，发现由于水、冻土与低湿土体的电阻率有较大的差异，激电测试对地下水及冻土的埋藏位置及含量都有较好的相关性；结合富水断面视电阻率云图可见，高含水率砂土的电阻率处于140~200欧·米区间内，少冰粉质黏土则处于260~440欧·米区间内，表层低湿粉砂处于400~580欧·米区间内，并且3米以下冻结层下水也能有准确的显示。

因此，可初步认为激电探测对于冻土地基下湿度分布及冻结状况的无损测试有较为准确的判断，适用于路段地下水富集状况的初探，但由于部分土质的电阻率区间较大有重合现象，需要根据现场钻芯进行更加细致的比对。

4.3.5 高密度电阻率法

高密度电阻率法是一种陈列电阻率勘探方法，其系统一般由供电电源、测量主机、程控转换器、电缆、电极组成。根据程控转换器的转换类型分可为集中式转换和分布式转换。野外测量时只需将电极置于测点上，然后利用程控转换电极开关和微机工程电测仪实现数据的快速和自动采集。当测量结果送入计算机后，还可对数据进行处理并给出关于地电断面分布的各种物理解释结果。

电阻率法勘探的方法按场源性质分为人工电场法（主动源法）和天然电场法（被动源法），人工电场法由直流和交流两种电场法组成。高密度电阻率法作为二维地球物理勘探技术，由直流电阻率法分支而来，这种电阻率法勘探技术以岩体电性差异为基础。此方法需要操作者一次性布置完成勘探点处的所有测试电极，布置完成后数据的自动采集及预处理工作将由与测试电极连接的计算机自动完成，操作者根据计算机采集数据进行数据处理工作，并以此绘制得出视电阻率剖面图像，依据视电阻率反演图像不仅能对地层特征进行直观判断，而且能反映分析得出大量的地电信息。视电阻率不同于电阻率，由于土体为非均匀半空间体，按测定均匀水平真实电阻率的方法和计算公式求得的电阻率，称之为视电阻率。

根据电阻率法的基本原理，所有电阻率法都使用人工电源，电流通过电极输入地面。此方法是在有电流通过区域的其他电极上测量电位，因为测量了电流，所以可以确定地下有效电阻率或视电阻率。选择地表 A、B 两个极点处供电，在任意 M、N 两点测量电位差，地下的电流分布情况如下图所示。

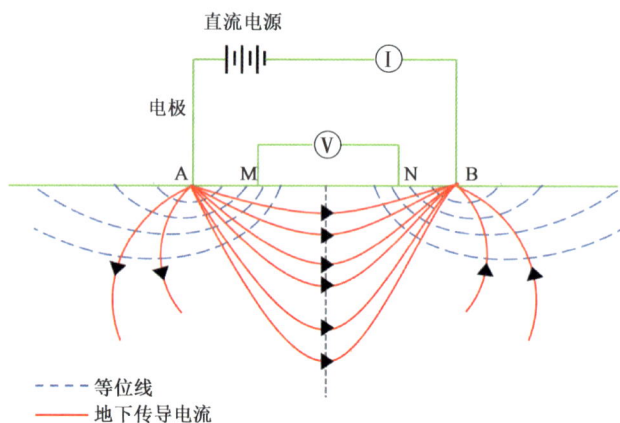

图4-27　高密度电阻率法测试原理

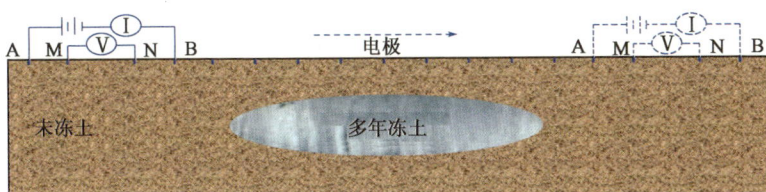

图 4-28 高密度电阻率法在多年冻土区的应用

高密度电阻率法通过增加电极之间的距离，同时保持阵列中心点的位置，可以实现不同深度电阻率的垂直分辨率。电阻率水平分辨率是通过在地表横向移动电极，同时保持恒定的电极间距来实现的。

利用高密度电阻率法装置测得的地下视电阻率分布图及其等值线来进行地下电阻率异常体分析是不准确的。需要对视电阻率进行反演处理，来得到地下空间内电阻率体的空间分布。

高密度电阻率法反演是利用测得的电阻率数据，通过数学模型和计算方法，推导出地下结构的过程。高密度电阻率法反演的第一步是通过电阻率法勘探仪器收集电阻率数据。这通常涉及在勘探区域布设电流电极和电压电极，然后在地下注入电流并测量产生的电压。这一过程可以在不同的位置和深度进行，以获取全面的电阻率数据。而电阻率法反演的核心是建立数学模型，将电阻率数据与地下结构之间建立联系。模型通常基于电阻率与地下物质之间的物理关系，其中冻土和非冻土层的电阻率差异是关键因素。这些模型可以采用有限元法、有限差分法等数值计算方法。将电阻率数据输入数学模型，通过计算反演过程，逐步推导出地下结构。为了提高反演结果的可靠性，通常需要设定一个初始模型，并通过引入约束条件来限制反演过程中的不确定性。这可以基于先前的地质知识、试验数据或其他地球物理勘探数据。地下结构通常用参数来表示，这些参数可以是冻土层的厚度、电阻率等。参数化表示使得反演问题更具可操作性。此外，为了评估反演结果的稳健性，通常进行稳健性分析，考虑不同的约束条件和模型假设对结果的影响。最后，通过对反演结果进行解释，将地下结构的特征与实际情况相对比，验证反演的可靠性和准确性。

高密度电阻率法测量需要一套完整的测量系统，包括电极、数据采集仪器等。在实施测量时，需要根据具体情况设计布设电极网格，确定电流大小和参数，并注意在收集数据时保证良好的信噪比和数据质量。在野外测量中，将所有电极（几十至上百根）放置在剖面测点上，利用程控电极转换开关和智能工程电测仪进行数据快速自动采集，然后将数据传输至计算机，进行处理并生成地电断面分布的图示结果。

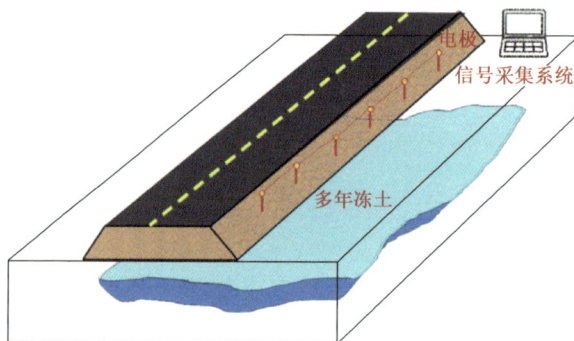

图4-29   高密度电阻率法现场测试示意图

下图为青藏高原冻土路段坡脚位置及路域外侧天然地面（山坡）高密度电阻率法现场测试及反演结果，对应着桩板路基37排1号桩的钻探结果同样如下图所示。根据现场钻探结果，该处多年冻土上限为3米左右，但在钻探至7米处出现地下水涌入，根据对坡脚以及路域外天然地表的高密度电阻率法测试反演结果，可以看出电阻率图像均在地下10~20米之间呈现出局部区域较低水平，结合现场钻探结果可以推断此处应为地下水通道，而图像之中其他高电阻区域（红色）可能为高含冰量冻土或岩层。

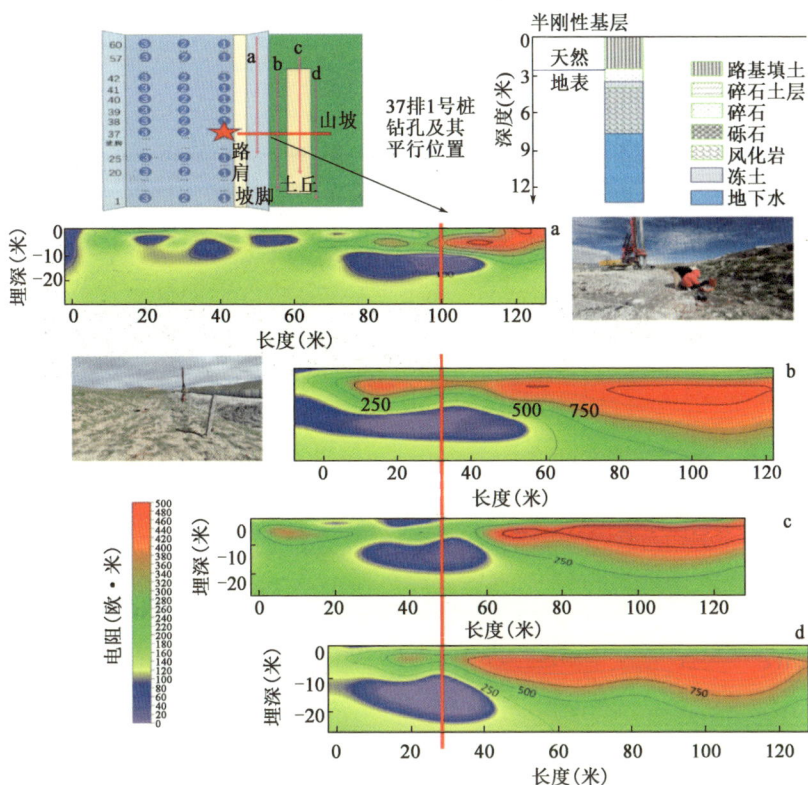

图 4-30 多年冻土地区高密度电法现场测试

4.4 变形观测

　　路基变形监测传感器是一种用于测量和监测道路路基（道路基础层）变形的设备。这些传感器在交通工程、土木工程和道路维护等领域中起着关键作用，帮助工程师和管理人员实时了解道路结构的变形状况，以采取适当的维护和修复措施。由于道路工程的使用寿命较长，所以安装在道路结构中用于监测的传感器就需要兼具寿命长和精度高的特点。

　　车载激光雷达可以很好地满足上述对路基变形监测传感器的要求。采用 AU900 车载激光雷达对路表变形进行测量，路表测量完成后，通过对采集到的数据进行导航定位定向系统（POS）轨迹的解算来获取设备在每一瞬间的空间位置与姿态，从而为整个系统提供精确的时间基准；POS 解算后通过 Copre2 软件进行点云的解算。获取的道路路表点云如下图所示。

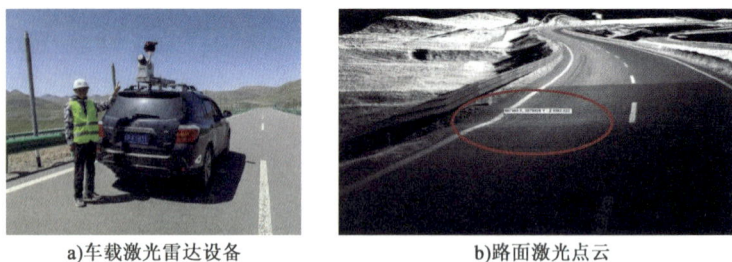

a)车载激光雷达设备   b)路面激光点云

图 4-31   基于车载激光雷达的路面三维信息采集

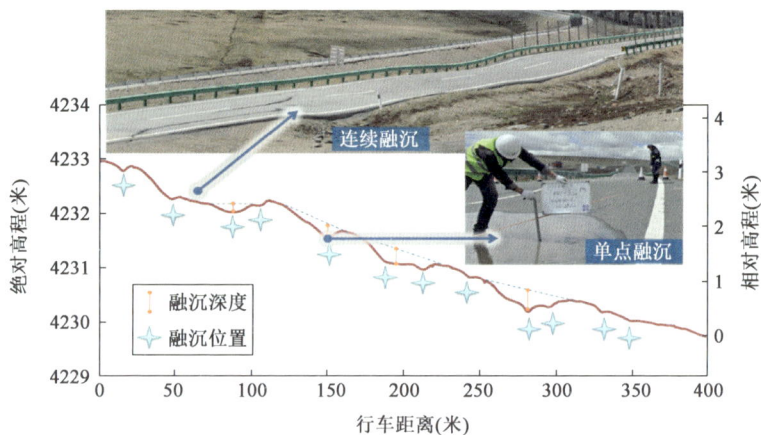

图 4-32   连续触沉与单点触沉图像

图 4-33   触沉实况

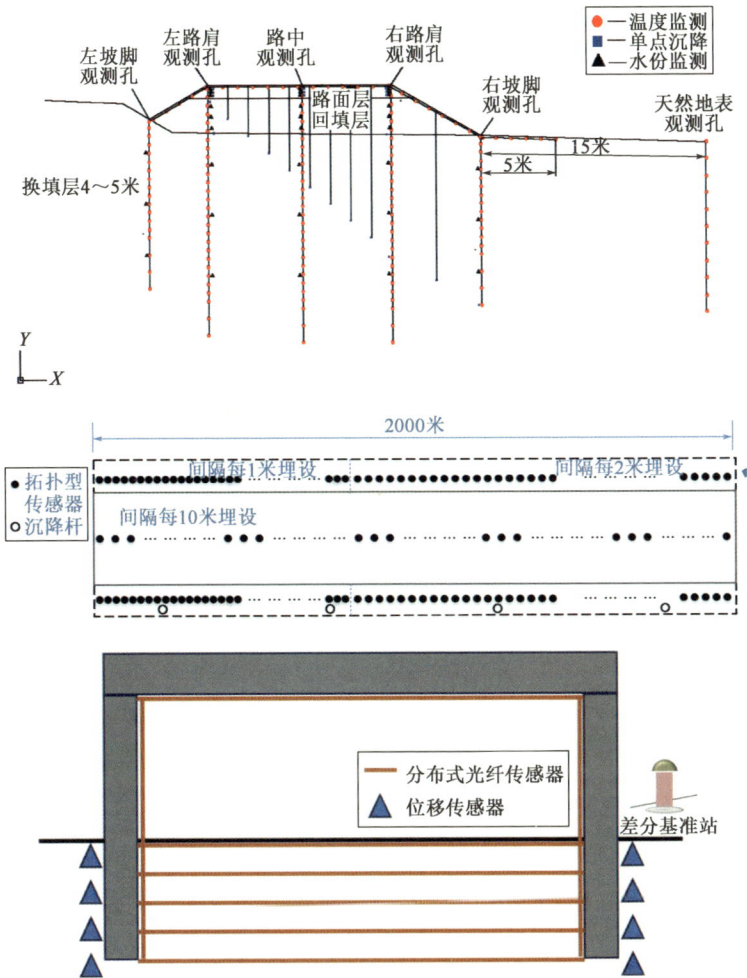

图 4-34 地基分层变形监测方法

到目前为止，土木工程中用于测量路基沉降的传统方法与设备，如沉降水杯法、沉降板法、分层沉降法、弯沉仪、单点沉降计等在实际测量中存在许多问题和缺陷，并不能够完全适用于道路结构。在公路监测中最为常见的监测方法为沉降板法，它是一种传统的路基沉降监测方法，其监测装置主要组成为底板、测杆和保护套。每次监测都需要先利用水准仪将测杆与底板上的基点进行联合测量，随着施工的不断进行，沉降管逐渐加高，直到在完工后在路面上露出一部分，制作保护筒加以保护，以此作为永久性监测点。沉降板法易于实施，操作方法简便，使用其监测的数据结果也较为可靠。然而，由于沉降板法的保护筒暴露在道路路面上，因此在实际施工或压实过程中很容易被摊铺机或物料运输车损坏。所以，鉴于施工现场条件的复杂性，测量设备难以保护，在施工过程中破坏率过高，实际应用中沉降板法有许多不便。

沉降水杯法通过测量监测点高程变化，来检测道路的沉降情况。沉降水杯法主要由测读仪、储液箱、型号电缆、充液管道和探头组成。当传感器高差发生变化时，使用传感器的探头应用水压原理能够检测液压的变化，并将液压变化转变为电子信号，得到测量数据。由于沉降水杯法的传感器是布设在道路两边的，因此不会受到道路施工的影响而损坏。该方法为分布式测量，可以连续测量路基的竖向变形，但是随着路面测量长度的增加，沉降水杯法的精度会随之降低。尽管该方法不易损坏，但成本较高，而且测试过程中极容易受到环境因素的影响，因此不能够完全适用于长期的监测。

分层沉降法类似于沉降板法，其监测装置主要组成为测试仪、分层沉降标和分层沉降管。在测试过程中，首先将测试探头放置在分层沉降管中，然后可以通过使用测试探头感测沉降目标处的读数来确定分层沉降目标的位置，从而测得道路的沉降量。类似于沉降板法，分层沉降法的沉降管在施工期间和压实期间容易损坏，难以保护。因此，分层沉降法与沉降板法具有类似的缺点，即测试设备难以保护、存活率低。而且分层沉降法的成本高于沉降板法的成本，安装复杂。

随着技术发展，除了这些传统方法外，还出现了更多现代化的无损检测设备。

弯沉仪是现在比较先进的路面强度无损检测传感设备，其中落链式弯沉仪（FWD）最为常用。FWD是利用计算机计算出路面结构层在动态荷载作用下的动态弯沉模量，在计算回弹模量时，它在准确性、测量速度和适用性方面具有优势。然而，当使用路面的回弹模量来计算路基的不均匀沉降时，过程复杂且步骤长，因此实现的可能性较低。

单点沉降计是一种用于监测土壤或地下结构沉降的仪器，其作用是测量某一点上的垂直位移或沉降变化。单点沉降计是利用电感调频位移计的电磁感应原理，与测杆固接的导磁体活塞杆插入螺管线圈并可来回移动，线圈的电感量与导磁体活塞杆插入线圈的长度有关。当发生位移时，将引起线圈电感量的变化，电感调频电路将线圈电感量的变化变换成频率信号，通过读数仪即可显示变形值。这种仪器通常用于工程和建筑监测、地质勘探、土壤力学研究等领域。单点沉降计通过固定在地下或结构物表面的传感器，测量在特定时间段内地面或结构的垂直位移。传感器通常采用精密的测量元件，如电阻应变计、激光测距仪等，以监测土壤或结构的沉降变化。单点沉降计的安装相对简便，通常将传感器安装在建筑物基础或地下结构的关键位置，以便准确测量沉降变化。安装时需要考虑地质条件、结构特性和监测的具体目的。单点沉降计采用钻孔埋设方法安装，一般普通地质勘探钻机即可完成。在测点位置进行钻孔，孔径控制在 90 ~ 110 毫米，应使用铅垂测量钻孔是否垂直。钻孔深度应穿过软土层且大于地基压缩层厚度，直至基岩且入岩 500 毫米。若出现缩孔或塌孔等现象时需采用 110 毫米聚氯乙烯（PVC）套管护壁的方式，进行钻孔埋设。套管埋入的深度须大于缩孔或塌孔的位置深度。用测试仪对单点沉降计进行测试，确保单点沉降计初装位移值在 170 ~ 180 毫米之间。

4.5 合成孔径雷达干涉测量

青藏高原多年冻土区正经历着严重的退化过程，对多年冻土环境进行监测具有重要意义且尤为紧迫。但因青藏高原冻土环境恶劣、地形险峻，常规野外物探测量、水准测量和卫星定位测量技术无法进行大范围监测，有着较大局限性。合成孔径雷达（SAR）技术的发展为高原冻土环境研究提供了一种新方式和选择。

合成孔径雷达回波信号与土壤的介电特性密切相关，其主要由土壤含水率决定，利用 SAR 进行土壤水分反演效果极佳。合成孔径雷达干涉测量（Interferometric SAR，InSAR）与差分干涉测量（Differential InSAR，DInSAR）通过联合比较多幅 SAR 图像相位信息，能够准确地反演地表的高程变化信息。与传统的大地测量技术相比，其具有空间时间分辨率高、覆盖宽、重返周期短等优势，已成功应用于地面沉降、地震形变监测、火山运动研究、山体滑坡监测等形变监测领域，逐步成为地表形变监测领域不可或缺的手段之一。

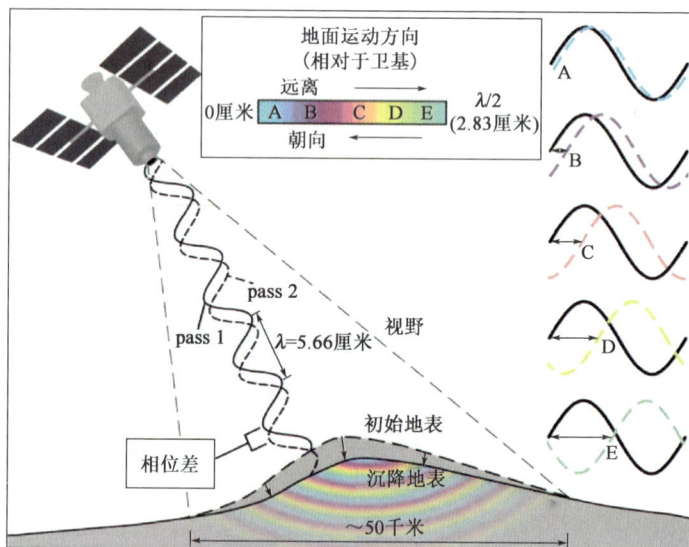

图 4-35　SAR 卫星成像原理

注：pass 1、pass 2 为不同时间对同一位置的信号反射；λ 为波长。

时序 InSAR 处理的基本思想是从一系列 SAR 图像中选取在时间序列上保持高相干的像素点作为研究对象，利用其散射特性在长时间上很好的稳定性，获得可靠的相位信息，分解各个相干目标点上的相位组成，包括相对高程、地表运动以及由大气引起的相位变化，最后可以得到地表的位移形变信息。

其主要步骤如下：

（1）生成基线连接图。

小基线集数据连接图的构建是基于设定的时空基线阈值，确定主副影像的对应关系，把副影像配准到主影像上。主副影像的成像时间间隔为时间基线。大部分 SAR 卫星的工作模式是重复轨道模式，在太阳同步轨道对同一区域于不同时间采用相同的观测模式获取 SAR 影像，卫星前后两次传感器位置的距离为空间基线。

（2）SAR 影像配准。

根据高程模型和卫星轨道参数估算局部非参数偏移量；选择参考影像和待配准影像的一组子窗口，计算两个子窗口对应像元间的交叉相关函数；使用多项式计算残差偏移参数，将该参数与第一步估算的局部非参数偏移量相加；在子窗口上计算"微型干涉图"，细化残差参数偏移。

（3）干涉工作流。

干涉图是通过计算同名像元点间的相位差生成的。这项工作包括多视处理、去平地效应、滤波处理和相干性计算。对 SAR 影像进行多视处理以增加干涉图的信噪比；使用高精度的外部数字高程模型（DEM）数据消除地形坡度对干涉图条纹图的影响。平地相位影响干涉条纹的可读性，利用卫星精密轨道等信息计算像元的平地相位并将其消除。

（4）轨道精炼与重去平。

轨道精炼和重去平处理是基于地面控制点计算轨道偏移相位，去除第一次解缠后图中残余的恒定相位和相位坡道，获得优化的相位结果。

（5）LOS 向地表形变反演。

LOS（雷达视线）向地表形变反演是 SBAS-InSAR 方法的核心部分，分为两个步骤。第一步是估算 LOS 向地表形变速度场和残余相位，根据估算结果对上一步干涉结果进行二次解缠、轨道精炼和重去平，对相干性低的像元作掩膜处理，进而获得更优化的数据集结果。第二步是去除残余大气相位，计算时间序列上的位移，以获得最优地表形变监测结果。

（6）地理编码。

地理编码是将高程和速率精度阈值内的地表形变反演结果投影到 LOS 方向上，获得 LOS 向地表形变监测结果。

青藏高原的
公路工程

5.1 青藏高原在役公路概况

目前，青藏高原地区主要公路有青藏公路（西宁—拉萨，全长1900多公里，是中国规模最大、海拔最高的高等级公路之一），国道109（也称青藏公路北线，连接青海省西宁市和西藏自治区拉萨市，是中国国家级公路之一），京藏高速公路（北京—拉萨，全长约3734公里），国道214（称为青藏公路南线），国道317（连接西藏拉萨和四川康定，跨越青藏高原东部地区），国道318（连接西藏拉萨和四川雅安，被称为中国最美的公路之一），国道227等。

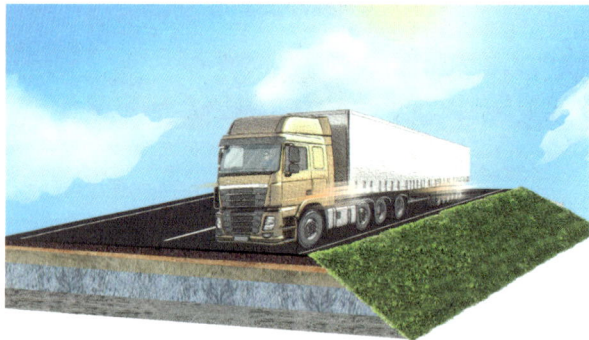

图5-1 公路剖面示意

最新调查数据表明，青藏公路改建完工12年来，部分路段产生了明显的波浪变形和纵向开裂，局部路段路表沉降变形达到40厘米以上，严重影响行车安全与通行速度。在青藏通道占据进藏物资运输80%以上的背景下，局部路段通行效能下降制约着西藏社会物资与边防物资的快速投放，也成为投诉的热点，亟待解决。为响应国家关于青藏通道提质升级、青藏高速公路格尔木至拉萨段先导段建设技术攻关需求，作者带领课题组联合相关单位对青藏公路格尔木至拉萨段、共玉高速公路进行了全面调研。针对大变形路段开展了路面平整度测量、现场钻芯与数据收集整理，发现大变形路段集中发生在冻土区，黑色路面的强吸热效应和路基路面结构的水汽阻断效应使得路基下卧浅层多年冻土逐步退化，活动层上限持续下移、沉降变形持续增大。随着青藏高原暖湿化趋势加速，迫切需要寻找新的方案控制冻土地基的不均匀沉降变形。

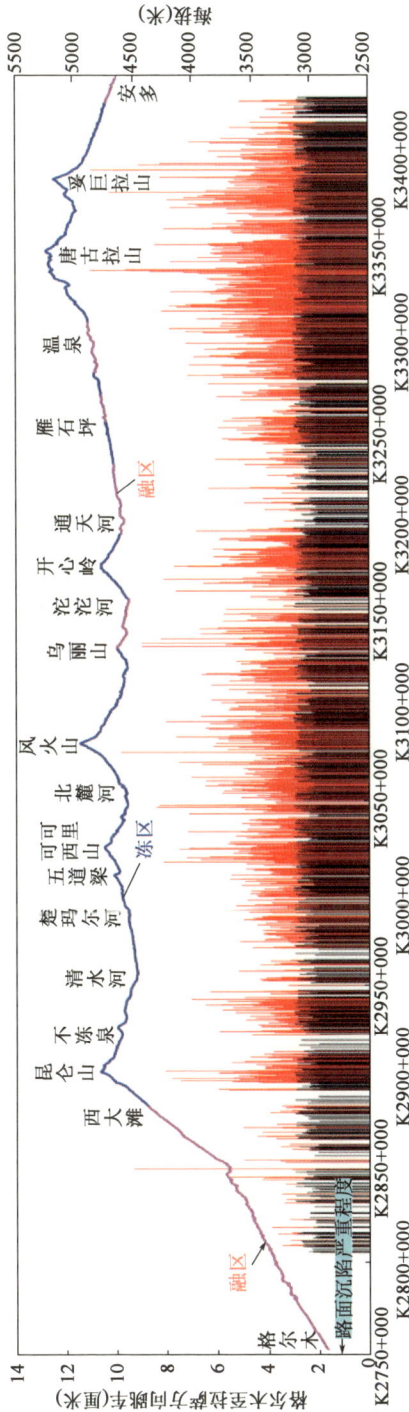

图 5-2 青藏公路跳车数据(2022年测)

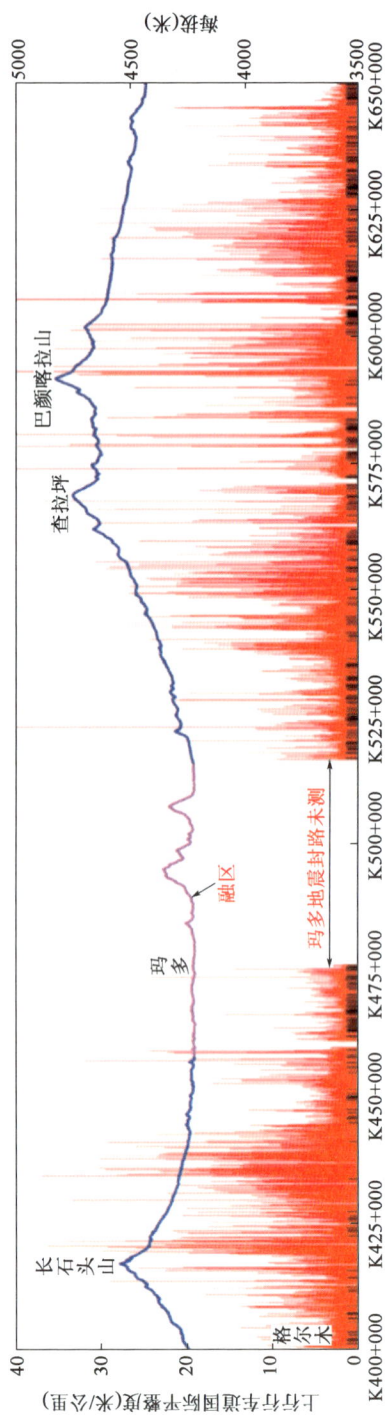

图5-3 冻土区高速公路平整度数据(2022年测)

路基类型

片块石路基	5.13 ⊢████████⊣ 7.87
热棒路基	3.28 ⊢████████████⊣ 9.23
通风管路基	4.29 ⊢█⊣ 5.18
普通路基	4.02 ⊢██⊣ 5.33

0.00 1.00 2.00 3.00 4.00 5.00 6.00 7.00 8.00 9.00 10.00 11.00 12.00

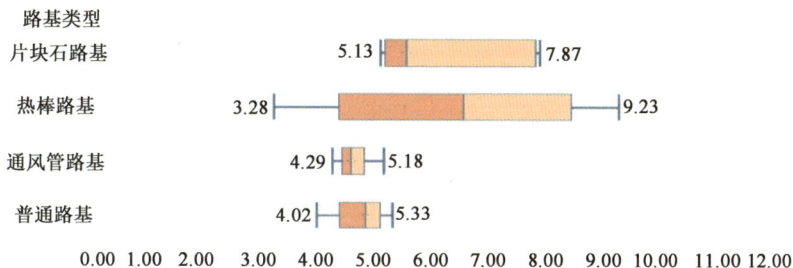

图 5-4　不同路基类型的国际平整度指数比较

★★★★★★★作者的思考★★★★★★★★★

针对此类问题，道路工程有自己的哲学体系：

（1）道路工程是一个连续施工过程，除非必要，往往不使用桩基础。因为桩基础造价高，经济性差。

（2）道路工程是一个层状结构，刚度逐层递减。类似于谚语"有粉要搽在脸上"，将高性能材料放在表层，这样容易施工且效果好，但不要把贵重的东西都埋在地下，不然又会回到第一个问题。

（3）道路工程的假设就是荷载逐层向下传递，所以需要更多的材料与结构一起分担荷载。分担荷载的材料与结构越多，每个组分分担的荷载就越小，即应力就越来越小。

（4）道路工程最核心的手段就是碾压和排水，因此强夯、排/隔水等措施很关键。

（5）冻土路基下部有一个活动层，现在研究学者已经接受了采用固化方式处理活动层的理念。但如何处理和固化将近五、六米厚的活动层？换填还是打桩？如果采用打桩，又会回到第一个问题。

（6）如上文所说，道路工程往往将高性能材料放在表层，如沥青路面和水泥混凝土路面。按照这种思路，是不是活动层中越靠上的土层，即越靠近地表的软土层，对路表大变形的贡献就越大呢？如果答案是肯定的，那么解决方案就变得简单了。但是，工程学中重地基，"地基不稳，山动天摇"！这样的话，道路工程的地基在哪里？从逐层扩散的角度出发，是否分担了荷载的土体均可以称为道路工程的基础呢？

　　因此，浅层软土可能对路表变形贡献大，若下部没有分担荷载的次级软土层，则变形会进一步增大。然而，次级软土层层位较深，处理起来会比较困难，如何让次级软土层更多地分担荷载呢？对于这种情况，岩土工程师往往采用打桩的方式，利用摩擦桩或者端承桩将荷载传递下去。但是，对于道路工程师，桩基不是第一思路，他们更习惯于采用土壤碾压或者固化的方式解决。而对于冻土路基，水的影响很大。目前作者的建议是将目光放在排水系统上，让深层的冻土没有水资源的补给，即逐渐排水固结。当然，这种方案还需要进一步的科学研究，因为黏土的吸水力强，想彻底阻断它的水补给，估计很困难！

　　(7) 冻土路基填土高度在什么范围最好？过去为了不让冻土融化，所以需要有个最小填土高度。然而，作者认为在夏季冻土地基有类似于软土地基的特点，但软土地基的第一设计理念就是减轻恒载，从这个角度出发，路基高度就不能太高，最好是越轻越好。

★★★★★★★★★★★★★★★★★★★★★★★★★

5.1.1　青藏公路

　　青藏公路的通车，结束了西藏历史上"行人攀岩走，世间哪有通天路"的悲叹。"天堑变通途，拉萨直通北京城"的赞歌伴随着如网似龙的路面上发出的汽车轰鸣声，响彻青藏高原。

图 5-5　青藏公路

这条世界驰名的高原公路，穿越峡谷、戈壁、沼泽、泥石流、冰川和多年冻土区等高原险峻地段，其中所经过的多年冻土路段长达528.5公里。青藏公路穿越了著名的昆仑山、风火山、唐古拉山、申格里贡山等山脉，跨越了唐古拉山下的布曲河、通天河，长江源头格拉丹东山下的沱沱河，风火山下的雅玛尔河、北河、秀水河，可可西里无人区的楚玛尔河，昆仑山下的昆仑河、雪水河、奈尔金河等十余条高原河流。青藏公路平均海拔4500米以上，最高处达5231米，是世界平均海拔最高的公路。青藏公路年平均气温零下5摄氏度，最低气温零下40摄氏度，空气中含氧量不足平原地区的一半，被称为"生命禁区"和"人类不宜生存"之地。

图 5-6

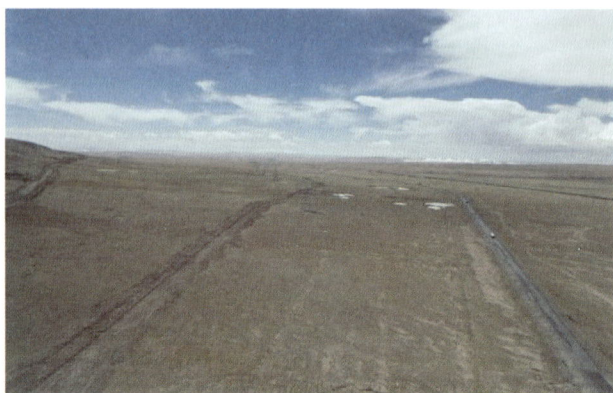

图5-6   青藏公路的美景

　　交通运输部自 2017 年开始，连续出台关于实施绿色公路建设的指导意见，主要内容包括：建设以质量优良为前提，以资源节约、生态环保、节能高效、服务提升为主要特征的绿色公路，实现公路建设健康可持续发展。作为世界第三大冻土国，我国是中低纬度多年冻土和高海拔多年冻土分布区域最广泛的国家，多年冻土面积达 159 万平方公里，其中高海拔多年冻土面积约为 135 万平方公里。而青藏高原冻土广布、生态脆弱、灾害频发而应对技术相对不足，长期制约本地区交通设施建设。高原气候的"暖湿化"以及路面"宽、厚、黑"特点进一步加剧了对公路沿线冻土退化及道路稳定性、耐久性的破坏，其影响也具有时空差异，冻胀、融沉分别在 12 月至翌年 1 月、4 至 7 月较为剧烈。同时，多年冻土区表层季节融化层和冻结层空间变化复杂、纵横向不均的特征突出，冻土退化与非均匀热融下沉导致路基沉降变形，成为青藏高原交通设施建设、运营与维护过程中的首要问题。

　　青藏公路穿越了大片多年冻土区，多年冻土是青藏高原公路建设面临的最大技术难题。与铁路道砟散热相比，冻土区公路为全断面吸热，由此带来的道路病害主要表现为路基不均匀热融沉。随着青藏铁路等工程实施，程国栋先生提出了"主动冷却路基"以保护冻土的指导思想。针对多年冻土区高温高含冰量冻土路段路基，采用片块石通风路基，对高温高含冰量冻土地基的适宜性更强，能够较好地应对气候变暖和人为工程活动引起的多年冻土特性变化。

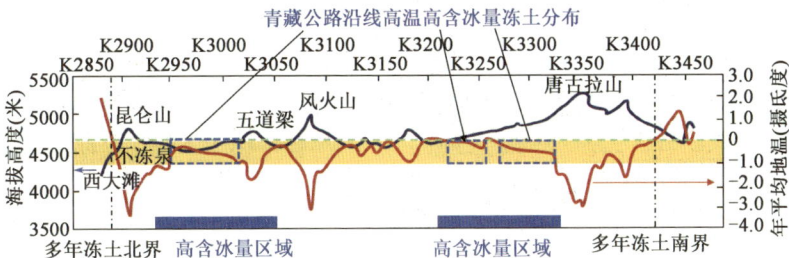

图 5-7　青藏公路沿线高温高含冰量冻土分布

　　现有道路为了保持道路基础的长期稳定性，对于多年冻土路基提出热棒路基、通风管路基、片块石路基及保温板路基等多种主动式路基冷却工程措施。这些措施主要依靠调节对流和调节辐射来调节路基温度。应用效果上，热棒路基、通风管路基、片块石路基及保温板路基等措施在特定环境下具有一定的降温效果，但是这些措施在大部分区域只能延缓多年冻土退化的速度，不能从根本上治理冻土退化所产生的路基不均匀沉降，在设计年限内路基病害还将继续发生，传统高原多年冻土区路基设计无法很好地考虑冻土层的特性和工程条件，容易导致路基沉降、变形等问题。

5.1.2　共玉高速公路

　　共玉高速公路作为我国在高原冻土地区建造的第一条高速公路，目前已经投入使用，其大大缩短了共和至玉树的行程时间，促进了两地的经济提升和文化交流。

图　5-8

图5-8　共玉高速公路沿线美景

　　根据共玉高速公路现场的调查研究发现，共玉高速公路沿线分布有较大范围的冻土沼泽区，根据成因类型及工程地质条件差别，将其划分为鄂拉山、姜路岭、醉马滩、长石头山、巴颜喀拉山、清水河等地段，合计长度41.982公里，占到了共玉高速公路多年冻土区段总长度的18.8%。其中山地斜坡沼泽湿地的分布范围最广，占到总里程的52.3%。这些地段中，鄂拉山、姜路岭主要以隧道形式通过，其余地段则以填方路基形式通过。其中长石头山段冻土沼泽占比最大，与其独特的地形、地质、水文等因素有关。

图5-9　共玉高速公路沿线地势变化

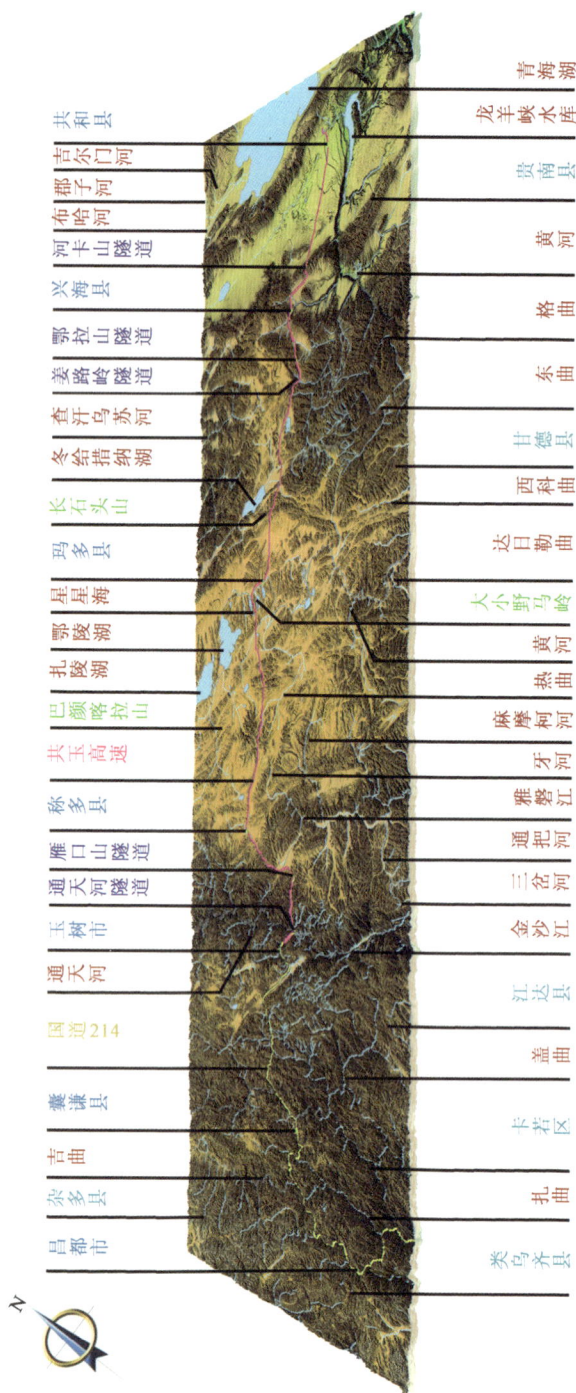

图5-10 共和-昌都路段沿线地理概况

　　共玉高速公路沿线同样采用了片块石、热棒、通风管等各类工程措施，但对共玉高速公路多年冻土路基变形段落的统计分析发现，沿线病害也较严重。病害的主要特征表现是路基路面的沉陷、不均匀沉降造成的裂缝、路堤边坡失稳等。

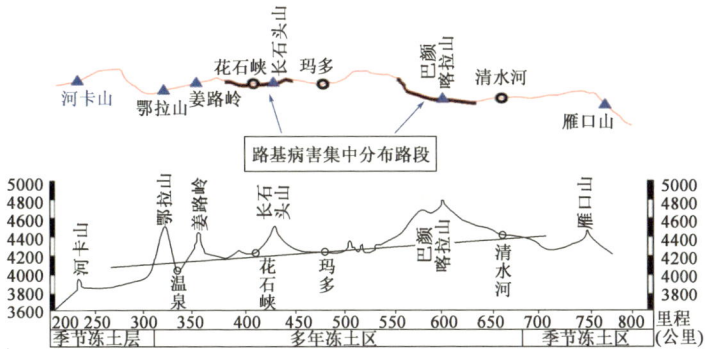

图5-11　共玉高速公路病害集中分布路段

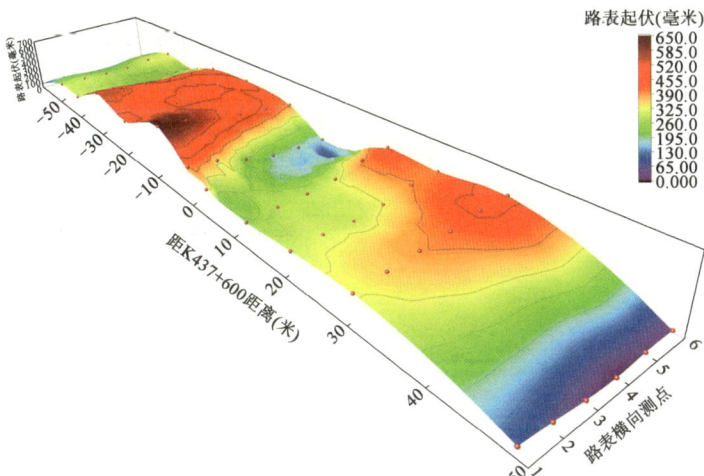

图5-12　地表起伏状况

如下图所示，归一化植被指数（NDVI）图谱黄色与浅蓝色交替出现，当 NDVI 属于 0.38~0.6 区间范围，图谱为蓝色；当 NDVI 属于 0.6~0.76 区间范围，图谱为浅蓝色。综合区域内钻孔信息分析，多年冻土分布钻孔多分布于浅蓝色区域，即 NDVI 值越高，区域内多年冻土赋存可能性越大。沿共玉高速公路路线上行方向随着高程图谱颜色由墨绿色转变为绿色再变为黄色，即沿路线上行方向高程逐渐下降。综合区域内多年冻土上限钻孔信息，沿路线上行方向多年冻土上限逐渐下移，直至无冻土分布，即随着区域内高程的降低多年冻土上限也随之下移；坡向图谱中无冻土分布钻孔多位于蓝色、橙色区域，说明西南和西北坡向多年冻土赋存可能性小。

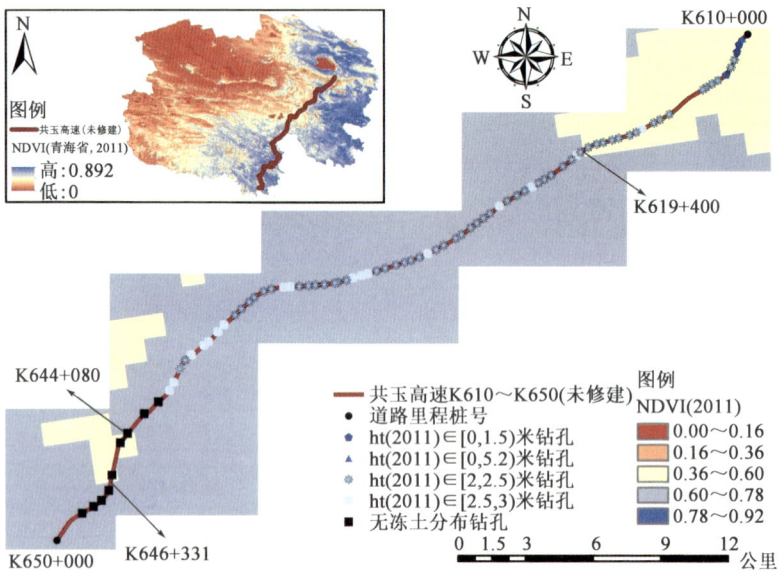

a)2011年NDVI

图 5-13

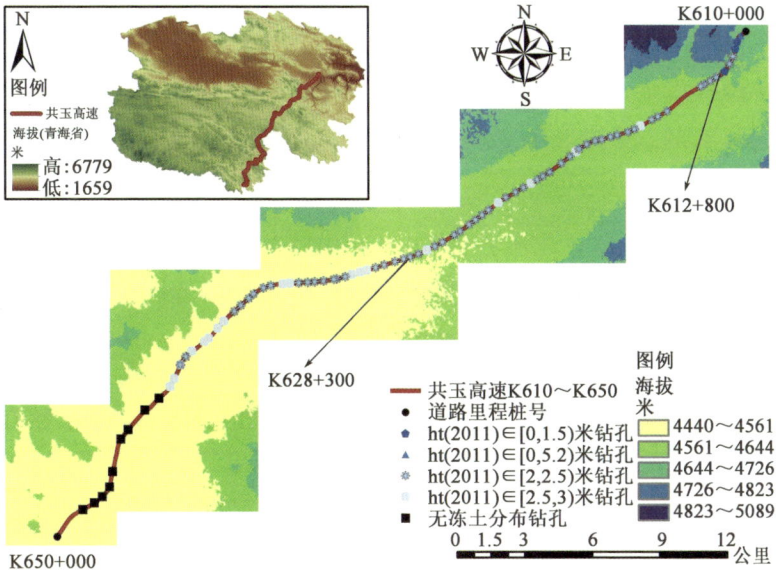

N

图例

—— 共玉高速

海拔(青海省)
米
高: 6779
低: 1659

N
W — E
S

K610+000

K612+800

K628+300

图例
海拔
米

—— 共玉高速K610～K650
● 道路里程桩号
⬟ ht(2011)∈[0,1.5)米钻孔
▲ ht(2011)∈[0,5.2)米钻孔
✱ ht(2011)∈[2,2.5)米钻孔
▦ ht(2011)∈[2.5,3)米钻孔
■ 无冻土分布钻孔

4440～4561
4561～4644
4644～4726
4726～4823
4823～5089

0 1.5 3   6   9   12 公里

K650+000

b)海拔

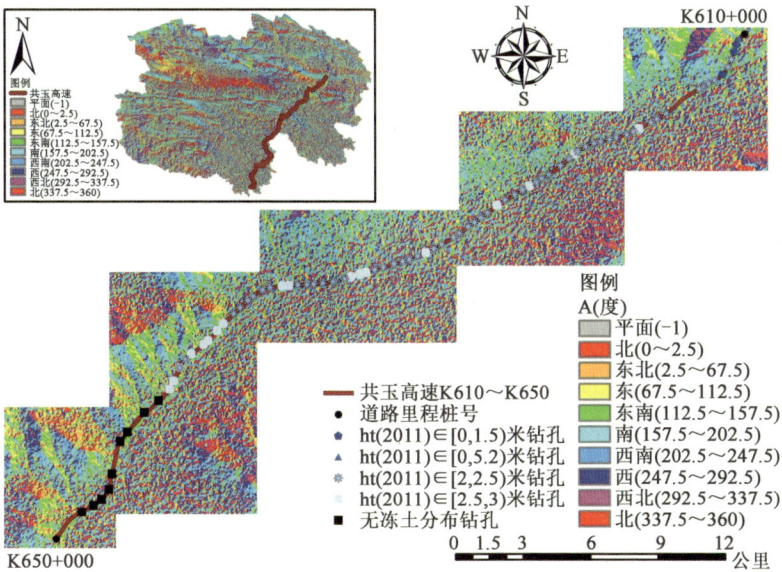

N

图例
共玉高速
平面(-1)
北(0～2.5)
东北(2.5～67.5)
东(67.5～112.5)
东南(112.5～157.5)
南(157.5～202.5)
西南(202.5～247.5)
西(247.5～292.5)
西北(292.5～337.5)
北(337.5～360)

N
W — E
S

K610+000

图例
A(度)

平面(-1)
北(0～2.5)
东北(2.5～67.5)
东(67.5～112.5)
东南(112.5～157.5)
南(157.5～202.5)
西南(202.5～247.5)
西(247.5～292.5)
西北(292.5～337.5)
北(337.5～360)

—— 共玉高速K610～K650
● 道路里程桩号
⬟ ht(2011)∈[0,1.5)米钻孔
▲ ht(2011)∈[0,5.2)米钻孔
✱ ht(2011)∈[2,2.5)米钻孔
▦ ht(2011)∈[2.5,3)米钻孔
■ 无冻土分布钻孔

0 1.5 3   6   9   12 公里

K650+000

c)坡向

图5-13 共玉高速公路沿线地形数据

注：ht（2011）为多年冻土的天然上限深度范围，下同。

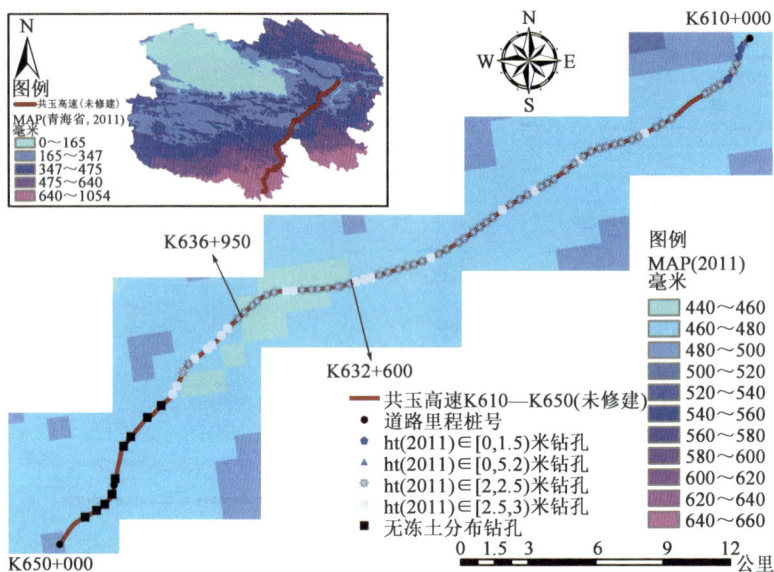

a)2011年MAP

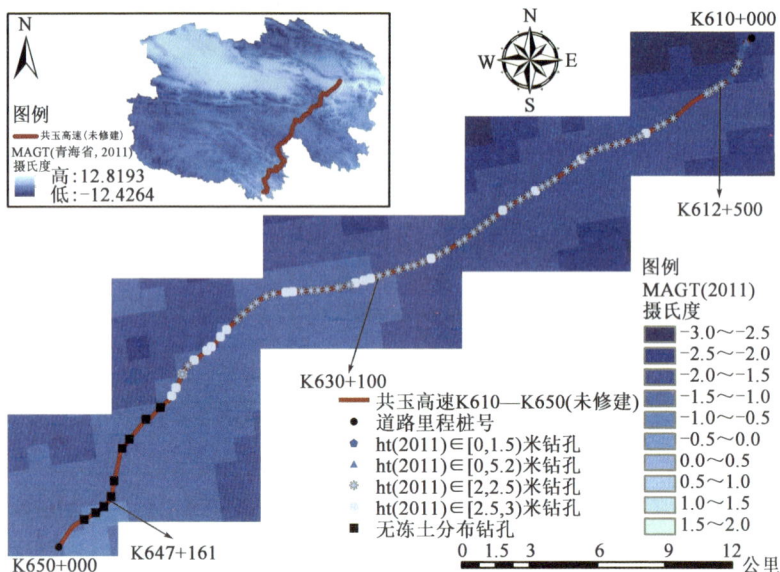

b)2011年MAGT

图 5-14

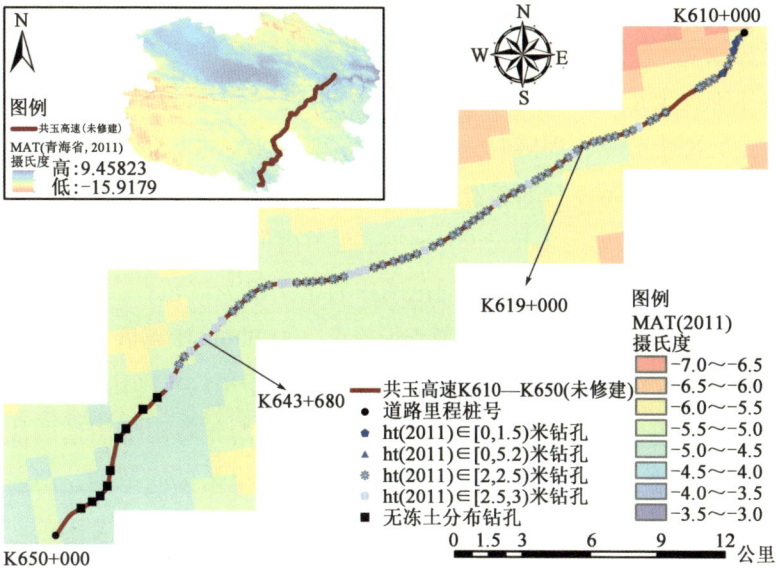

c)2011年MAT

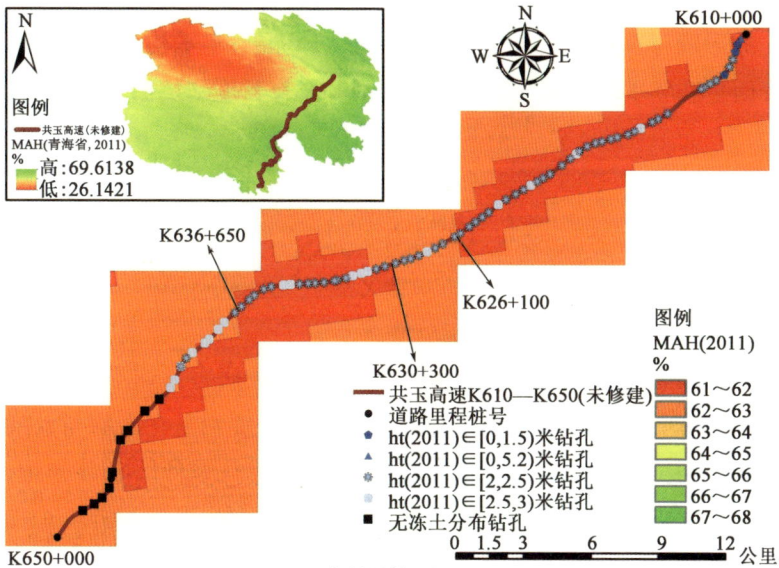

d) 2011年MAH

图5-14 共玉高速公路沿线气候数据

　　沿共玉高速公路路线上行方向年平均地温（MAGT）图谱颜色由深蓝色转变为蓝色，即沿路线上行方向年平均地温逐渐升高；沿共玉高速公路路线上行方向年平均气温（MAT）图谱颜色由黄色转变为浅绿色，即沿路线上行方向年平均气温逐渐升高。综合区域内多年冻土上限钻孔信息，沿路线上行方向多年冻土上限逐渐下移，直至无冻土分布，即随着区域内 MAT 和 MAGT 的上升多年冻土上限随之下移。无冻土分布钻孔位于年平均湿度（MAH）图谱的橙色区域，冻土分布钻孔多位于年平均湿度图谱的红色区域，结合图例，当 MAH 属于 61%～62% 区间范围内时，图谱为红色；当 MAH 属于 62%～63% 区间范围内时，图谱为橙色。可知 MAH 越低，区域内多年冻土赋存可能性越大。无冻土分布钻孔位于平均年降雨量（MAP）图谱的蓝色区域，冻土分布钻孔部分位于平均年降雨量图谱的浅蓝色区域，结合图例，当 MAP 属于 460～480 毫米区间范围，图谱为蓝色；当 MAP 属于 440～460 毫米区间范围，图谱为浅蓝色。即 MAP 越低，区域内多年冻土赋存可能性越大。

结合上述分析可得：地质因素中，高程和归一化植被覆盖指数与多年冻土形成和发育程度呈正相关，阴坡较阳坡更有利于多年冻土的形成与发育；气候因素中，年平均气温、年平均地温、平均年降雨量和年平均湿度与多年冻土形成和发育程度呈负相关。

5.2　多年冻土区公路病害

5.2.1　病害类型

青藏高原的冻土地带公路经常遭受多种病害，如不均匀沉降、波状变形、过渡段的形变差异以及裂缝等，特别是在高原与盆地的积水区域，这些病害更为普遍。病害的产生与多种因素紧密相关，尤其是冻土的含冰量和土壤种类，它们对病害的发展起着决定性作用。此外，青藏高原的冻土环境以其高海拔、高温和高含冰量而著称，这些特性使得冻土对工程建设极为敏感，病害易于发生。在青藏高原建设高速公路时，由于路基宽度和沥青路面厚度所产生的热效应，即所谓的"宽厚黑热毯"效应，以及大型桥梁和隧道对冻土的热干扰，工程灾害风险显著增加。这导致了沉陷、失稳和开裂等病害的发生，而这些病害往往具有隐蔽性、持续性和突发性的特点。

图5-15　路面单点融沉病害

图　5-16

图 5-16　路面连续融沉病害 （波浪变形）

图 5-17　过渡段差异变形病害

图 5-18　路面开裂病害

图 5-19　路面松散

图 5-20　U 形路槽

5.2.2　公路融沉斜率评价法

融沉斜率评价法是一种用于评估多年冻土区路基在融沉过程中稳定性的方法。通过对路基表面和下方土壤的融沉速率进行测量和分析，可以预测路基在不同季节或温度条件下的沉降情况。其核心思想是通过斜率的变化趋势来识别可能发生的不均匀沉降或融沉量的积累，以便及早采取加固或修复措施。

通过测量路基的融沉斜率，可以评估不同路段在冻土融化期间的沉降速率，进而判断公路的稳定性。斜率增大意味着融沉速率加快，可能导致病害加重。相反，斜率稳定或降低则表明路基状态较为稳定。

该方法为冻土路基上基础设施建设与养护维修提供了重要的决策依据，以确定是否需要加固路基、改善排水系统或采取其他防护措施。

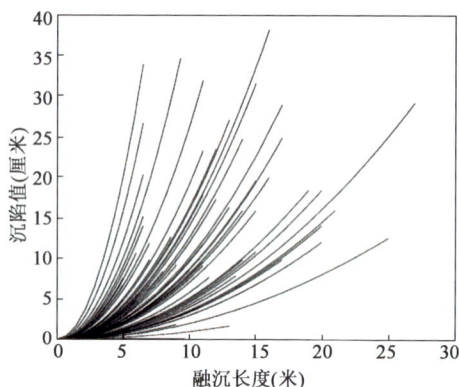

图 5-21   融沉长度与沉陷值之间关系

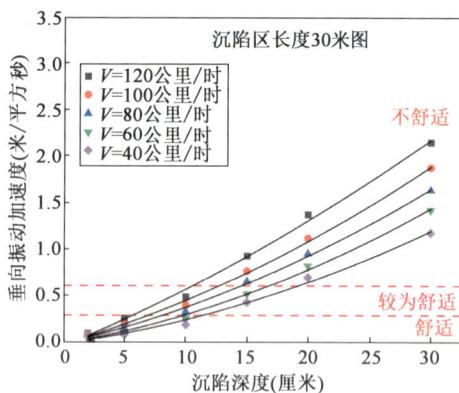

图 5-22   不同车速下通过沉陷区舒适度评价

5.3   青藏公路病害原因初探

青藏公路昆仑山垭口至安多路段海拔均位于 4500 米以上，路线长度共计 529 公里，经不冻泉、五道梁、风火山、乌丽盆地、沱沱河、开心岭、通天河、雁石坪镇、唐古拉山、妥巨拉山至安多，穿越多年冻土区，受多年冻土和寒冷气候影响，建设条件艰难。路基

以填方形式为主，一般路基高 1.5～4.0 米，填方边坡坡率一般在
1:1.5。受多年冻土影响，沿线路基沉陷、开裂发育。病害路段长度
为 194.4 公里，按不同病害路段的特征可分类成 6 类，其中热棒路
基路段 17.1 公里（采用热棒路基的区域），平坦积水路段 29.0 公里
（路基周围存在大量积水且排水困难），无桥路段 52.8 公里（应设桥
而未设桥的路段），沿河沿溪路段 36.8 公里（沿溪流或河流布设的
路段），斜坡排水不畅路段 22.5 公里（斜坡地形排水设施不足），多
年冻土路段 36.2 公里（受多年冻土影响严重的区域），各类病害占
比如下图所示。

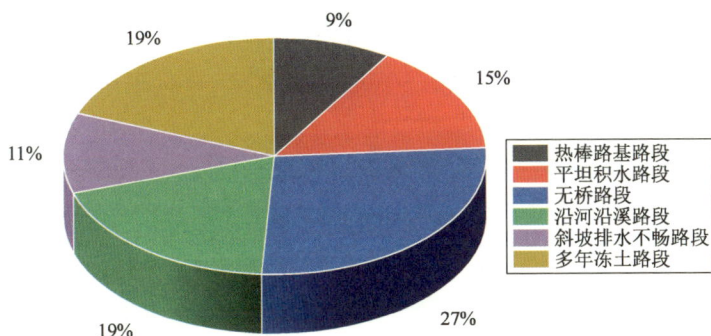

图 5-23　不同病害路段占比

（1）热棒路基或以热棒为主的复合式路基使用效果情况。

涉及热棒路基或以热棒为主的复合式路基分布广泛，路段距离
长。其中，状况良好的路段占比约 14%，病害轻微的路段占比约
22%，病害中等的路段占比约 46%，病害严重的路段占比约 18%。
病害中等及以上的热棒路基或复合式路基路段占总调查路段的 64%，
这一比例表明热棒路基在多年冻土区域并未发挥预期的积极作用。
此外，热棒路基易受路侧积水、热棒聚水聚冰的影响，导致路基病
害现象依旧严重，路基病害问题仍然亟需解决。

热棒路基的做功原理是正确的，能够有效减缓路基变形。热棒
路基的使用路段大多位于以往路况较差的区域，这些位置往往处于
低洼地带或存在较大的集水区。由于积水的长期滞留并渗透到路基

内部，在持续低温环境下与地基土结合形成短期冻结土层，但这并不是真正意义上的多年冻土。积水对路基的影响不仅体现在其渗入地基后形成高温冻结土层，同时也会改变路基内部的水热力环境，导致热棒路基的制冷效果无法有效抵御积水带来的热量。因此，尽管热棒在理论上可行，但在实际应用中未能有效发挥其对冻结土层制冷的作用，路基病害依旧严重。

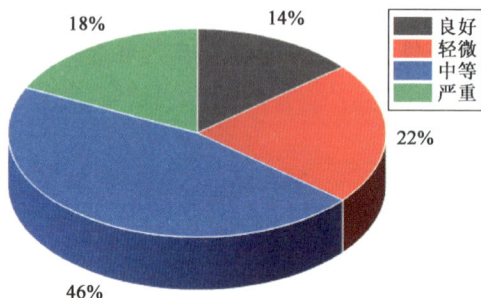

图 5-24　热棒路基使用效果

图 5-25　热棒路基段出现严重不均匀沉降

热棒路基的积水问题是一个多因素影响的复杂现象，其中地形地势起着关键作用。在青藏高原等多年冻土地区，由于地形因素以及填方路基的形式作用，热棒路基容易成为积水的汇集点。有些路段通过采取多种排水和隔水措施，如设置挡水墙、排水沟等，以减少积水对路基稳定性的影响。实践证明，当热棒路基周围配备了这些排水设施时，该路段的整体病害显著减少，路况得到明显改善。通过这些措施的实施，不仅提高了路基的耐久性，而且保障了交通的顺畅与行车安全。

图5-26 设有挡水坝的热棒路基

（2）平坦积水路段。

平坦积水路段所处区域地势较为平坦，但仍存在着微小的地势起伏，尤其是在两个小梁之间，形成了一个相对低洼的地带。若路基恰好位于这一低洼区域，就会导致积水无法有效排出，从而形成较大面积的积水区域，或是多个小面积的积水区。这种地形特征使得降水或融雪水在该地段的滞留时间延长，进一步加剧了水体的积聚，对路基的稳定性和安全性形成了潜在威胁。

图5-27 大面积结冰

图 5-28　多区域小面积积水

图 5-29　某路段大面积结冰图及多光谱影像

（3）公路无桥涵路段。

在青藏公路与青藏铁路并行路段，路基工程措施呈现出显著差异，尤其在铁路采用桥梁结构而公路未设相应桥涵设施的区域表现尤为突出。在这些区域，铁路通过桥梁结构有效规避了积水和冻土问题，而公路则依赖热棒和涵洞等措施维持路基稳定与排水。铁路桥梁的设计允许水流在桥下畅通，减少了积水对路基的侵蚀和冻胀的影响，同时也避免了因地形起伏导致的排水障碍。相比之下，公路在相同区域采用的热棒和涵洞措施虽在一定程度上缓解了积水与冻土问题，但在排水效率和路基保护方面可能不如桥梁结构有效，并且在这些路段的青藏公路整体融沉较为严重。在青藏公路与青藏铁路并行路段中，公路路基沉陷变形严重的路段占比高达60%，这一比例凸显了公路在路基稳定性方面面临的严峻挑战。

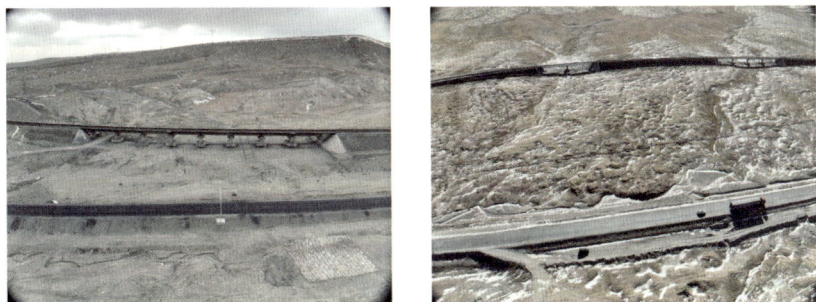

图5-30 并行路段公路与铁路路基形式对比

（4）沿河沿溪路段。

沿溪沿河地区的冻土路基受到多种因素的影响，这些因素共同作用于路基的稳定性，导致冻土路基出现一系列问题。沿溪沿河区域水体的热容量较大，容易吸收和释放热量，加剧了冻土的季节性变化。在夏季，河流的水温较高，热量向路基内部传递，导致路基下方冻土融化；而在冬季，冻土路基内部由于水分渗透，土壤含水率较高，在长期的低温作用下，地基土发生冻胀现象。在冻融循环的作用下，路基下方的冻土层会发生不均匀沉降，增大了路基的沉陷和开裂风险，进而影响路基的长期稳定性。水分的渗透会导致路基下方冻土结构松散，在热棒或其他工程措施的制冷作用有限时，融沉现象更为严重，进一步影响路基的整体承载能力。

图5-31 沿河沿溪路段景象

（5）斜坡排水不畅路段。

斜坡排水不畅对冻土路基的影响主要体现在水分积聚和土体强度的降低，青藏公路路基以填方路基为主，公路路基在一定地势斜坡处充当了拦水坝，导致径流无法顺利穿越公路流向下游，从而延长了路侧积水的停留时间。水分的滞留会提高地基土含水率，进而导致地基土强度下降。此外，水分的渗透和冻胀现象会加剧冻土的变形，增加路基的不稳定性。

图 5-32   地形地势具有明显汇水区域

（6）多年冻土路段。

多年冻土对冻土地基的影响主要体现在其物理和力学性质的变化，随着青藏高原持续暖湿化，冻土退化已对路基的稳定性产生显著影响。在暖湿化背景下，冻土层的融化和结构破坏使得土体的强度明显下降，导致了地基承载能力的减弱。这一现象不仅引发了地表沉降和裂缝等病害，还使得路基在荷载作用下的变形加剧，进一步威胁到基础设施的安全性。冻土退化过程中，水分的迁移和土壤的物理性质变化相互作用，影响路基的整体稳定性。此外，多年冻土的退化还会改变路基内部的水热力耦合场，这种变化可能导致热传导和水分渗透特性的显著变化，进一步削弱冻土的稳定性。

图5-33　路基严重不均匀沉降

5.4　穿越多年冻土的隧道

在公路工程建设中，隧道作为交通工程的重要组成部分之一，既能缩短公路里程，保证最佳线形，提高技术标准，便利行车，又可有效防止山地陡坡的滚石、泥石流等自然灾害，提高行车的安全性，同时还能较好地与当地环境相协调，保全自然景观。随着我国交通事业的快速发展，特别是随着西部大开发和振兴东北经济政策的进一步落实，在西部高海拔和北部高纬度多年冻土区将会新建大量隧道。

洞口冻土层　　　岩石圈　　　洞口冻土层

图5-34　穿越多年冻土区公路隧道病害产生原因

但从我国已建公路和铁路隧道运营状况来看，由于我们对冻土区的隧道工程特性认识不足，在建设过程中出现了夏季刚竣工，冬季就发生冻害的问题（衬砌开裂、剥落、挂冰和路面冒水结冰，以及洞口处的热融滑塌等病害），大大弱化了隧道的使用功能，严重威胁着行车安全。因此，需要花费大量人力、物力、财力养护维修，给国家造成了巨大的经济损失。典型的如甘肃的七道梁公路隧道，每到冬季排水沟便会冻结，隧道排水不畅，衬砌背后的积水及含水围岩产生冻胀，导致衬砌混凝土开裂，造成隧道渗漏、路面结冰，严重影响行车安全。国道 217 新疆天山段的玉希莫勒盖隧道，长 1007 米，建设投资 5480 多万元，由于路面结冰、洞顶挂冰致使车辆无法通行，同时隧道衬砌由于受到反复冻融破坏非常严重，目前该隧道内已经形成冰塞而只能报废。东北嫩林塔河—樟岭的白卡尔隧道、西罗奇 2 号隧道、林碧支线上的翠岭 2 号隧道、牙林线岭顶隧道、南疆线奎屯隧道等处于严寒或多年冻土区，在建成后普遍存在衬砌冻胀开裂、酥碎、剥落、挂冰、道床冒水、积水及结冰等病害，严重威胁行车安全。国外多年冻土隧道也面临诸多问题：日本的公路隧道中，北海道地区的 302 座大型公路隧道中发生严重冻害的就达 104 座；挪威多年冻土隧道也都出现了大范围的漏水、挂冰以及冰溜等灾害。因此，攻克穿越多年冻土的隧道建设技术问题，显得尤为重要。

a)隧道外部施工 I

b)隧道外部施工 II

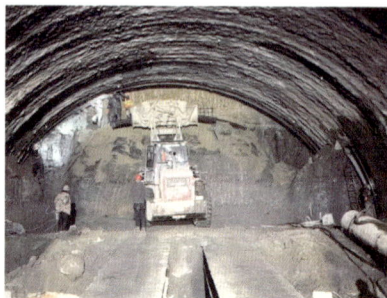

c)隧道衬砌施工

图 5-35　穿越多年冻土区公路隧道施工

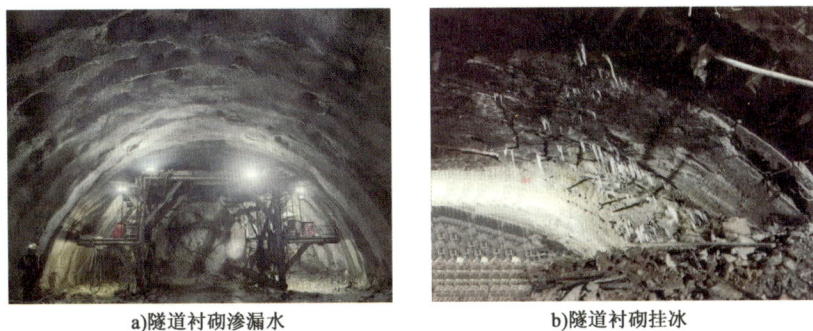

a)隧道衬砌渗漏水　　　　　　　　b)隧道衬砌挂冰

图 5-36　穿越多年冻土区公路隧道病害

5.5　穿越多年冻土的桥梁

　　青藏高原作为世界第三极，中低纬度（北纬 26°00′ ~ 39°47′）、高海拔（平均海拔 3500 米以上）特征产生了独有的低气压（50 千帕左右）、低湿度（相对湿度 10% ~ 50%）、高频次正负温交替（"一日见四季"）、大风、强辐射等环境特点，优质筑路材料和矿物掺合料匮乏以及施工条件艰苦等客观因素，对交通基础设施混凝土结构物的耐久性能和服役性能产生了深远影响，造成现有桥梁工程开裂严重、服役寿命严重不足。因此，保障高原地区混凝土结构物的长期耐久性能是一个巨大的挑战。

　　高原空气干燥，相对湿度低，大风天数多。环境水分蒸发量大，使得新拌混凝土拌和物坍落度损失快，给施工带来不利影响。同时，在相对湿度极低环境（相对湿度 <30%），刚拆模混凝土还面临各种收缩开裂的风险，这对混凝土早龄期的抗裂养生提出更高的要求。

　　高频次正负温交替是高原环境的另一突出特点。青藏高原河流发育，高山深谷穿行，如此频繁的正负温交替，使得处于干湿交替区的混凝土结构物历经高频次冻融循环，产生冻融破坏。此外，混凝土是多元复合材料，材料各组分的热学性能差异较大，较大的日温差变异，使得混凝土内部各组分常处于热胀冷缩过程中，导致混凝土因组分热变形不一致而出现热疲劳破坏问题。

图 5-37　青藏高原穿越多年冻土的桥梁典型病害

图 5-38　公路桥 （此为旧桥，已废弃 ）

图　5-39

图 5-39　干湿交替区桥梁墩柱冻融循环破坏

因此，研究具有高耐久性、高工作性和高强度的高原混凝土以应对青藏高原的严酷环境，完善高原地区道路建设施工技术和养护技术，为高原地区混凝土工程提供理论指导和技术支撑，是青藏高原道路工程技术创新的迫切需求，具有显著的社会效益和经济效益。

5.6　多年冻土区的边坡

冻土区土质边坡失稳问题在青藏公路和青藏铁路等寒区工程修建时就已经被提出，随着我国交通运输业的发展，对冻土问题的研究不可避免且任重道远。

冻土区土质边坡根据成因可分为三种类型：①正冻滑坡，指的是在边坡处于冻结状态时发生的滑坡，主要表现为蠕变型和冻结滞水型滑坡。在冻土中，冰与土颗粒之间存在强烈的胶结作用。当环境温度升高时，冰与土之间的胶结作用减弱，导致土体的抗剪强度下降，从而使得边坡在自身重力或外部条件的作用下容易发生滑动变形。冰的胶结强度受温度和含水率影响较大，温度升高、含水率降低会导致胶结强度减弱，反之亦然。因此，这种类型的滑坡典型代表是蠕变型滑坡，其特点是滑动速率缓慢、范围广、持续时间长，对坡度的要求较低。②正融滑坡，指的是在边坡处于融化状态时发生的滑坡，主要包括热融滑塌和融冻泥流。热融滑塌是由于地下冰融化导致土体强度降低而引发的一种滑坡，常见于山区、谷地等含冰量较高的缓坡地带。融冻泥流是指在融化季节，冻土解冻加上降雨入渗导致季节冻结层土体的力学强度降低，使其接近或达到流塑状态而发生的滑坡。这种类型的滑坡滑动过程具有明显的季节特性，通常伴随着降雨。③冻融滑坡，是由于反复冻融引起岩土体强度损伤而形成的滑坡，常见于岩质边坡。在冻土区，影响土质边坡失稳的因素有很多种，常见的有降雨入渗、季节冻融循环、地下水补给、地下冰融化、冰川融化和多年冻土解冻等。不同类型的边坡，其破坏机制和影响因素并不相同。

多年冻土区公路边坡的稳定性问题是一个复杂而关键的议题，它直接关系到交通基础设施的安全性和可靠性。因此，深入研究并解决这一问题，不仅能够提高高原道路工程的耐久性，减少维护成本，还能保障人民的生命财产安全，对于推动相关领域的科技进步和实践应用具有深远的影响。此外，通过科学合理的冻土地基处理方法，可以有效地预防和减少因冻土融化引发的地质灾害，这对于保护生态环境和促进区域经济的可持续发展同样具有不可估量的价值。

图 5-40　边坡滑塌

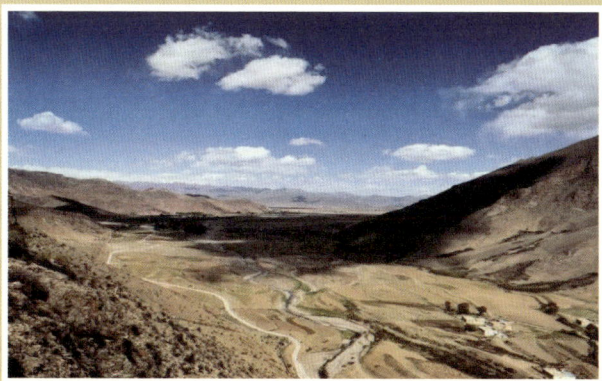

多年冻土区公路传热分析
与深层冻土保护

除了变化的环境因素外，由于道路工程的施工破坏了原生地表的热平衡系统，路基下永久冻土内部系统热在通车后逐渐形成新的稳态系统。近年来，高海拔寒冷地区路基下多年冻土上限出现逐年下降的趋势，从而导致其上的道面结构发生严重的结构性破坏，影响穿越高海拔冻土区的交通基础设施安全及使用寿命。

对于穿越高海拔冻土区宽幅路基工程而言，探明路基下多年冻土的温度场长期变化规律是解决道面结构融沉问题的前提。本章以高原多年冻土区公路传热分析为基础，从热量收支影响因素入手分析对应措施的处置原理，具体探讨修筑前后地基的热平衡关系、路基参数引起的热效应以及对应的被动散热和主动制冷措施的应用效果。

6.1 冻土地基热平衡分析

6.1.1 路基修筑前后冻土地基热平衡状态对比

多年冻土的温度场是在大气圈、下伏土层以及地壳内部热源之间热交换的影响下形成的，通过三维无内热源的非稳态导热微分方程可知，温度梯度是驱动路基内部热流的直接动力，通过热量的传递，其直接结果导致土体温度的变化。在该过程中，温度梯度是产生热流的充分必要条件，热量传递是过程，土体温度变化是最终结果，三者互为有机的反馈过程。因此，不稳定态都是以温度逐渐过渡至平衡态，表现为形成连续渐变的温度场，以此为基础对高原公路修筑前后的冻土地基热平衡演化过程进行分析对比。

1）公路修筑前冻土地基的热平衡

在低纬度高海拔多年冻土区原生地层内，热量是根据环境温度进行季节性周期变化的，即修筑公路之前，地层热分布状态相对规律，如下图所示。

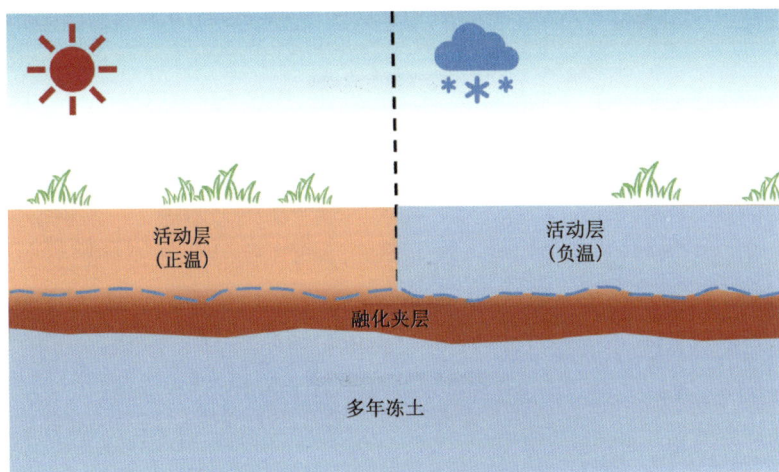

图6-1　公路修筑前冻土地基季节性热平衡状态

热平衡状态主要分为热季（4月至11月）和冷季（12月至次年3月）。在热季时，低纬度带来的强辐射热传递至下卧多年冻土层直至冷热中和，该界面至地面所在正温区（上图上部）即融化活动层，由于该层的下界面是热平衡界面，因此活动层深度不固定，会随着环境温度的下降而上升，青藏高原多数地区活动层深度为2.5~4米。

在冷季低温与大风环境下，热量自相对温度较高的活动层向外逸散。为形象理解，可认为是环境对正温的活动层进行制冷，即冷量自上而下输入地基内，在活动层内达到一个新的热平衡界面，因此形成冷季的表层冻结层，上部冷季冻结层和下卧多年冻土层间自然便存在一层常年正温的融化夹层。

2）公路修筑后冻土地基的热平衡

公路修筑后，由于路基的形态和传热路径的改变，导致冻土地基内热平衡态打破，逐渐形成新的稳态分布。

热季时，环境辐射热主要从暴露于环境的路表面和侧向边坡面吸收并向路基底中部聚拢，由于接收辐射的表面积增大（路表＋坡面＞路基底面）以及黑色路面吸热效率的大大提高，导致修筑路基后传递至地基的热量明显增加且具有方向性。因此，新的热平衡界面从路基中线位置向下扩张，横向逐步过渡至与原地面一致，呈盆状。

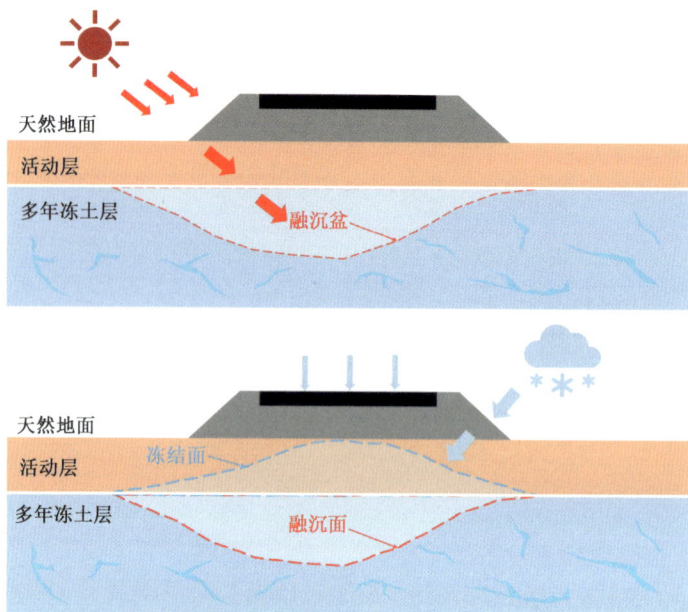

图 6-2   公路修筑后冻土地基热平衡状态

冷季时，同样受路基边坡形状的影响，冷量输入也具有方向性，且路基高度的存在加长了制冷路径，因此冷季冻结上界面被抬高，具体受路基高度及边坡坡率影响，导致层状的融化夹层经路基修筑后演变为核状，又被称为热融核。

6.1.2   考虑渗流携热作用的冻土地基传热分析

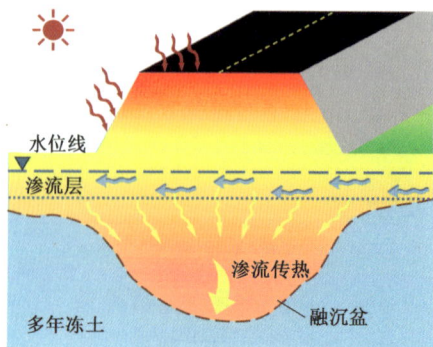

图 6-3   渗流作用下融沉盆的扩张加剧

正温渗流作为热量的载体如同一条加热毯对下部热融核进行进一步加热，促进了融沉盆的快速发育。正因如此，青藏公路在新建 2 年内就会产生非常明显的不均匀沉降。

进一步从渗流季节性变化来看其对冻土地基热量的影响。如下图所示，同步对比冬春夏三季在断面内的水通量和热通量，可见水分本着"自热向冷"的方向进行迁移，渗流此时与热量在断面内流动方向一致，于是可以将渗流近似地看作热流对待。当断面内水分在垂直方向稳定时（即夏季），水平向的温度分布也变现为上热下冷的稳定状态，可见渗流就是热流的直观表征，流动的垂直方向是热量平衡的方向。

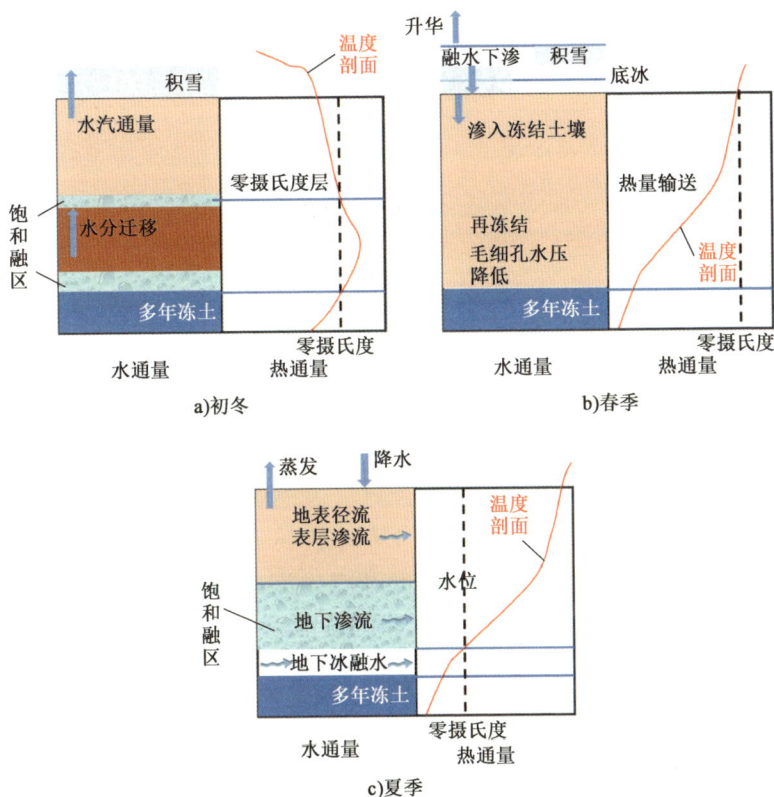

图 6-4 冻土地基内季节性渗流状态

6.2 不同道路形式的热效应分析

6.2.1 不同路面类型的传热学分析

砂砾、沥青路面条件下，路堤底面垂向年平均热流密度如下图所示，路堤底面热流表现出完全不同的特征。

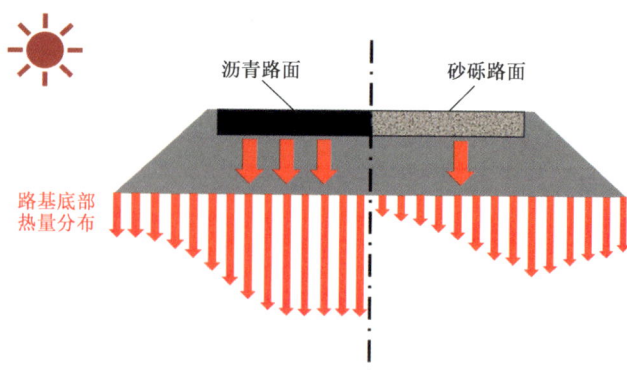

图6-5　高原公路的两种常见路面类型的传热对比

在热流密度分布方面，沥青路面下，从坡角到底面中心热流密度总体呈现不断增加的趋势，并主要集中在路面对应部位，在中心达到最大值，坡脚位置为次一级的峰值，与砂砾路面下基本相同。而砂砾路面条件下的热流中心部位出现在底面的外侧，对应于坡面位置，中心部位则很小并接近于零。

两者路面条件下，路堤均向下部土体传递热量，并导致冻土的不断升温。通过计算，沥青路面热流强度为砂砾路面的3.1倍。因此，在相同路堤高度和环境条件下，沥青路面下传递的热量远高于砂砾路面下的热量，并主要集中在中心部位，由此增加内部热量向路基外侧冻土扩散的难度，使路基内部热量更易积累。

6.2.2　不同路基参数的传热学分析

1）路基填筑高度

青藏公路在"八五"时期青藏公路改建项目中的路基高度普遍较低。调查表明，"八五"改建后青藏公路路基平均高度在0.9米左右。受多年冻土与公路工程相互作用影响，自加铺沥青路面以来，多年冻土上限不断下降，路基的沉陷、不均匀变形等病害时有发生。为此，一期整治期间（1992—1996年）将路基高度大幅度抬高，局部路段路基高达4~5米。路基抬高后沉陷、不均匀变形等病害发生频率有所降低，但路基纵向裂缝、边坡冲刷等病害广泛发育。

为了能够较为全面地体现基底多年冻土及路基本体的稳定性，选择天然地面下多年冻土年最大融深及路基内6月份隔年融土核高度两个指标进行综合分析。考虑到在不同气温地区，路基高度对温度场的影响效应并不相同，选择中低温稳定冻土区（年均温＜-5摄氏度）和高温不稳定冻土区（年均温＞-4摄氏度）不同路基高度下最大融深进行计算，得到以下结论。

（1）中低温稳定区。

长期来看，由于青藏高原气温持续上升，路基下多年冻土的最大融深随着公路运营时间的延长而增大，低路堤下冻土上限下降的速率要快于高路堤。

2.5米高路基建成30年后最大融深仅为1.37米，此时若继续增加路基高度无较大意义，反易导致工程经济性较差。该地区年均气温较低，路基稳定性普遍较好，不同高度路基建成30年内尚无融土核产生。

（2）高温不稳定区。

对于年均气温为-4摄氏度的高温极不稳定冻土地区，公路的修建对原本极为脆弱敏感的多年冻土产生极大的干扰，公路修建后路基下冻土最大融深逐年持续下降。

当路基高度由4米增加至5米，路基热阻增加的同时边坡的吸热面积亦随之增加，基底冻+融深变化不明显，但路基体内融土核的高度显著增加，路基本体的稳定性降低。只有路基高度在2～4米之间时增加路基高度可体现一定的保温效果。

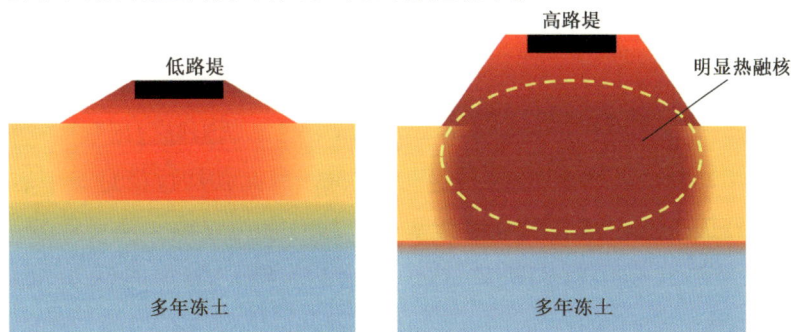

图6-6 不同路基高度下断面热融核区域变化

综合不同气温地区的计算结果来看，随着公路所处地区年均气温的不同，增加路基高度以保护基底冻土这一措施的工程效果亦不相同。在年均气温 –5.2 摄氏度地区，增加路基高度可有效保护基底多年冻土，促使冻土上限抬升。在年均气温 –4 摄氏度地区，当路基高度由 4 米增加至 5 米时，基底多年冻土上限相当，路基体内的融土核显著增大。计算结果表明，当年均气温升高到一定程度时，增加路基高度并不一定能够保护基底冻土，反而可能还有相当程度的副作用。

2）路基修筑宽度

通过对比高原公路宽窄幅黑色路面的温度模拟，随着路面修筑宽度的增加，冻土地基内热融核区在宽度和深度上显著扩大，多年冻土上限下移加剧。

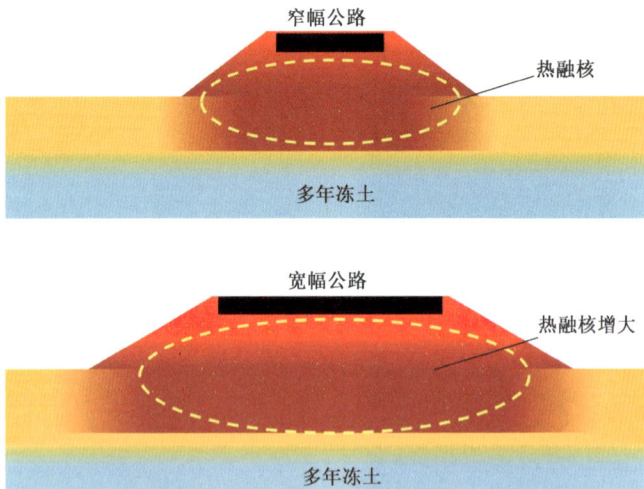

图 6-7   不同路面宽度下断面热量分布

随着路面宽度的增加，底面的宽度和水平热阻随之增加，这样路堤中心部位的热流更难以向周围扩散。因此，从这个意义上看，沥青路面下宽幅路基较窄幅路基而言具有聚热效应，使得辐射热流的大部分集中到路堤的中心部位，加剧了路基底部热量的积累。

6.3 高原冻土区路基处治措施对比

目前，高原冻土区路基以热量阻隔为处治思路，主要隔热措施有片块石路基、通风管路基、热棒路基和隔热路基。下文分别介绍各处治措施原理及处治效果分析。

6.3.1 片块石路基

片块石路基作为一种主动调控地温的措施已经得到了大量的应用，对保护多年冻土有较好的效果。

在寒季时，路基外界寒冷空气密度大，片块石层内部温度为上冷下热，上部密度大的冷空气在自身重力的作用下向下部迁移，其下部密度小的热空气由于浮力作用向上部迁移，在片块石内部形成对流，从而使冷能源源不断地传入路基下部，自然对流热量交换加强，使路基及下部地基土的温度降低。

而在暖季时，由于较热的空气在片块石层的上部，冷空气在片块石层的下部，片块石层内部没有自然对流产生，其内部热量的传递仅仅依靠片块石层间的孔隙空气和接触面积较小的片块石进行热传导，导热性较小，在暖季相当于在底部形成一层隔热屏障，阻止了热量进入冻土地基内部。

图6-8 片块石路基寒季储冷原理　　　图6-9 片块石路基暖季隔热原理

因此，片块石层在保护冻土地基中充当了"热半导体"的角色，块石之间的接触面积较小，其热传导有限，这样多年冻土在一年内散热大于吸热。片块石路基的降温效果可使路基下伏多年冻土地温降低或减小其升温速率，因而可以保护下伏多年冻土，减少路基病害的发生。目前，在多年冻土区筑路已经大规模采用此种路基结构。

6.3.2　通风管路基

通风管路基，是在多年冻土区路基基层内横向铺设通风管，以此增加路基体与空气的接触面积，进而提高路基与大气的对流换热效率，使得路基内部的热量通过对流换热带出路基，实现调控热对流，向路基内部输入较多的冷量，减缓路基内热对下伏冻土的热侵蚀，进而达到保护路基下伏多年冻土的目的。

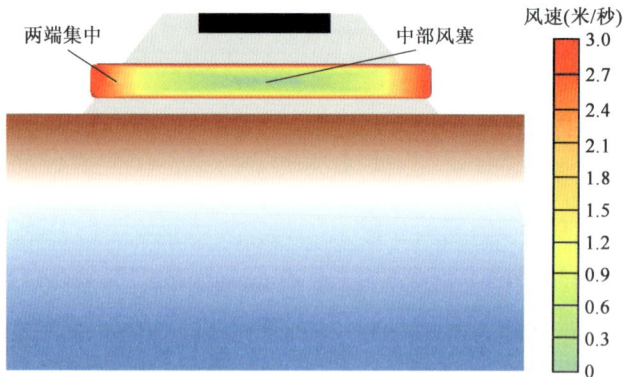

图6-10　管内风速分布云图

6.3.3　热棒制冷路基

如下图所示，按所处环境不同可将热棒分为与大气接触的上端（冷凝段）、深入多年冻土层的下端（蒸发段），以及贯入路基与活动层的中段（隔热段）三个部位。热棒与环境存在温差，工作介质在其内部进行气、液两相间互相转变。因此，工作介质在热棒不同部位所呈现的相态也会不同。通常在青藏高原多年冻土区，工作介质在下端为液相，上端为气相。

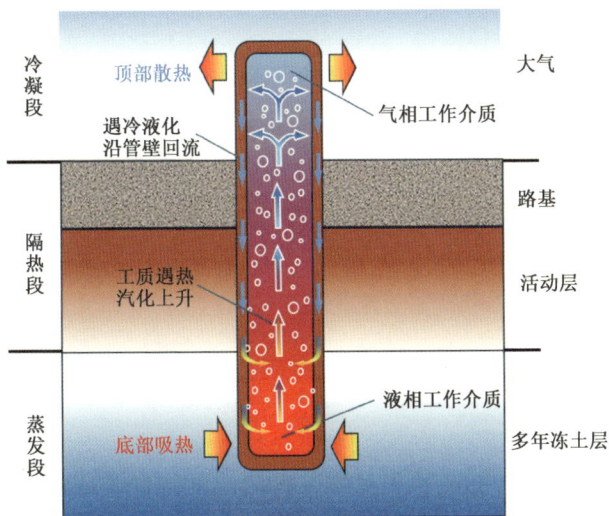

图 6-11 自落式热棒工作原理示意图

在热棒下端时，工作介质在液相下加热，部分介质汽化，体积膨胀、密度减小，形成一个从下端向中段、上端的密度梯度，利用密度差作为推动力，气相工作介质上升至热棒上端。随后，通过冷凝器向外散发热量，遇冷后冷凝成液态，在重力的作用下沿棒壁回流热棒下端。蒸发段加热时，管内工质吸收热量蒸发成为气体，形成高压气体，高压气体沿着管道内部传输经过绝热段到达冷凝段；在冷凝段中，气体冷凝为成液体，并释放出热量；最后，液体在毛细力的作用下沿管壁毛细芯回流至蒸发段，完成一个相变循环过程。

图 6-12 隔热路基 （EP/XPS 板）

6.3.4　隔热路基

隔热路基通过在路基内布设一层热阻较大的隔热层，从而延缓夏季高热量输入的速度，实现短期内冻土地基融化速率降低，继而提高夏季冻土地基的承载力。

隔热路基采取的隔热处理措施原理是利用保温材料的热阻效应来减少进入路基内的热量。这种作用只有在多年冻土的吸热季节方可产生很好的效果，进入冷季时地温高于气温，而路基中的隔热材料仍然保持着其热阻效应，不利于冻土的散热。

XPS 板是路基内隔热层的主要材料，全称为挤塑聚苯乙烯泡沫板（Extruded Polystyrene Foam Board），是一种硬质泡沫塑料板。XPS 板的作用主要是利用其导热系数小、热阻高的特性，调控路基上表层与下伏表层的传导换热，阻止上部热量进入下部土层，用以延缓传入路基的热量，但保温处理措施并不能根本改变路基吸热趋势。

6.3.5　隔热路基应用效果对比

分别绘制 4 种隔热措施下路基内全年的热量分布曲线，通过对比路基未处治状态的隔热效果，总结路基处置措施的局限性。

（1）青藏高原辐射热大。

由于青藏高原处于低纬度地带，与广州处于同一纬度地区，因此来自太阳的辐射热较大，同时黑色路面有较强的吸热能力，使得路表平均吸热功率达到近 3000 瓦。

（2）散热方式的效率低。

片块石路基利用石块间连通缝隙进行空气的冷热循环散热；通风管路基利用通风管内环境风的对流换热；热棒路基利用低温相变工质进行相变热的自下而上传递；隔热路基不散热，仅降低热量下移速度，半年内堆积热量依旧传递至路基内。常见的以上 4 种特殊路基有 2 种依赖空气热交换以及 1 种依赖外界空气与地基内温差进行散热，效率低且不稳定；隔热路基甚至"治标不治本"，在夏季单季节观测路基底部有降低热量下移的错觉，放至全年统计依旧不减少热量。

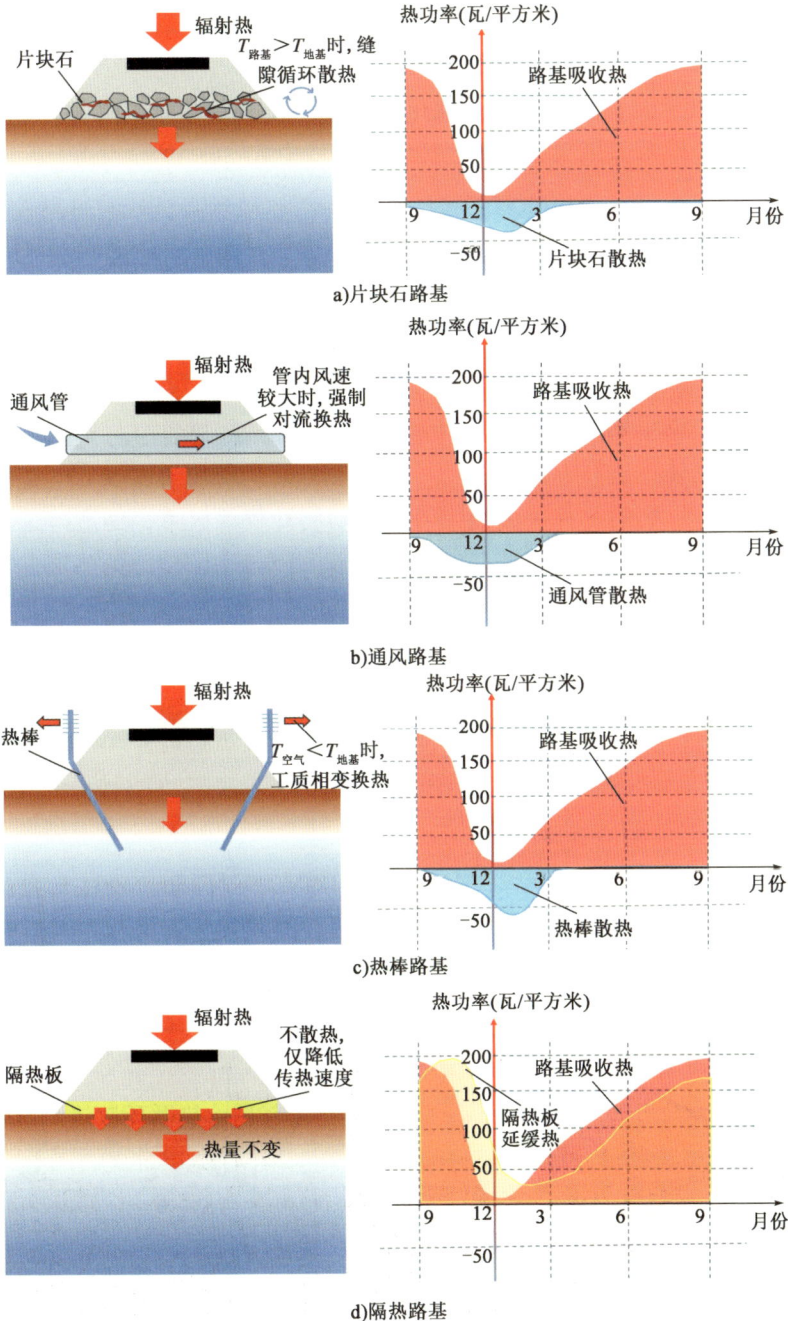

a)片块石路基

b)通风路基

c)热棒路基

d)隔热路基

图6-13　4种特殊路基工作效率

（3）特殊结构路基工作窗口期短。

无论是低温气流的对流散热还是工质相变需要的外界较低温环境，都迫使以上特殊路基散热仅在冬季进行，而青藏高原常年为近8个月的热季和4个月冷季分布，使得高原公路吸热时段远大于散热时段，冷季窗口期短也是以上特殊结构路基散热的弊端。

6.4　夏季主动制冷路基

高海拔永久冻土区4～11月为路面的吸热期，为平衡长达8个月的环境热量侵蚀宽幅路基下的永久冻土层，需要进行逆热流传输方向的主动干预。根据热力学第二定律描述，热量可以自发地从温度高的物体传递到温度低的物体，但不可能自发地从温度低的物体传递到温度高的物体。因此，使用主动制冷控温设备，创造一个比永久冻土活动层温度更低的温度控制面，使得冻土顶面的热流方向由自上的流入向下转变为自下向上的排出。

1）太阳能制冷管路基

利用青藏高原辐射强度高、日照时间长的特点，太阳能制冷管路基通过制冷管顶部向阳方向的延伸集热管收集辐射能，进行全时可再生太阳能驱动的制冷管工作。

2）风能制冷管路基

利用青藏高原风力大、全天有风的特点，风能制冷管路基通过制冷管顶部风叶转动，变机械能为电能，并储存于蓄电池内，进行可再生能源转化的压缩式制冷管工作。

图 6-14　太阳能制冷热棒

图 6-15　风能制冷管

3）太阳能吸附制冷热棒路基

吸附式制冷系统包括吸附集热器、冷凝器、蒸发器等部件。制冷原理为：吸附剂温度越高，对制冷剂的吸附性能越低，由此通过吸附剂温度的交替变化来实现制冷剂的热脱附和冷吸附。当吸附剂温度降低时，吸附剂吸收气态制冷剂，引起液态制冷剂持续地蒸发，气化吸热效应产生制冷效果，制冷剂与吸附剂形成混合物。当吸附剂温度升高时，制冷剂会脱附为高温高压气体，在冷凝器中散发热量后液化，然后流回蒸发器中储存，完成一次制冷循环。

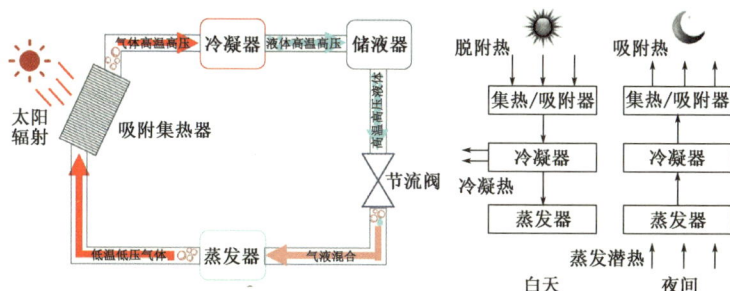

图6-16 太阳能吸附制冷原理及流程

太阳能吸附式制冷管的传热过程为：①吸附过程。在夜间，当吸附床内活性炭温度降低至吸附温度时，活性炭开始吸附甲醇蒸气，装置内部压力逐渐降低。当装置压力降低至液态甲醇对应的饱和蒸气压力时，液态甲醇开始气化吸热产生制冷效应，吸收冻土层热量，直至活性炭吸附饱和。②脱附过程。在白天，太阳能光热转化并加热活性炭，当温度升高至甲醇脱附温度时，甲醇不断地脱附成为蒸气。当系统压力达到与系统温度对应的饱和压力时，甲醇开始冷凝成液态，将吸附过程中吸收的冻土热量以凝结热的形式释放至大气环境，液态甲醇回流至蒸发段储存，并持续到傍晚甲醇停止脱附为止。

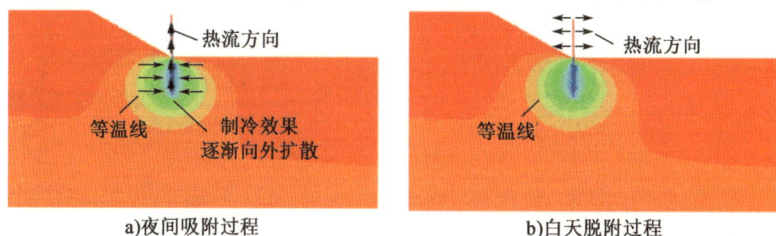

a)夜间吸附过程   b)白天脱附过程

图6-17 太阳能吸附制冷热棒应用效果

上述过程即为一次制冷循环，之后当吸附床温度降低后重新进行吸附过程，由此实现对多年冻土的持续制冷。

6.5　深层多年冻土的保护

通过现有隔热措施的局限性分析以及主动制冷措施的创新研究，针对路基修筑后冻土上限下移加剧的问题，进行主动制冷措施对深层多年冻土保护效果的分析，以地温场的解析为制冷量计算的基础，结合制冷管效果的数值模拟及现场缩尺验证，提出深层冻土保护的主动制冷措施布置方案。

6.5.1　深层冻土地温场分析

对深层冻土地温场进行分析。从路基底冻土传热角度出发，可认为路域范围是由两侧较大的平行冻土土基区域交叉部分形成的无限条带，两平行边界间距即为冻土路基底部宽度，基于此可利用叠加传热梯度结合等角投影的方法研究路基沿宽度方向的温度分布规律。

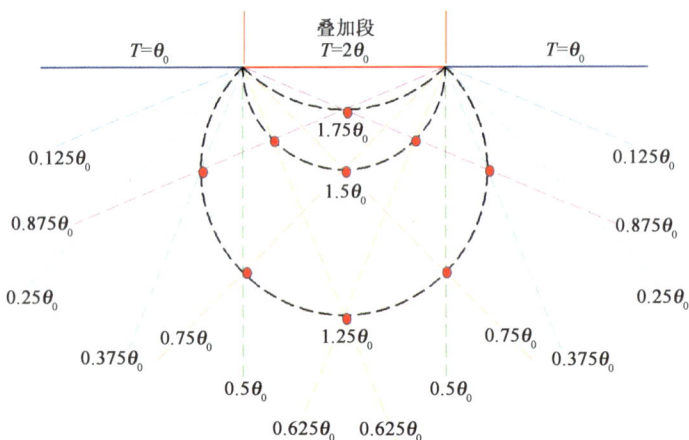

图 6-18　坡脚温度场对称叠加后等温线理论分布

路基横断面内的温度场由路基两侧坡脚与外侧平行无限宽的冻土土基平行冷域叠加产生，将空间柱面状等温线在横断面进行投影并结合两侧坡脚放射状分布的等温线规律，进行路域范围内冻土土基的温度场叠加求解，结合数值模拟的验证确定该解析法的计算精度。

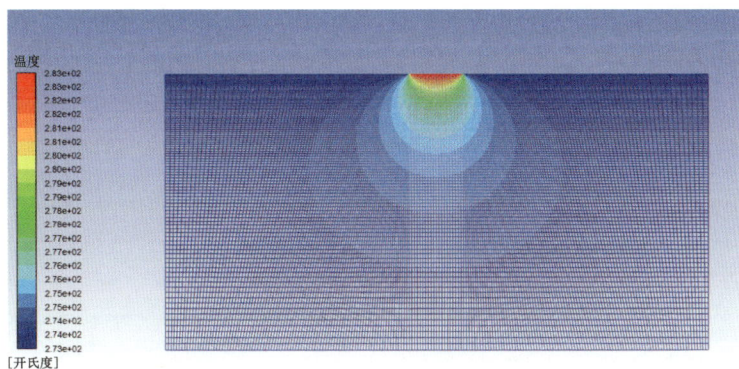

图6-19   叠加温度场分布模拟验证

6.5.2   制冷管对冻土保护效果分析

分析制冷管对冻土保护的效果。对制冷管的构型进行设计以满足路域范围内冻土活动层的常年零热量输入。结合青藏高原宽幅路基内常年实测数据，计算冷却端动态散热速率的需求；进行基于冻土制冷试验的有限元模拟，为制冷方案的设计与能效评价提供依据。

制冷管冻结对深层冻土的保护，可总结为以下4个阶段。

第一阶段［下图a)］：热荷载滞留于上边界，此时制冷管表现为独立工作状态，各自以管道中心形成圆环状温度场，此时横纵向均未形成连接的等温线。

第二阶段［下图b)］：热量初步下渗但未直接作用于最上层制冷平面，此时纵向分布的制冷管间低温等温线开始交会，表明竖向联结逐步形成，但横向排布的管间依旧处于独立工作；空间上沿行车方向的平行冻结壁已形成。

第三阶段［下图c)］：热量已直接作用于顶层控温面，此时横向低温等温线已初步交会，但由于横向制冷管间制冷能力的较为薄弱，而热荷载已开始影响顶层控温面的负温等温线，呈向下凸起状；

竖向制冷管的联结进一步加强，顶层控温面以下部分已形成稳定冻结壁；空间上沿路基宽度方向形成上表面为波浪状的条带状冻结体。

第四阶段［下图 d)］：热荷载与制冷管处于热交换平衡态，此时顶层制冷管间负温等温线稳定联结，表明横向制冷能力充分发展，冻土截面冻结壁完全形成，且冻结壁稳定控温范围为顶层制冷管上方约 2 厘米平面至下方全厚度；空间上形成路基全宽的条带状稳定冻结体。

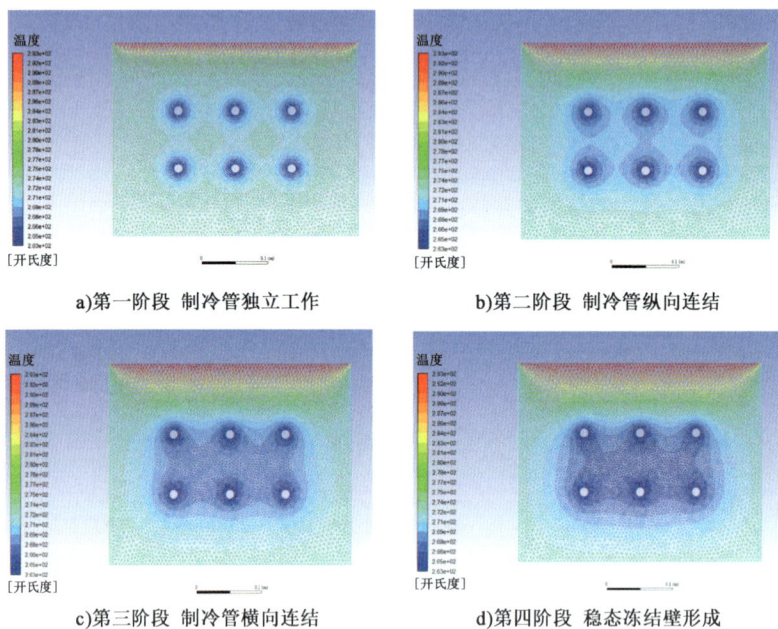

a)第一阶段 制冷管独立工作   b)第二阶段 制冷管纵向连结

c)第三阶段 制冷管横向连结   d)第四阶段 稳态冻结壁形成

图 6-20 制冷管周冻土截面冻结壁的形成过程

6.5.3 基于深层主动冻结的布置方案

路基控温面的温度在横向呈对称分布，在路基一侧，距路基中线约 6.7 米范围内升温速率不断减小，此后随偏离坡脚点距离的增大升温速率先急剧上升，横向每延米升温速率提高了 63%。因此，采用坡脚两边加密，路基中线下部分散的制冷管排布方式，布置于活动层与多年冻土界面处，主动守住冻结上限并保护冻土免受热融核下移的影响，具体布置如下图所示。

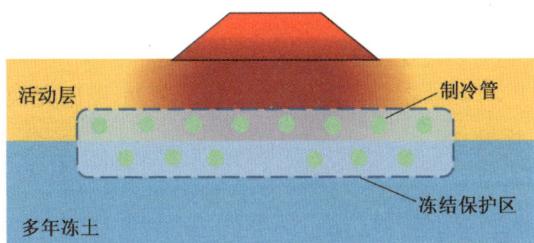

图 6-21　活动层与多年冻土界面对的制冷管布置方案

　　现场验证采用深基坑分层布置制冷管。通过实测管道附近活动层底部的制冷效率，在活动层底布置的多层制冷管周近 ±0.15 米范围都能有效冻结。因此，多年冻土的深层保护应对活动层与其截面进行主动制冷，经实测能够有效抑制热融核下移及延缓冻土的退化。

图 6-22　高原制冷管效果验证

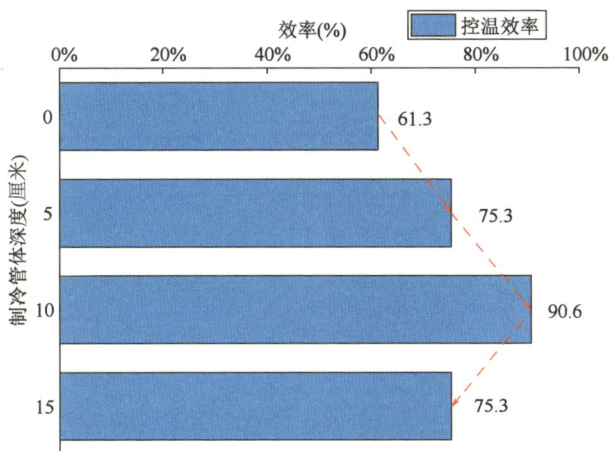

图 6-23　活动层底制冷管的冻结效率

Chapter 7 ｜ 第 7 章

多年冻土区公路
活动层地基处治

通过分析多年冻土区公路的受力特点，针对冻土地基反复冻融出现的承载力降低问题，分别介绍公路地基增强技术以及针对桥涵过渡段差异沉降的变形协调技术。

7.1　多年冻土地区公路受力特点

7.1.1　路基工作区深度

工作区深度即路面荷载对路基的影响区域，采用路面荷载深度方向应力降低至路基自重应力的 1/10 处的深度作为工作区底部，通过读取路基中轴线沿深度的应力数值绘制图，确定车辆荷载会影响地基浅层近 2 米范围的土体。因此，地基浅层的刚度提升对地基承载力至关重要。

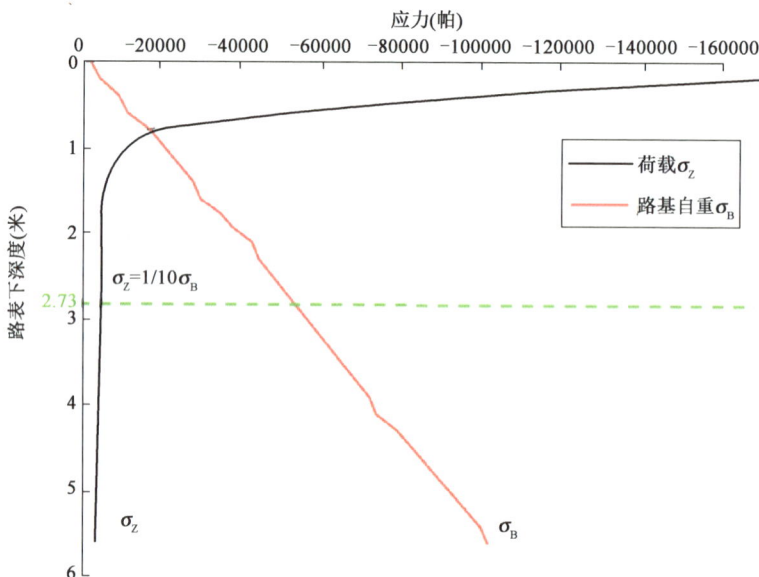

图 7-1　高原公路车辆荷载影响深度

7.1.2 沉陷变形层位

如下图所示，通过静力触探对沉陷变形严重段勘察发现，其地基在路基工作区深度内表现为明显的软，即承载力不足。因此，可以初步认定工作区深度内冻土地基的承载力不足会对路基变形产生较大的影响。地基软弱层可认为是总变形里占比较大的层位，需要对地基软弱层进行增强处治。

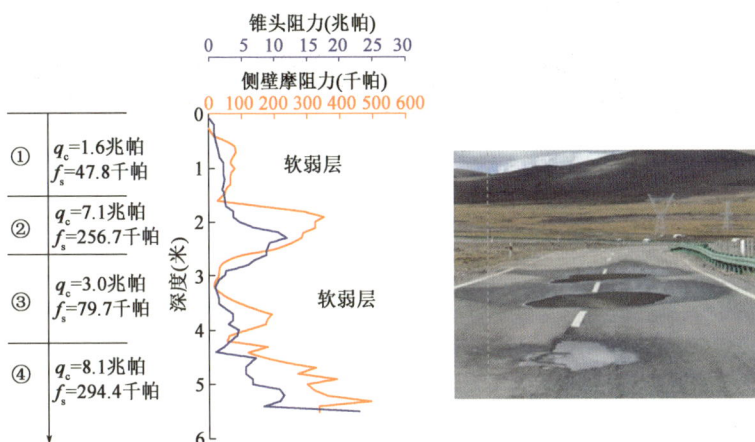

图 7-2 沉陷严重段软弱层识别

7.1.3 地基增强的提质效果

为验证增强地基对变形抑制的良好效果，通过三维建模对比同一车辆荷载下活动层及融化夹层刚度参数增大前后的变形差异，从而进一步佐证地基增强的有效性。

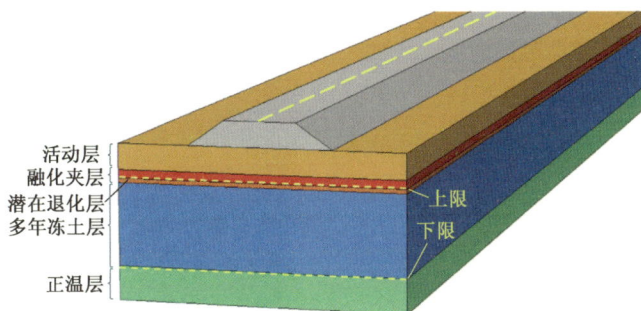

图 7-3 三维高原公路模型及层位划分

提取路基中线下变形单元，分别在地基未处治、增强 1 米和增强 2 米三种情况下对比最大变形量，结果如下图所示。当地基表层增强 1 米后，沉降明显降低近1/3；当增强 2 米后降低了更多。由此可见，地基增强将有效降低高原公路路基的沉降。

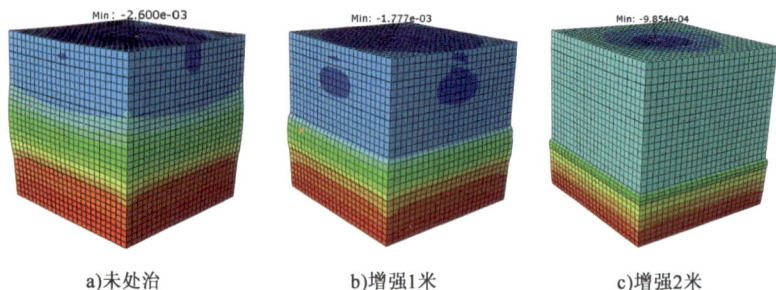

a)未处治   b)增强1米   c)增强2米

图7-4   地基不同增强厚度下竖向变形对比

7.2   地基增强技术

地基增强技术主要从活动层稳定、融化夹层稳定、潜在冻土退化稳定、多年冻土稳定及软弱层穿透 5 个方面展开。

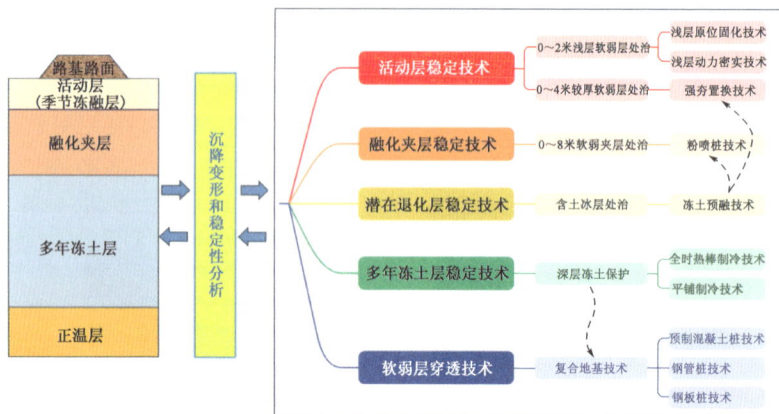

图7-5   地基增强技术分类

7.2.1   浅层换填

由于特殊的地理单元和较低的年平均气温，青藏高原约 40% 的地区赋存多年冻土，分布范围广，同时具备地温高、埋藏浅的显著特点，对环境温度变化极其敏感。因此，处治措施的施工工期不宜过长，引起表层开挖后冻土会加速受热融化。常用的浅层开挖换填具有工序少、工期短的优势，适用于地基软弱层厚度小于1米的工况。经浅层软弱土快速挖除后填充高强度填料，进行压实验收后可直接填筑路基并快速通车。

7.2.2 浅层原位固化

针对高原地基0～2米浅层为细粒土，持力效果较差且换填材料匮乏的情况，为降低工程造价，减少因取土对三江源生态的扰动，综合考虑细粒土抗冻融、耐水侵蚀性能差的问题，采用聚合物对浅层原状土进行改性强化，经原位搅拌后压实。

图7-6 冻土基地原位固化

（1）聚合物固化原理及效果测验。

如下图所示，高分子聚合物分子链的结晶度和交联程度增加，其刚度随之增加。

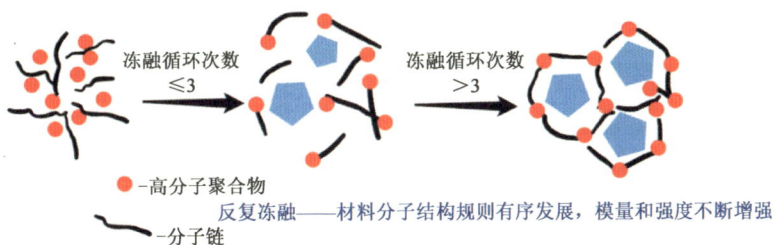

图7-7 冻融循环下固化剂强度提升机理

考虑多年冻土浅层冻融反复,固化土抗冻耐久性设计成为首要因素。摒弃传统低抗冻耐水的固化材料,甄选具有优异本征抗冻性能与低温力学性能的固化材料。通过多次冻融循环下对固化土质量损失以及强度增长情况进行固化效果评估,并筛选出满足条件的固化材料。

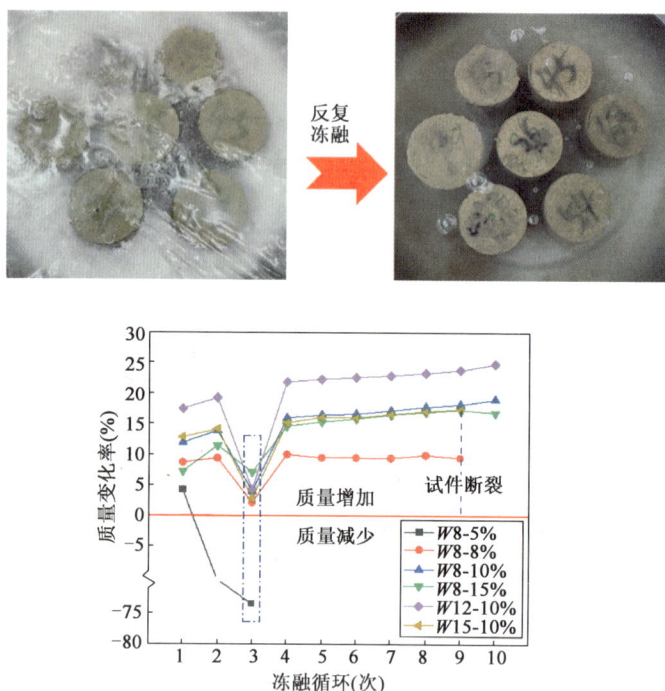

图 7-8   固化剂应用效果验证
注:W 为测试土体含水率;如 W8-5% 表示含水率 8% 土掺 5% 质量固化剂的测试样。

(2)固化层强度提升效果验证。

分析固化层承载力提升机制。通过固化持力层受力核算是否满足规范要求,主要指标为层底最大拉应力及剪切应力。层底最大拉应力应低于规范中劈裂强度指标;固化层最大剪切应力应低于固化土初期抗剪强度峰值。

在低工程造价且短期完成道路施工情况下,浅层原位固化措施对浅层地基软弱土有较好的补强作用。论证通过后在国道 214 试验段中采用该法处治。

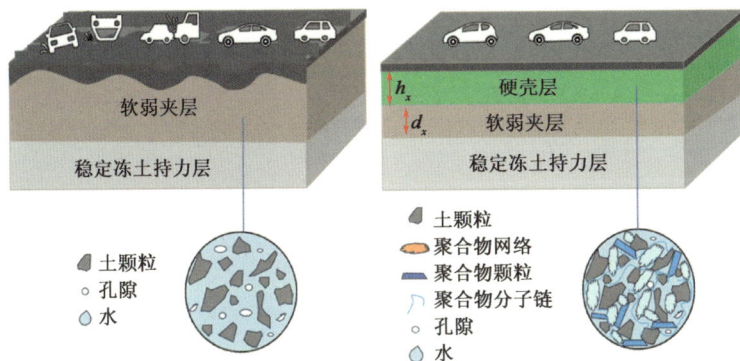

图7-9　固化层承载力提升机制

图7-10　花石峡固化土国道214试验段

7.2.3　浅层动力密实

针对浅层高含水率地基的密实度不足问题，首先对软弱土采用真空预压排水，从而保障后续压实工艺的效果。结合冲击压实工艺进行软弱土的动力密实增强。

（1）真空预压排水。

为保障冲击压实过程中土体能有效压缩体积，需要降低浅层土体的含水率，因此采用真空预压排水为首道工序。如下图所示，为达到理想效果需要注意三点，即排水垫层材料采用中粗砂，垫层厚度不小于50厘米，要求中粗砂垫层有良好的渗透性。此外，塑料排水板应有良好的透水性和强度，真空膜设置三层以保障密封性。

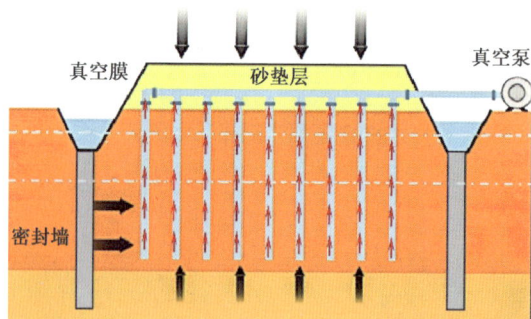

图 7-11　真空预压排水

（2）动力密实。

如下图所示，依照道路规范采用三角压路机进行动力密实，通过提升承载板强度，检验其效果。论证通过后在共玉高速公路中采用该法处治。

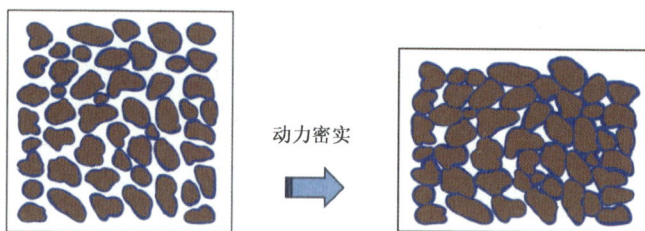

图 7-12　三角压路机动力密实

7.2.4　强夯密实及片石置换

（1）强夯密实。

强夯最初被称为重锤夯实法，是加密常用的一种方法，由于其机械简单、建设效率高，从 20 世纪初开始就被广泛用于各种地基的加固。强夯法是将很重（一般为 10 ~ 40 吨）的夯锤从高处自由落下（落距一般为 6 ~ 40 米），将下落产生的动能以冲击的方式转化为土体的内能，从而减小土体内部的孔隙率，以此来实现土体的加固。

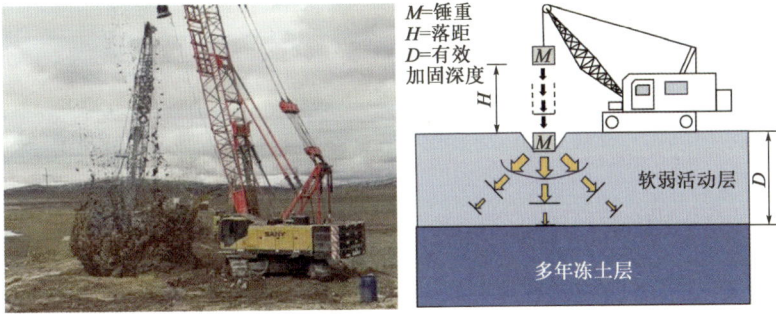

图 7-13　强夯密实示意图

通过施工前期对青藏高原多年冻土区钻芯取样结果总结与分析，发现青藏高原每年冻结期和融化期多年冻土区活动层厚度均小于 3 米，3 米以下为永久冻土层，强夯后，土层中颗粒的分布范围可能会发生变化。大颗粒可能会被碎化或移动到较深的位置，而细颗粒可能会向上移动或重新排列。强夯会导致土层中颗粒的大小发生变化。一般来说，强夯作用下，土层中的颗粒可能会变得更加均匀，颗粒之间的空隙减小，从而导致颗粒的大小分布发生改变，具体表现为土类的变化，如卜图所示。

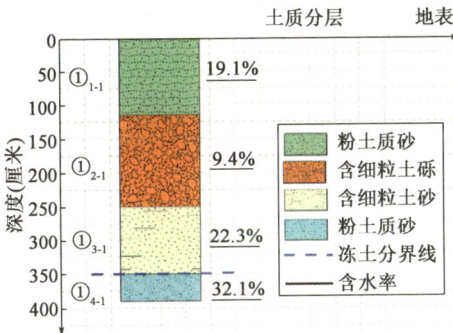

a)强夯前

图　7-14

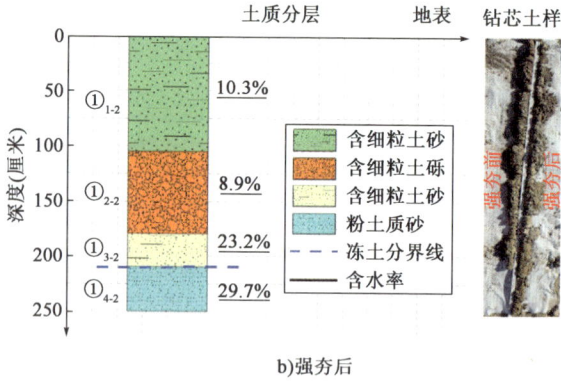

图 7-14 强夯前后土质分层

通过在青藏高原多年冻土区冻结期和融化期内强夯试验对比，发现同能级强夯作用影响下冻结期内土体累积夯沉量远低于融化期，固结效果也远不如融化期显著，故提出建议：在青藏高原多年冻土区采用强夯措施时，施工时间选择在融化期内较之冻结期更有利于软弱活动层的固结。

图 7-15 冻结期强夯现场施工图

（2）片石置换。

强夯置换法地基处理后的地基竣工验收承载力检验，应在施工结束后间隔一定时间进行。对粉土地基，其间隔时间可取 14 ~ 28 天；对黏性土地基，其间隔时间可取 28 天。

强夯置换后的地基竣工验收时，承载力检验除应采用单墩荷载试验检验外，还应采用重型动力触探或超重型动力触探等有效手段，查明置换墩着底情况及承载力与密度随深度的变化。对饱和粉土地基和强夯半置换地基，允许采用单墩复核地基承载力试验代替单墩荷载试验。

图7-16　单墩复核地基承载力试验

强夯半置换地基可采用探井取样土木分析、标准贯入试验、静力触探等原位测试方法，对墩间土进行检验，评价地基的有效加固深度、土的强度、变形参数和地基承载力等。

强夯置换地基荷载力试验和置换墩着底情况检验数量均不应少于墩点数1%，且不应少于3点。现场验证情况如下图所示。

图7-17　强夯置换现场验证

7.2.5　桩板路基

桩板路基结构复合路基工作原理为：桩体和筏板之间形成了一个紧密的复合结构，桩基础埋设相对较深，锚固部位较长，与浅基础相比，能够提供较大的锚固力，通过桩间土、桩体和筏板之间的相互作用，将上部结构的荷载传递到深层稳定地层中，有效地提高了桩板路基的整体稳定性和承载能力。

桩体通过与筏板之间的牢固连接，能够将荷载传递至多年冻土刚性层，减少路基的差异沉降；而筏板通过与桩体之间的连接，能够扩大路基的支撑面积，分散活动层的荷载，共同保证路基的稳定性和安全性。钢筋混凝土现浇筏板和桩板路基施工如下图所示。

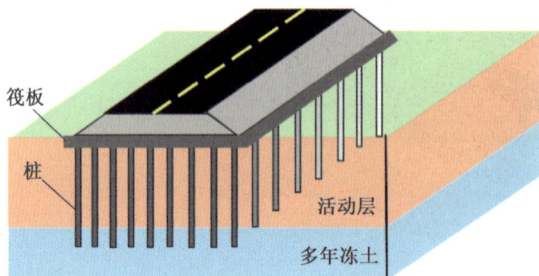

图7-18   桩板复合路基简图

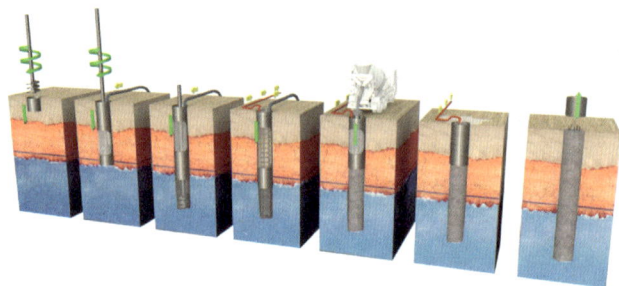

图7-19   钢筋混凝土现浇筏板

图 7-20 桩板路基施工

7.2.6 多年冻土的预融技术

近几十年来，随着全球变暖，青藏高原的年平均气温自 1960 年以来上升了约 1.8 摄氏度。顺应全球气候的变化，在条件适宜高温冻土地区采用预先融化冻土原则，从长期稳定性来看，经过后期处理的融土地基会比其他地基更具有稳定性。

是否选择预融技术主要取决于冻土年平均地温、含冰量、冻土的岩性特点及冻土层厚度等冻土工程地质条件。具体而言，具有下述特征的冻土可采用预融技术：①较薄（小于 7~10 米）富冰冻土层覆盖于大块基岩上。②土颗粒较粗，在预融过程中，融土能较快压密，并有足够的承载力。③压缩率与冻土融化速率呈线性变化的砂土。

此外，在年平均地温高于零下 0.5 摄氏度的不稳定冻土带，当施工和运营过程中无法保持地基土冻结，甚至是无法适应局部融化过程的区段，或是地层整体稳定但局部地段存在厚度不大的地下冰时，均可考虑采用预融技术处理地基。

（1）蒸汽融化法。

蒸汽融化法融化冻土速度最快，包括封闭式和开敞式方法，大量工程实践中利用开敞式蒸汽融化法融化冻土。开敞式比封闭式融化速度快，但最大缺点是由于蒸汽在土壤空隙中凝结，导致被融化土体的含水率有所增大。用以融化冻土的蒸汽针多用直径 34 毫米、

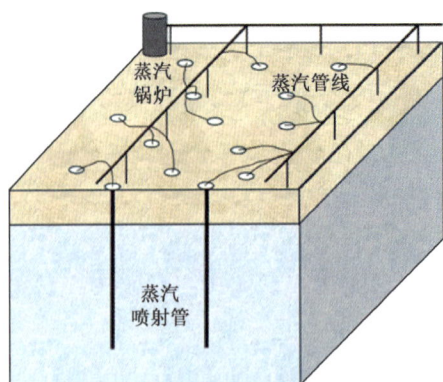

图 7-21   蒸汽融化冻土示意图

壁厚 5 毫米的无缝钢管制成，其结构及插入地下的方式多样，一般按等边三角形网格布置，相互间的距离随融化深度的增加而增大，如左图所示。

（2）加热管融化法。

加热管融化冻土的原理是在封闭的管腔内放置加热器和高温导热介质，通过热传导的方式逐渐传递至冻土，当冻土温度上升至相变温度时，冻土开始融化。与蒸汽融化法类似，受比热容和冰水相变的影响，热传导存在一定的范围。加热管融化冻土的速率取决于冻土的体积、加热棒的功率以及导热介质的热属性。因此，加热管也需要按一定的间距进行布置。为了防止过热，加热管配有温度控制装置，当导热介质温度达到设定值时会自动切断电源，停止加热。当温度下降到一定范围时，温控装置会再次启动加热，确保温度在安全范围内。示意图及现场应用如下图所示。

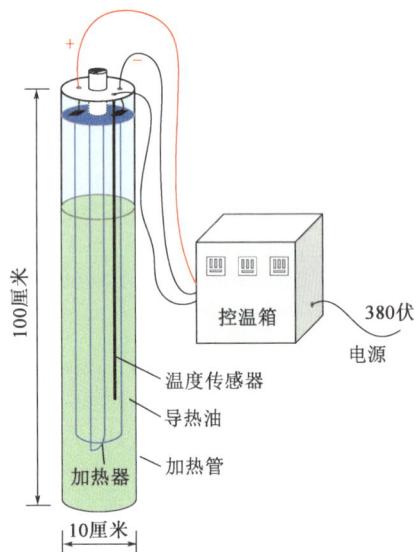

图 7-22   加热管融化法现场应用及示意图

（3）石灰桩融化法。

生石灰融化冻土的原理是通过在冻土中成型石灰桩，桩身混合材料中的生石灰与水反应放热使桩周多年冻土融化，同时生石灰又不断吸收融化后桩周土中水分，形成放热吸水循环直到生石灰完全反应。如右图所示，氧化钙反应生成氢氧化钙，其体积膨胀 1.97 倍。因此，生石灰与水反应体积膨胀会对桩周土会产生挤密作用，进而提高复合地基承载力。

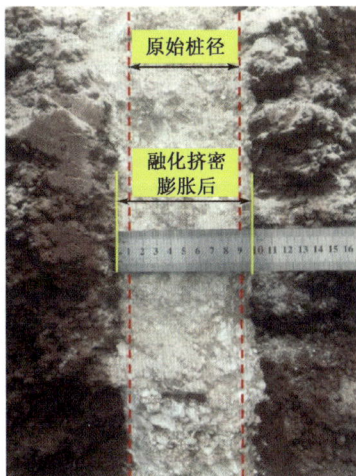

图 7-23 石灰桩融化挤密多年冻土

7.2.7 刚性预制桩

由于青藏高原气候环境不利于桩体就地成型或生产，因此将预制桩直接打入地基内更为高效便捷。可依据地质组合以及桩体埋入深度决定桩体支撑力的来源，从而进一步定义预制桩体的工程类别。常用的预制桩主要分为端承桩、摩擦桩以及端承摩擦桩。

端承桩的受力主要来源于桩底刚性层的反力支撑，因此该类桩底必须插入刚度较大层位内，对应高原地区地质即多年冻土层；摩擦桩依靠桩侧面与周围土体的挤压摩擦提供支持，因此对桩周土体类别及嵌挤紧实度提出要求，对应于高原地质即是对活动层土质及孔隙率有一定需求；端承摩擦桩则是上述两种支持力的组合，当活动层摩擦力不足时需采用端承摩擦组合持力。

依据活动层土体性质确定预制桩体的埋入深度后，再通过土拱效应确定桩端合理间距。土拱效应是当土体承压时，局部不发生位移的土体将会额外分担下移土体的力，从而降低下移土体的变形量。简而言之，桩端处土体不会下降，桩与桩便两两组成类似于拱桥的桥墩，桩间土的刚度得到提升。桩间土形成一个个刚度提升的单元，从而依靠不连续的桩端形成多年冻土层之上的持力层。

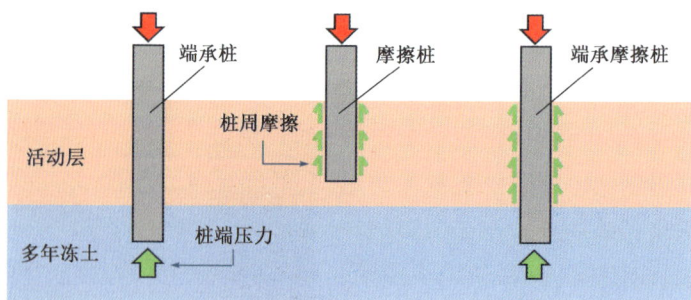

图 7-24   预制桩受力

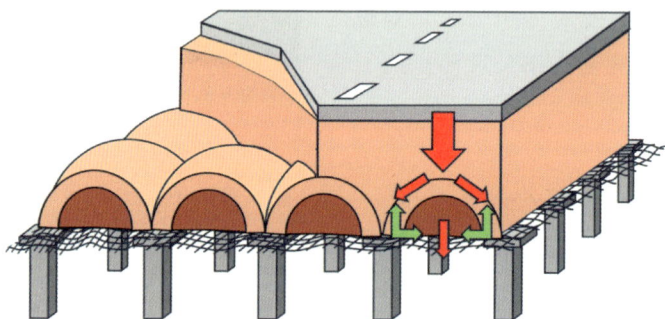

图 7-25   桩端间土拱效应

该法通过论证且在国道 214 花石峡试验段中现场应用，如下图所示。

图 7-26   预制桩静压步骤及现场施工

7.2.8　粉喷桩技术

粉喷桩可视为钢芯桩的简化版本，这些桩直接用钢坯钻孔，而不是改装钢芯。钻孔的同时，水泥浆被冲洗（注入）在钻头和钢坯周围。粉喷桩通常用于摩擦土壤，即适用于含有大量沙子、砾石或石头的高原地基活动层。

如下图所示，粉喷桩主要通过桩孔内原状土与粉喷固化剂的就地搅拌成型，可通过跳仓法施工成连续墙。

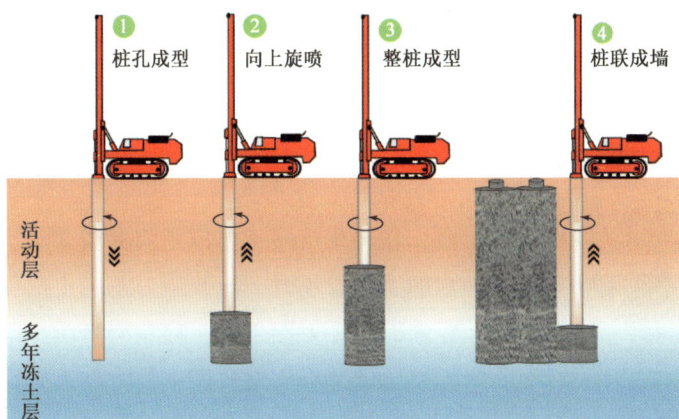

图 7-27　粉喷桩技术原理

粉喷桩的优点是具有良好的穿透能力，即使地面有障碍物也可以钻孔，并且冲洗的水泥浆在地面上硬化并沿桩的长度形成不规则的主体。这种不规则的主体使粉喷桩不仅在尖端而且在整个护套上都具有非常高的承载能力。在价格方面，它的低廉成本可以与钻孔钢管桩相媲美，但不同之处在于，粉喷桩可以更好地用于压缩和拉伸荷载。

7.2.9　注浆技术

（1）渗透注浆。

渗透注浆是指浆液在压力作用下充填空隙或裂隙，排出孔中的自由水和气体，扩散到土颗粒间，不改变土体结构，以改善岩土体的物理力学性能。浆液扩散形状如下图所示。

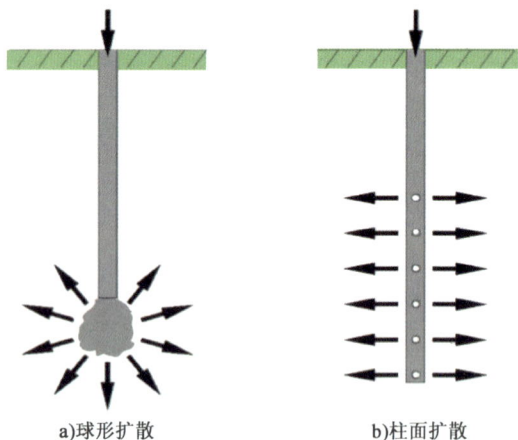

a)球形扩散   b)柱面扩散

图7-28   浆液扩散形状

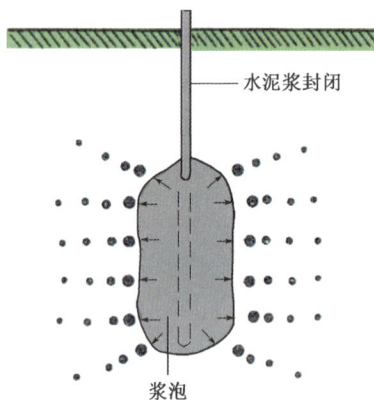

水泥浆封闭

浆泡

图7-29   压密注浆浆液扩散

（2）压密注浆。

压密注浆是指通过钻孔在土中灌入浓浆，在注浆点使土体压密而形成浆泡，当浆泡的直径较小时，灌浆压力基本上沿钻孔的径向即水平方向扩展。如左图所示，随着浆泡尺寸的逐渐增大，产生较大的上抬力使地面抬动，当合理地使用灌浆压力并造成适宜的上抬力时，能使下沉的建筑物回升到相当精确的范围。

（3）劈裂注浆。

劈裂注浆是指将水泥或化学浆液等注入土层，以改善土层性质。在注浆过程中，注浆管出口的浆液对四周地层施加了附加压应力，使土体发生剪切裂缝，而浆液则沿着裂缝从土体强度低的地方向强度高的地方劈裂，劈入土体中的浆体便形成了加固土体的网络或骨架，进而提高了土体的承载力。

7.3   公路与桥涵过渡段

多年冻土退化导致地基承载力下降，路桥过渡段、涵洞及附属基础设施等的差异沉降逐步明显。因此，在增强承载的同时，还需要考虑公路与桥涵过渡中关键因素均匀化的问题。影响路基不均匀沉降的主要因素有刚度引起的变形差异、自重引起的压力差异以及温度引起的下卧冻土退化不均匀，可通过刚度过渡、重量过渡和温度过渡方式解决路基不均匀沉降。

7.3.1 刚度过渡

路桥接合处桥墩的刚度远大于路基，接合处多出现路基明显下沉并形成错台的病害，此时需要对公路路基进行加桩补强。基于变形协调理论，受力越大，刚度越大，才能实现均一化的形变。依照对路基下部刚度分布的检测，如下图所示，采用长短桩结合的形式均一化刚度分布。

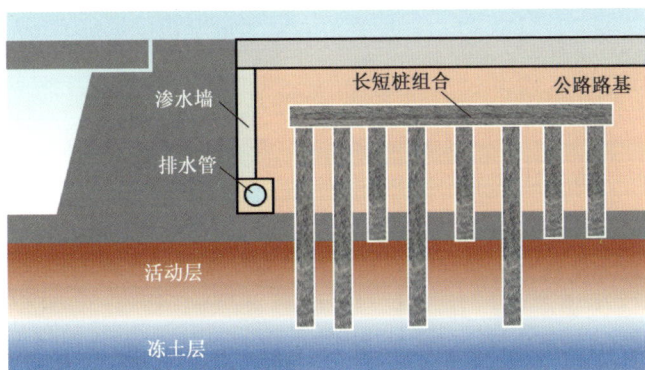

图 7-30 路桥结合处路基内长短桩组合处治

7.3.2 重量过渡

路基及附属设施自重的差异在过渡段不可忽视，桥头处路基一般较高，自重引起的附加应力较大，将加剧路基的沉降；同理，路基底涵洞的巨大自重也将引起涵洞处路基的局部明显下降。因此，针对自重明显增大的路基局部进行轻量化处治，使得路基底部的附加应力保持一致。如下图所示，在自重较大的局部进行轻质高强材料的换填，以实现自重突变的缓和以及沉陷严重的承载强化。

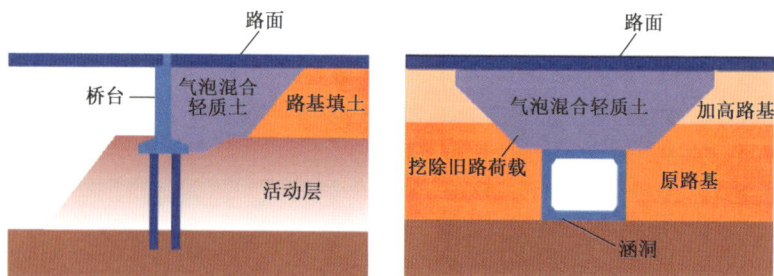

图 7-31   桥涵与道路过渡段局部自重轻量化处治

7.3.3   温度过渡

过渡段两侧材料、构型等差异将会引起吸热、传热的不均匀，长期将会引起下部冻土退化形态由层状平行下移变为局部加速下凹，从而使卧冻土在过渡段出现明显的退化差异，影响上部结构的支撑。如下图所示，为缓和过渡段两侧的受热差异，需要在过热一侧进行局部的加强散热处治，并逐步过渡至远端，形成相对均一的温度分布，从而缓解冻土退化的明显差异。

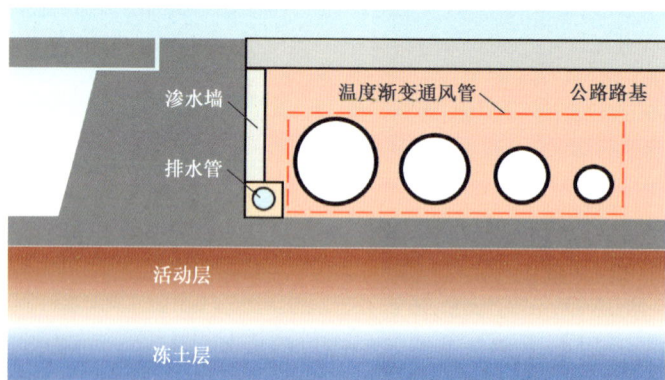

图 7-32   温度渐变路基技术

多年冻土区公路路域
水文分析与综合治水

8.1　公路路域水文分析

8.1.1　路域水文和水文地质调查

青藏高原具有的丰富水文地质特性，为复杂水热环境的形成提供了充足的水资源。对公路路域水文和水文地质调查主要包括以下方面：①掌握路域的水文气象条件，如降水、气温、蒸发等；②调查路域内的河流、湖泊、冰川等水资源分布和特征；③分析路域水循环过程和水量平衡，调查冰川和积雪融化过程及其对水资源的贡献和影响；④识别和划分地下水含水层或蓄水构造的空间结构与边界条件，包括孔隙水、裂隙水、岩溶水等；⑤查明地下水补、径、排条件，测定地下水水位、水温、水化学特征，判别其影响因素和形成条件；⑥识别与地下水活动相关的环境地质问题，评估地下水资源的丰枯变化规律。

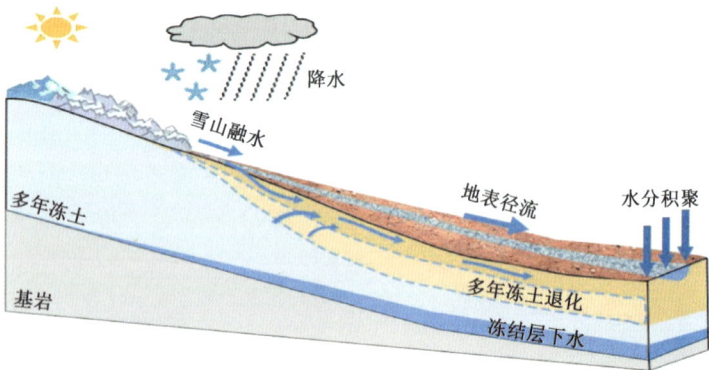

图 8-1　地表和地下水来源及渗流示意图

1）地表径流模拟

青藏高原地表径流主要来源于降水和雪山融水，地下水主要来自地表水的下渗及融雪深层补给。对多年冻土区富水路段的路域水文分析首先按地势分斜坡与平原两种类型讨论，以估算出的公路沿线融雪径流流量和雨季径流流量为基础，进行地表径流模拟。

（1）斜坡地区地表径流分析：可基于 30 米精度数字高程模型（DEM）数据对变形严重的富水路段进行大范围水系情况初步分析，利用无人机采集道路范围内高精度地形高程数据，建立富水路段分米级精度地形模型。通过建立公路附近地表径流模型，对斜坡地势下道路的易积水路段位置及季节性汇水量进行预测，为后续排水措施提供参考。

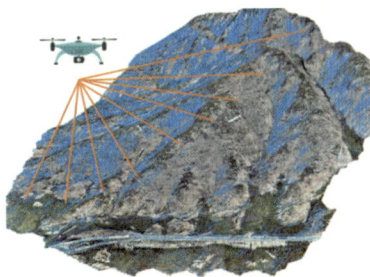

图 8-2 基于分米级地形高程的斜坡地区地表径流分析

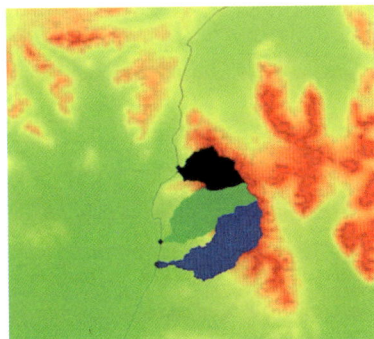

图 8-3 区域汇水分析

（2）平原地区地表积水分析：由于地势起伏较小，难以辨别区域地表径流走向，可以通过无人机进行高精度地形测绘及多光谱数据测绘，实现对物体的识别和分类（其中河道、积水区域通常呈现蓝色或淡蓝色），从而建立平原地区地形模型并探明富水路段路域附近地表积水时空演变规律。通过建立公路侧汇流积水预测模型，实现平原积水路段位置及积水面积的高效排查，为平原区域性排水措施提供准确的地表径流数据。

a)原地形图

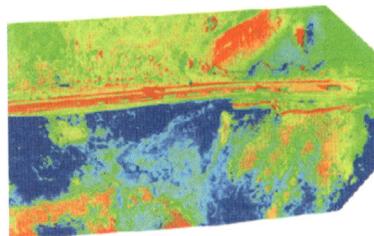

b)多光谱图

图 8-4 多光谱成像判断平原地区道路积水位置及面积

2）地下水文观测

地下水文观测涉及对地下水物理、化学特性，水位、水质，以及冻土层中水分动态变化等方面的研究。

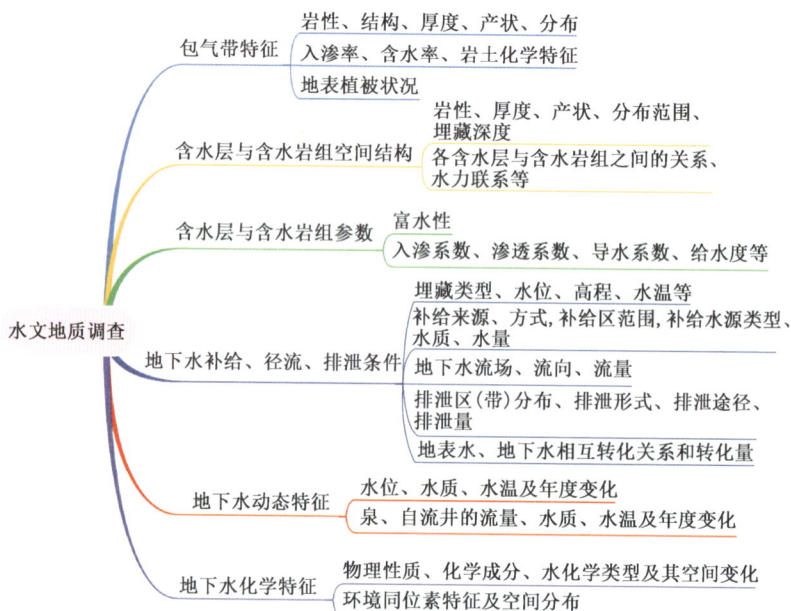

图 8-5　水文地质调查分类

（1）土壤渗透率测定：试坑法双环渗水试验是室外测定包气带非饱和松散岩层渗透系数的常用简易方法。试验原理是内外铁环随时保持相等水柱高，此时内环渗入的水主要消耗在垂向渗透上，当单位时间的渗入水量近似相等时，利用达西定律求出渗透系数。此试验方法能在不破坏季节性冻土自然状态下进行，能够更好地反映冻土区复杂地质的透水性质。

图 8-6　试坑法双环渗水试验测定土壤渗透率

（2）含水率的测定：采用多级地下水监测系统（通常称

为工程嵌套井）测定的地下土壤含水率数据，与传统的监测井（如集群井）相比具有许多优势。下图展示了一种连续多通道管监测系统，它被用来测定一个孔下的七个不同深度区域的含水率情况。

图8-7 含水率测定图示

（3）地下承压水观测：承压水存在于上下两个稳定隔水层之间，承受一定压力，没有自由水面，在水文地质勘探中，当钻孔打到含水层时，承压水便喷出地表，形成自喷水流，如下图所示，图中水头上升了20厘米。

图8-8 地下承压水观测（水头上升20厘米）

路域水文和水文地质调查是一项全面而细致的工作，不仅涉及以上对路域内地表水、地下水及其动态过程的分析，还包括对路界范围内土层特性、植被特征、地形地貌等方面的勘察。对此，科研人员需要进行大量的现场调查、数据收集和分析工作，以确保调查结果的准确性和可靠性。通过这些工作，可以为道路规划、设计和建设提供科学的水文依据，减少对环境的影响，确保道路工程的可持续发展。

图 8-9   土层勘察

图 8-10   路侧积水调查

8.1.2   公路路域地表水

青藏公路路域地表水特点为：季节性特征明显、水质多变以及受气温影响大。青藏高原地区降水主要集中在夏季（6 月至 9 月），这段时期内地表径流量显著增加；而冬季降水稀少，地表水流量明显减少。同时，青藏高原拥有广泛的冰川和永久积雪区，春季和夏季的冰雪融水对地表径流形成显著补充。由于青藏高原地区有多种矿物质存在，不同地点的地表水在化学成分上存在差异，有些区域的水体可能含有较高浓度的矿物盐，甚至某些地点水质呈现出酸碱度的剧变。高原上昼夜温差大对水体热力学平衡以及冰雪融化进程有显著影响。

青藏公路沿线的地表水分布包括高山峡谷、湖泊湿地和河谷平原三大区域。在高山峡谷区，冰川融水沿高山谷地流淌形成河流和溪流，这些河流的流向一般沿着谷地的低洼处发展；公路途经的高原湖泊湿地，以青海湖和茶卡盐湖为代表，往往地势较低，容易接纳周围地表径流和地下水补给；在河谷平原区域，地表水以宽阔的河谷地带和地下水露头（通过源泉和泉眼形式露出地表）为特征，形成连片的地表水体。

图 8-11 路域地表水

8.1.3 公路路域地下水

多年冻土的融沉、厚层地下冰的形成和演变等，这些大多与地下水的存在具有密切联系，水分季节性迁移使得原本脆弱的冻土地基水热环境变得更加复杂，也大大降低了上部路基的稳定性。

水分作为温度和变形的载体，是产生融沉冻胀现象的前提条件。一方面，温度是土体中水分迁移的原动力，通常会导致水分的不均匀分布和集中聚集；另一方面，随着温度的降低或升高，土体中的水分会冻结或融化，导致地基土体不均匀冻胀或融沉。当地基土体的累计变形量超过允许值时，路基路面就会出现各种病害。在冻土地区，冻结和融化引起了冻胀和融沉等特殊现象。当大气温度降至土体中孔隙水的结晶点时，土体开始冻结，形成冰晶，导致土体体积膨胀，增加附加应力，并形成冻胀现象。在暖季，随着气温上升，冻结的土体自上而下逐渐融化。然而，由于冻结层下方尚未融化，形成不透水层，水分无法向下渗透，导致地基土体含水率增加，路基强度降低。

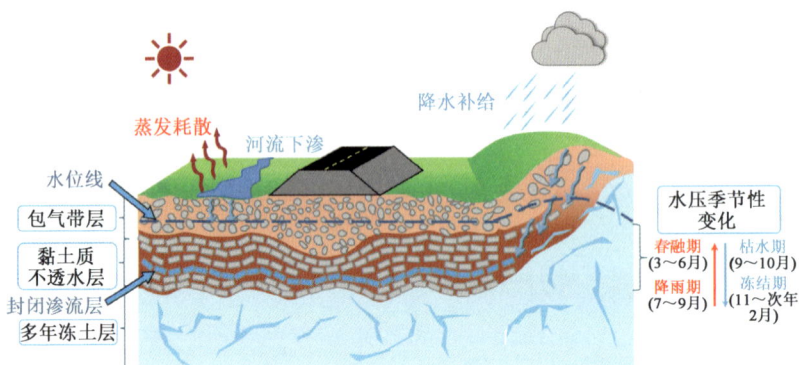

图 8-12   路域地下水

当地基土体中的冰逐渐融化为水，由于之前未能完全排水和固结，水分积聚会引发融沉和翻浆现象，导致路基不均匀冻胀，进一步引起路基变形和开裂。暖季地基土融化时，路面可能出现新的裂缝和沉陷等病害，严重时会影响公路行车安全，甚至导致公路无法通行。

从解决冻土地基融沉变形的工程角度出发，夏季承载力的缺失是首要问题，其本质是土体在高含水率下的结构软化，因此需控制地基土处于稳定的"低湿"状态，进一步具体分为排水降湿和挡水控湿两种措施。

排水降湿应在地质结构不变的前提下，分析含水率降低过程中承载力的提升效果，以统计排水量并提出疏水效率的基本需求。在此过程中，路域范围内的地下水分布将提供储水量的信息，而疏水效率的计算需基于地下水的季节性迁移速率，解析土体内渗透系数等关键参数。挡水控湿需确保路基工作区内断绝地下水的补给路径，同时考虑挡水措施实施后地下水迁移路径变更对道路变形的影响。在冻融活动层内，主要需阻隔夏季地表携热高温降水以及浅水区的冰融水。

8.1.4 公路路域水分迁移

山间谷地、河谷和漫滩、阴坡和阶地等特殊的地形，冬季寒冷多风雪、夏季降雨充足的气候，加上复杂的水文地质条件，形成了冻土沼泽区。夏季升温冻土层融化时，由于沼泽区域的地形限制，排水不畅，导致路基两侧严重积水，使得路基土体含水率增大，强度降低，随着水分向路基中心迁移，热量也向路基中心积聚；冬季泥炭冻结后，导热率增大，有利于沼泽地基散热和冷却，但由于表面修筑路堤后，散热和冷却效应被打破，导致冬季下伏冻土不能有效冻结，热量累积，路面的黑色沥青不断吸热加之通车运营后的循环动荷载作用，不断的循环作用导致复杂水热环境的形成。

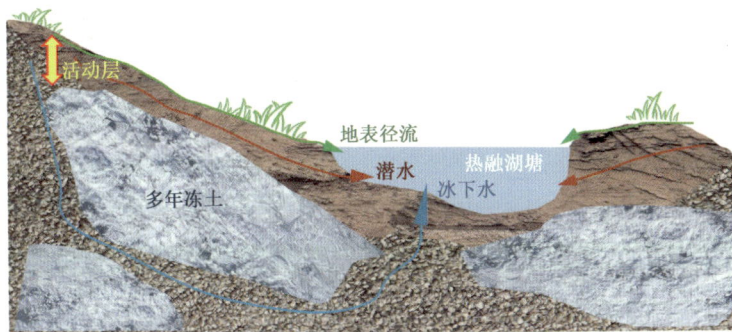

图 8-13 路域水分迁移

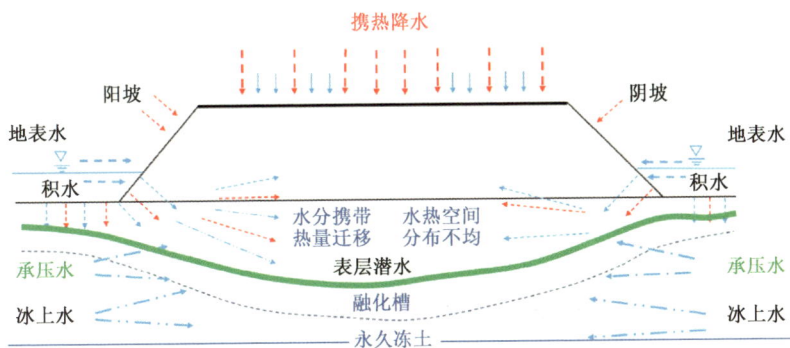

图 8-14 青藏高原公路路基复杂的水热环境
（冻土退化导致水分积聚、变形增大）

冻土区的地基土和路基中水分的变化以及温度梯度所诱导的水分迁移，通常也是影响冻土传热过程的最主要因素。多年冻土的融沉、厚层地下冰的形成和演变等，这些大多与水分存在密切的联系，然而水分季节性迁移使得原本脆弱的冻土地基水热环境变得更加复杂，也大大降低了上部路基的稳定性。倘若能够将影响变形的地下水排出并采用阻水构造切断来自地下及边坡水分的补给通道，则有望大大降低浅层地基的沉降变形，为多年冻土地基处理提供一种新的思路。

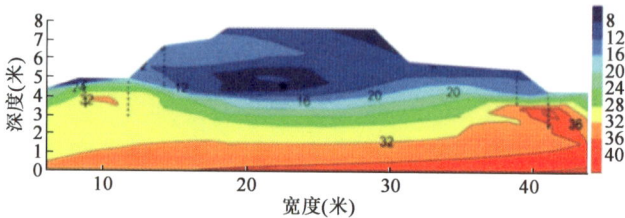

图 8-15   路基断面 10 月份水分分布云图

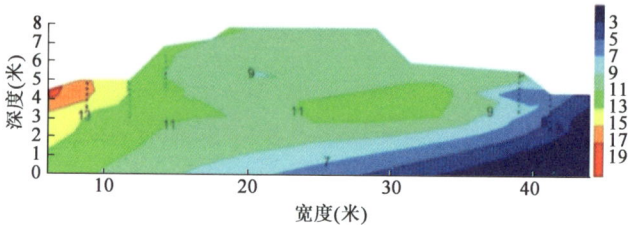

图 8-16   路基断面 10 月份温度分布云图

图 1-17   地表水侵入活动层引起承载力下降

8.2 工程挡水

在公路建设过程中，特别是在青藏高原的独特地理条件下，采取有效的挡水措施将水分阻挡在路基工作范围之外，对保障道路的稳固性、安全性和长期耐用性至关重要。

1) 挡水墙和挡水堤

公路排水设施中的挡水墙是一种重要的结构，主要用于防止水对公路路基的侵蚀和渗透，确保道路的稳定性和安全性，其构造主要包括泄水孔、疏水层和反滤层等。泄水孔是挡水墙中用于排除墙后积水的通道，均匀地分布在墙体中，通常每隔一定高度设置一个，以确保水分能够顺利排出。在泄水孔与土体之间，铺设有卵石或碎石构成的疏水层，这种材料有助于提高排水效率并防止排水通道的堵塞。反滤层由粗粒料构成，设于泄水孔进口处，作用是防止泥沙等细颗粒堵塞排水孔，同时允许水分自由流动。在最下一排泄水孔的底部，通常会设置一层黏土隔水层，以防止水分渗入地基，避免地基受水侵蚀。

图 8-18   挡水墙   图 8-19   挡水堤

相比于挡水墙这种结构更为紧凑、断面较小的墙体，挡水堤具有更大的规模和结构断面，其设计更侧重于约束水流，控制流势，并在必要时起到调洪的作用。挡水堤的横断面通常为梯形，其侧坡陡缓、堤高、填筑土料主要与堤下土基性质有关。

2) 钢板桩

钢板桩作为基坑支护和围堰材料已得到广泛应用，在多年冻土地区路基隔排水、路基治理改造方面也具有广阔的应用前景。根据多年冻土区工作环境需要，对传统钢板桩材料进行改良，采用低温耐蚀钢板桩隔水技术，可以解决公路路基、地基的两大主要问题：一是冻土退化引起公路地基承载力不均匀下降产生的不均匀变形；二是地表水与地下水侵蚀到公路路基、地基内部，导致多年冻土区公路地基的承载力产生较大波动。据此，钢板桩的技术原理可分为两大方面。

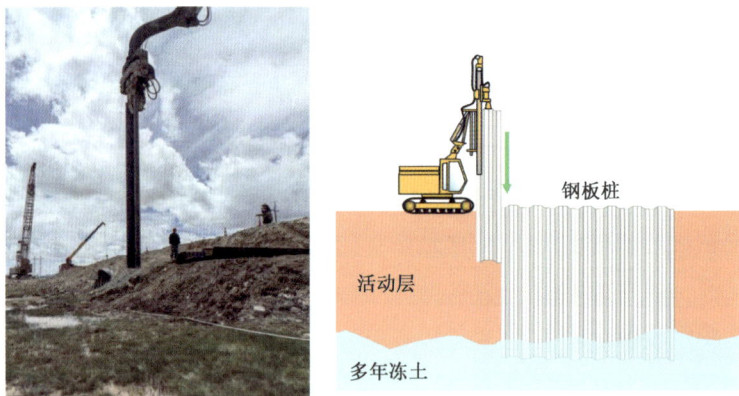

图 8-20   钢板桩施工

（1）钢板桩支护原理：

无钢板桩支护的普通路基受力时挤压其下的软弱层，当在水热—应力耦合作用下地基软弱层超出其抗剪强度范围时，地基将产生侧向变形；钢板桩的形状通常为符合工程要求的 U 形或者 Z 形，可安装在路基两侧形成一个连续的墙体，约束地基软弱层的侧向变形，承担土体的侧向压力，提高地基的承载力。此外，可在钢板桩上设置横穿路基的拉杆，提高两侧板桩的约束能力。

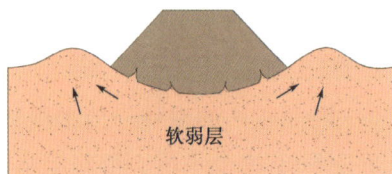

图 8-21   地基土不加约束情况

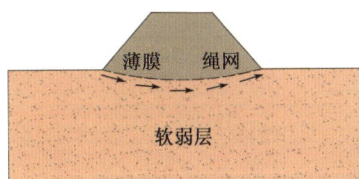

图 8-22　用薄膜、绳网约束住
地基土情况

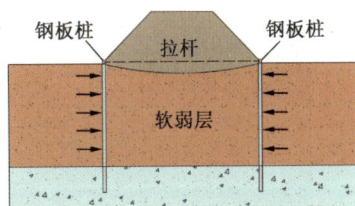

图 8-23　利用钢板桩围堰

（2）钢板桩隔水原理：

低温耐腐蚀钢板桩采用优质钢材制造，具有较高的强度和刚性、较低的脆性转变温度，其相对腐蚀率是普通钢材的 70% 以下。地基钢板桩墙能够抵御水压和地下水力的作用，有效阻止水的渗透；钢板桩之间采用锁口配合的方式安装，形成连续的密封墙体，能够有效防止水的渗漏和渗透；每片板桩均形状和长度可调，可依据不同的工程需要进行灵活的设计和施工，以适应不同地质条件，使堵漏效果更好。

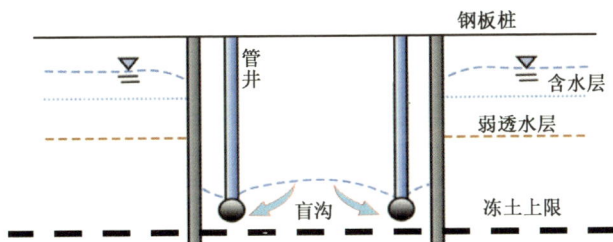

图 8-24　钢板桩隔板排水设计

钢板桩将地基内部范围与外侧的水位分开，在两板桩墙间采用管井与盲沟结合的方式降低地下水位，板桩墙的存在得以维持内外的水位差。

3）道路边沟、排水沟

道路边沟是为汇集和排除路面、路肩及边坡的降水，在道路两侧设置的纵向水沟。边沟作为连接路基边坡与路外侧部分的枢纽，是道路最基本的排水设施。边沟可按类别分为明沟（沟槽暴露在地表上，可以直接看到）和暗沟（沟槽被覆盖，上设有盖板），其截面形式多样，常用的有 V 形、梯形、蝶形。

图 8-25　道路边沟、排水沟

　　公路工程中，常用截水沟拦截和引导山坡上的水流，防止水流直接冲刷路基。截水沟又称天沟，一般设置在挖方路基边坡坡顶以外或山坡路堤上方的适当地点，用于拦截并排除路基上方流向路基的地面径流，减轻边沟的水力负担。

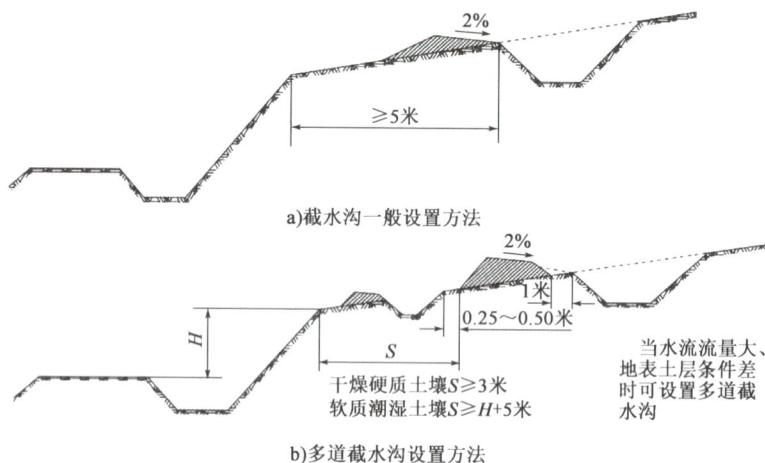

a)截水沟一般设置方法

当水流流量大、地表土层条件差时可设置多道截水沟

干燥硬质土壤 $S \geqslant 3$ 米
软质潮湿土壤 $S \geqslant H+5$ 米

b)多道截水沟设置方法

图 8-26　挖方上的截水沟

　　截水沟应结合当地自然条件布设，对于降水较少或坡面坚硬、边坡较低以致冲刷影响不大的路段，可以不设截水沟；反之，对于降水量较多、暴雨频率高、山坡覆盖层比较松软、坡面较高、水土流失比较严重的地段，必要时可设置两道或多道截水沟。截水沟的设置位置，应尽量与地面水流方向垂直，以提高截水效能、缩短沟的长度。

截水沟应保证水流畅通，就近引入自然沟内排出，必要时配以急流槽或涵洞等泄水结构物将水流引入指定地点。截水沟水流不应引入边沟，当必须引入时，应增大边沟横断面尺寸，并进行防护。

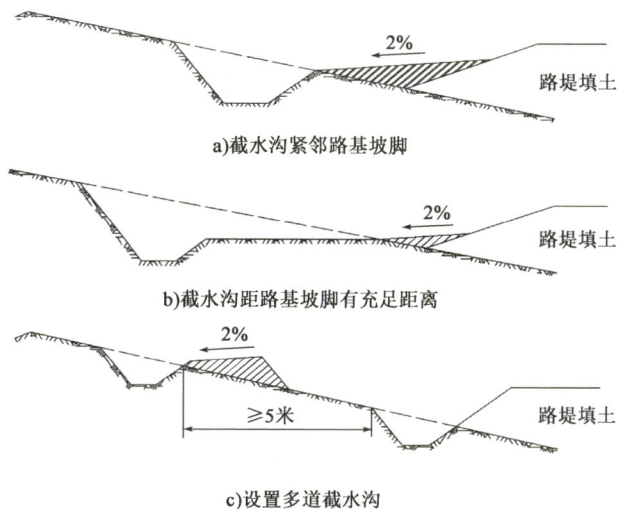

a)截水沟紧邻路基坡脚

b)截水沟距路基坡脚有充足距离

c)设置多道截水沟

图 8-27　填方上的截水沟

截水沟通常采用浆砌片石、浆砌块石或水泥混凝土预制块的形式。沟底应具有 0.3% 以上的纵坡，沟底和沟壁要求平整密实，不滞流、不渗水，必要时予以加固和铺砌。截水沟的长度以 200～500 米为宜，长度超过 500 米时应设置出水口，将水引至山坡侧的自然沟中或桥涵进水口。

图 8-28　截水沟施工

截水沟在施工时，首先根据设计图纸确定截水沟的位置并进行桩基标定，随后进行现场挖沟排水，制作并运输预制构件，在施工现场按照规定位置进行组装。组装完成后，连接截水沟与排水管道，确保水流顺畅排出。施工过程中，为了增强截水沟的承载能力和耐久性，施工团队会在预制构件上进行沟顶混凝土浇筑。此外，建议对截水沟表面进行细致的修整，确保沟面平整，无明显凹凸，以利于水流顺畅。

4）鼠道排水

鼠道排水与截水沟形式类似，但却是完全不同的两种排水设施。

截水沟在功能上是一种地表排水结构，主要用于道路、铁路等基础设施的路基边坡或农田的上方，以拦截山坡上的地表水，防止水流直接冲刷路基或农田；鼠道在功能上属于地下排水设施，通常用于农田排水，通过在土壤中形成一系列小的地下通道或洞穴来改善土壤的排水条件，防止过度湿润和渍害。相比截水沟，鼠道的尺寸小、施工简单、成本低，仅需用特制的鼠道犁在一定深度的土层中挤压出管状通道，一般不做进一步处理。鼠道的使用寿命较短，一般为1~3年，需要定期维护以保持其排水效率。

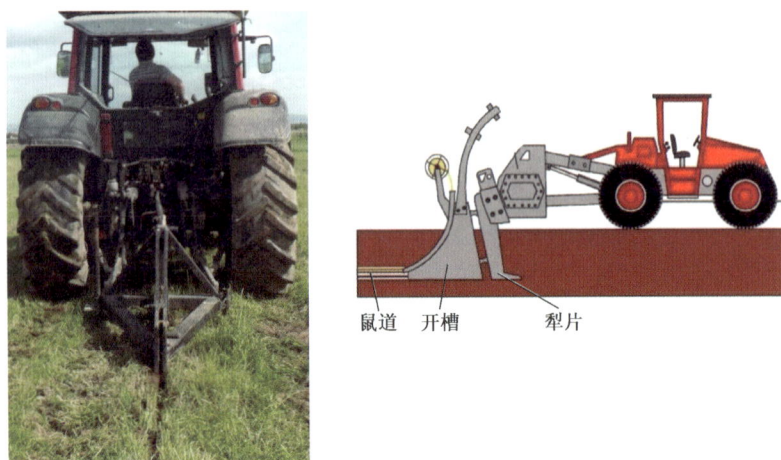

鼠道　开槽　　犁片

图8-29　鼠道施工

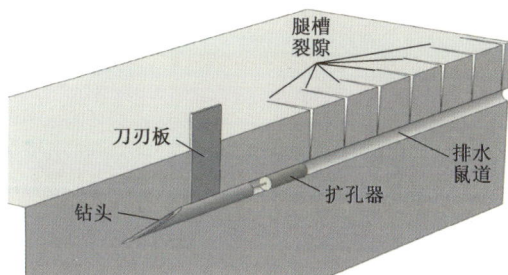

图 8-30 鼠道施工细节示意图

鼠道排水主要适用于黏性土壤，用在砂壤土中时需作护壁处理。青藏高原的土壤颗粒以沙为主，占总颗粒的 70% 以上，多年冻土区中粉质黏土分布广泛，尤其在青藏高原东南部粉砂和黏土含量较高。在这些地区的较缓边坡上，可布置多条截面为圆形或椭圆形的鼠道穿透土壤，增加土壤的渗透性，减少水分滞留。

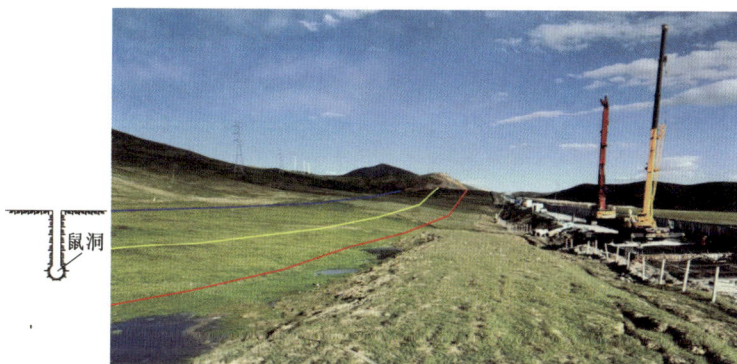

图 8-31 鼠道排水设计
注：蓝、黄、红色线为鼠道平面布置位置，右图为鼠道横截面示意图。

8.3 工程疏水

盲沟，相比于地面排水的明沟属于隐蔽工程，常设于路基之中或路侧边沟下，用以截断、排除地下水，降低地下水位。从降低地下水位的效果来说，设在路中部最好，设在路肩次之，设在路基边沟下的最差；但从使用养护方面来说，设在路基边沟下的盲沟更易于维护，因为修理时不必破坏路面、影响交通。

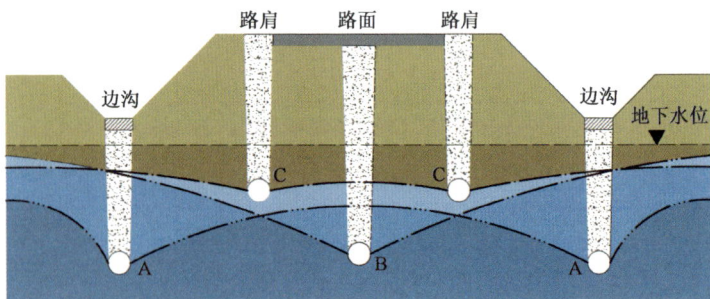

图 8-32　盲沟不同设置位置比较
注：A 为设在路基两侧边沟下，B 为设在路中部，C 为设在路面边缘路基下。

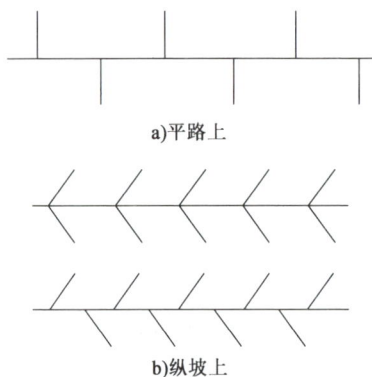

a)平路上

b)纵坡上

图 8-33　盲沟常用布置形式

盲沟常用的布置形式如左图所示。图中，中间线为纵盲沟，两边线为横盲沟，两者交错设置。平路时，横盲沟与纵盲沟垂直；在陡坡路段，横盲沟则与纵盲沟斜交，盲沟出口斜向下方。这种布置在路基较宽、地下水丰富路段适用。

左图 b) 所示为道路纵坡 <1%时（平路上）纵向暗沟的平面及纵断图布设，此时盲沟沿路两侧交叉排列，垂直于路中线，入口处做成扩口；当纵坡≥1%时，盲沟应斜向下坡方向安置，以利排水。

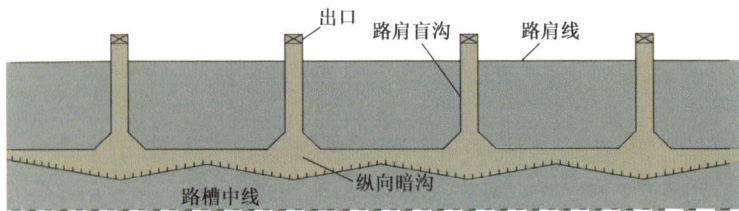

a)路肩盲沟和纵向暗沟平面布设

图　8-34

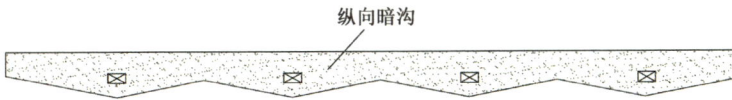

b)路肩盲沟和纵向暗沟剖面布设

图 8-34　路肩盲沟和纵向暗沟布设

当盲沟的排水出口需要穿越路基时，位于路基下方的排水结构应该根据公路涵洞所能承受的荷载进行设计。排水通道的横断面形状和尺寸可以与盲沟的排水孔径保持一致，也可以根据需要设计成不同尺寸，并且在连接处应设置检查井以便于连接和维护。

在气候寒冷或冻土层较厚的地区，如果盲沟的端墙背后上覆土层厚度不足以抵抗当地的冻结深度，则应该在该段设置保温层，例如使用炉渣或其他保温材料作为覆盖层，以防止排水出口部分结冰。这样的措施有助于保持排水系统的畅通，避免因冻结而导致的排水障碍。

依据过水断面的流量确定盲沟渗管的半径，一般采用 φ100；保温夹层材料采用聚苯乙烯泡沫（EPS）或挤塑聚苯乙烯泡沫（XPS），设置于渗管底部。

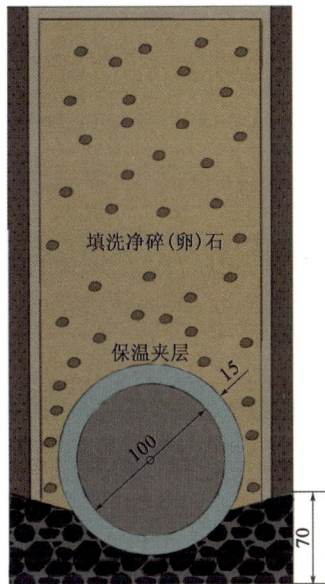

图 8-35　保温盲沟设计

图 8-36　阿基米德竖井

阿基米德竖井，也称为阿基米德螺旋管，是一种用于提水的古代发明。它由一个螺旋形的管道围绕一个中心轴旋转，管道通常固定在一个倾斜的框架上。当螺旋管旋转时，水或其他液体被提升至高处，可用于道路工程疏水。

8.4 工程排水

对青藏高原富水区湿润路段的排水设计，宜采用"疏—隔—阻—排"的综合排水治理。这样的综合性排水措施将有助于缓解路基范围内的地表积水问题和地基泡水软化问题，减缓由高温降水及季节性冻土融水引发的冻土加速融化，实现路基承载力和水热稳定性的提升，从而降低富水路段发生不均匀沉陷的病害率。根据区域路段地表水、地下水来源及流动路线的不同，可划分为平原地区排水和斜坡地区排水分别介绍。

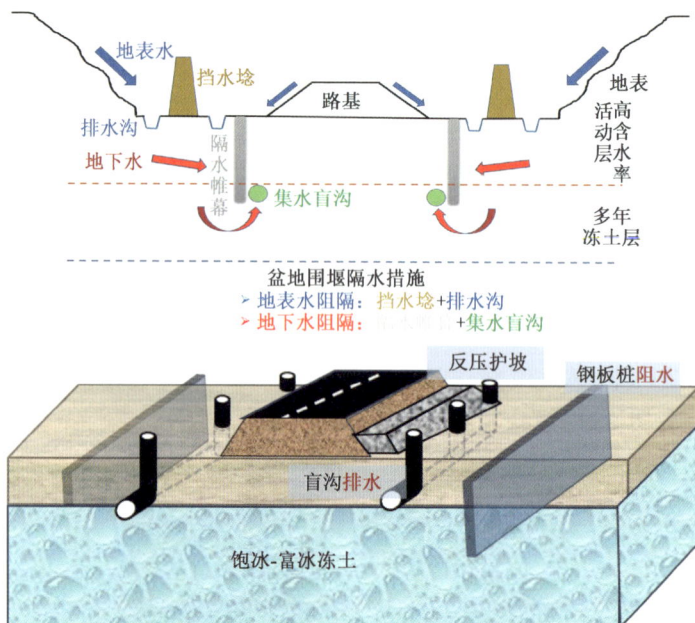

图 8-37　平原地区排水措施设计图例

8.4.1 平原地区排水

平原地区排水原则为阻断路基外侧水，降低路基范围内的湿度及水位。

（1）地表水处治：由于近路基范围内有多处汇水路径，需要将积水区地表水排至远离路基处。主要采用边沟结合排水沟，将两侧积水引排至远处人工蒸发池或天然湿地内，依据路域水文分析中多光谱测绘的积水区面积，结合地形高程数据计算积水量，进而确定蒸发池或天然湿地所需的蒸发效率。

（2）地下水处治：在冻土上限上部设置保温盲沟，收集并排放活动层内积水；道路纵向平行布置 3 条盲沟，依据积水下软弱层力学行为分析中确定的地基土湿度调控深度布置盲沟深度，纵向盲沟之间为提高路基宽度方向排水效率进行垂直横向联结，通过抽水试验确定盲沟的截面尺寸；每间隔百米在盲沟上部布置管井，用于及时抽出盲沟内积水及检查盲沟正常使用状态，计算盲沟的集水效率进而确定管井的抽水量及抽水频次；坡脚外侧布置钢板桩，布置深度为冻土上限以下 1 米。

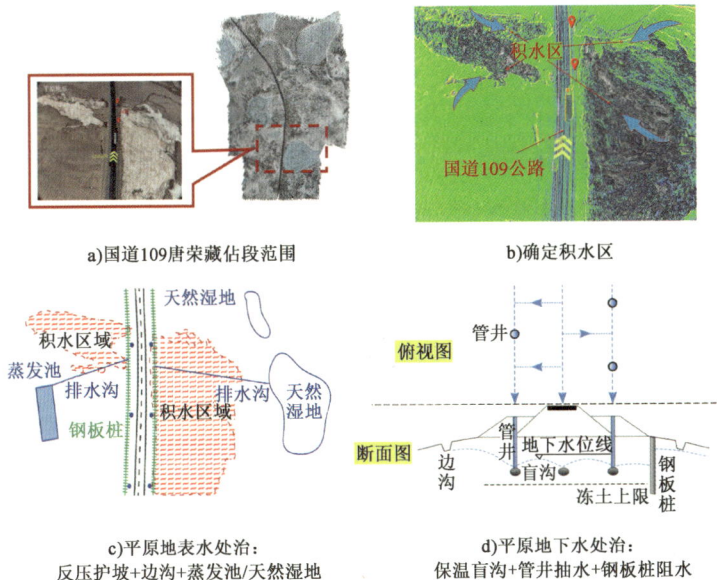

a)国道109唐荣藏岔段范围

b)确定积水区

c)平原地表水处治：
反压护坡+边沟+蒸发池/天然湿地

d)平原地下水处治：
保温盲沟+管井抽水+钢板桩阻水

图 8-38　平原地区排水设计实例——国道 109 唐荣藏岔段

8.4.2　斜坡地区排水

（1）斜坡地形排水原则：阻截坡面水，避免坡脚处积水下渗；引导地下水穿越路基排放至下坡面，保障路基底部维持低湿状态。

（2）地表水处治：采用不同高程多级截水沟布置，并统一汇流于排水沟内，依照路域水文分析中的坡面径流量统计，确定截水沟长度及间距；高速公路上下行涵洞间依照坡度设置排水沟连通；坡面汇水区采用挡水埝 L 形布置，路基最低处垂直向闭合，将水阻隔于路基外，依据坡面径流汇集于路基的位置确定挡水埝的位置及长度。

（3）地下水处治：在冻土上限上部设置保温盲沟收集排放活动层内积水；道路纵向平行布置 3 条盲沟，依据积水下软弱层力学行为分析中的地基土湿度调控深度确定盲沟布置深度，纵向盲沟之间依据道路纵坡进行横向联结，通过过水断面的流量统计，确定盲沟的截面尺寸；盲沟内水向纵坡下最低处涵洞汇集，并从洞内沿坡面向低处流出；低于地下水位线布置地下引排通道，研究通道尺寸、布置坡度以及上坡面地下水入渗速率及排水量需求。

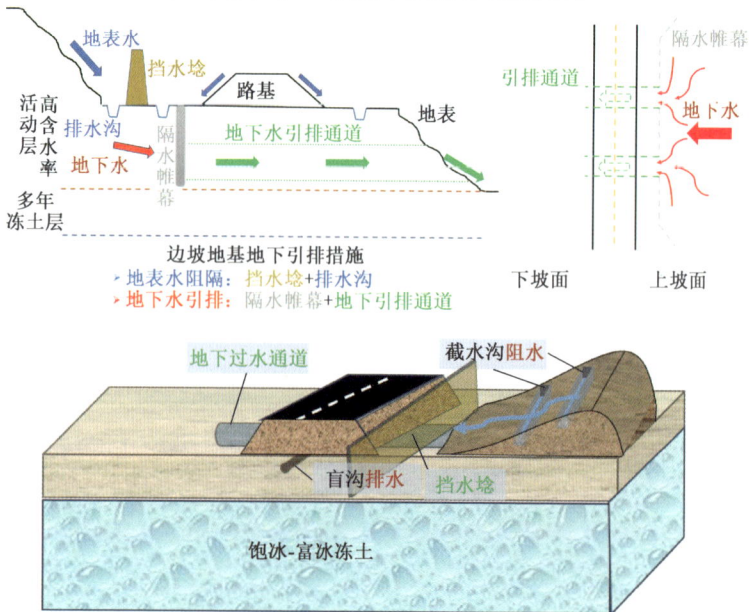

图 8-39　斜坡地区排水设施设计图例

a)国道109开心岭范围

b)确定积水区

c)斜坡地表水处治：
坡面截水+边沟+挡水埝

d)斜坡地下水处治：
地下引排通道+保温盲沟

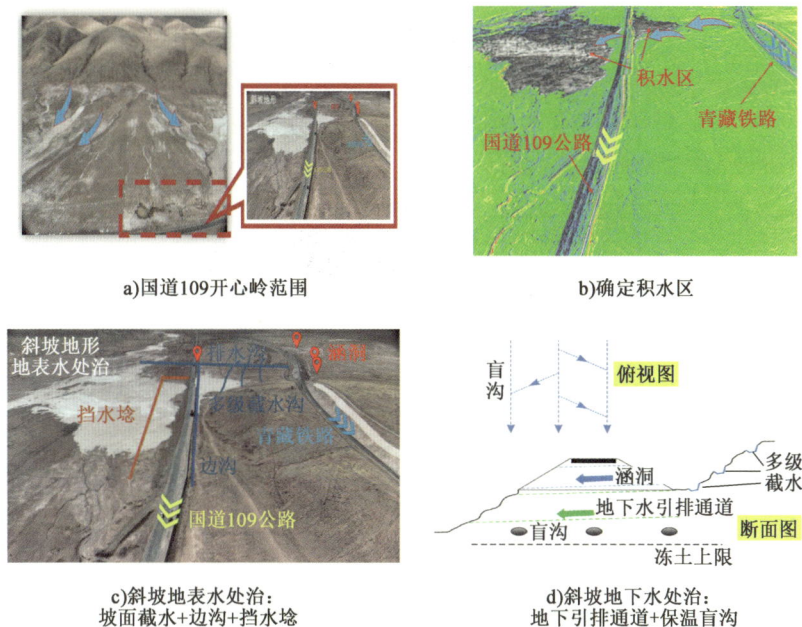

图8-40 斜坡地区排水设计实例——国道109开心岭

（4）排水系统中涵洞的设置：涵洞是一种在道路、铁路、河道等交通工程中常见的交通设施，用于穿越地形中的河流、山谷等地貌障碍。具体设置时，设计人员应根据地形地貌、水文地质条件和交通需求等多方面因素进行综合考量，选择合适的设计方法和方案，确保涵洞的安全性和可靠性。

青藏公路涵洞冰塞问题严重。如下图所示，箭头所指方向涵洞被冰堵塞，路侧积水无法及时排出。

图 8-41

图 8-41 涵洞冰塞

波纹管涵是一种在道路和铁路建设中常用的管状结构，是小型涵洞的常用形式。路侧水流穿过波纹管时流速降低，又因现有波纹管涵的保温效果不佳、孔径设计较小，在冬季寒冷条件下，管道内部容易结冰堵塞管道。

图 8-42 波纹管涵

a)K3060处波纹管西侧(被冰堵上了)

b)K3060处波纹管内部

图 8-43

c)K3060处波纹管东侧

图8-43 2024年4月2日波纹管涵冰塞

8.5 人工湿地和蒸发

由地下排水系统和地表排水系统汇集的排泄水，应通过排水管沟以自然坡度或经由渗水设备排至泄水处。泄水处可以是天然的水域，在干旱或排水困难的区域可通过人工修建蒸发池蒸发和渗漏消散水分。人工湿地即为人工修建的蒸发地。

干旱地区适于建造蒸发池是因为该地区通常蒸发量大，蒸发池利用这一自然现象，通过自然蒸发减少积水，达到排水的目的。同时，干旱地区水分蒸发后可能留下盐分，如果这些盐分积累在路基附近，会导致土壤盐渍化，影响路基稳定性，因此需要将排泄水引入蒸发池以减少盐分在路基附近的积聚。

图8-44 蒸发池设置位置

蒸发池在设计时应综合考虑地理位置、气候条件、地形地貌以及路基排水需求。

　　蒸发池一般设置在远离路基边沟处，通常不小于 5 米，以确保路基稳定和安全；蒸发池的容量需根据具体汇水面积和预期水量进行计算，通常不宜超过 200～300 立方米，蓄水深度不宜超过 1.5～2 米。池底应设计有 0.5% 左右的适当横坡，以促进水流顺畅排入，并与排水沟平顺连接。此外，蒸发池四周应设置围护结构，如土埂，防止其他水源流入，同时避免附近地区因蒸发池而发生泥沼化或盐渍化。在设计时还应考虑环境效应，确保蒸发池的设置不会影响当地水文地质条件或生态环境。

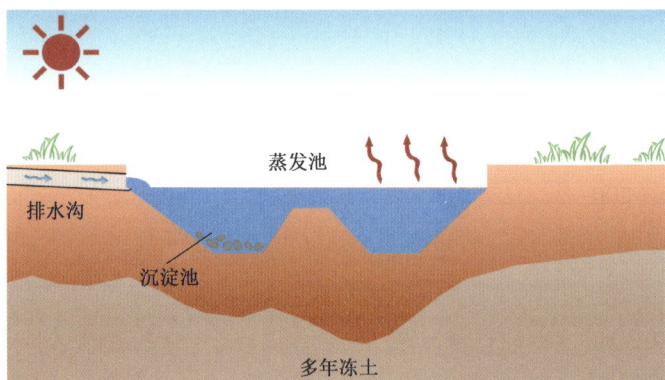

图 8-45　蒸发池图示

　　蒸发池在进水范围到管道顶部采用抬高加固，进水口底板一般高出正常水位 10 厘米，在受限场所无法满足时应设进水栏杆。为了防止由于随水而至的物质沉积造成渗水能力降低，可以设置一个前置的沉淀池。蒸发池池边坡率采用 1:2.5 或更缓，池底根据需要铺砌天然方块石或混凝土块做防水处理。渗水面一般采用植物栽种或做抛石处理，边侧的溢洪栏要高出正常水位 0.3～0.5 米，以防止高水位时水的溢出。

　　蒸发池中水分的蒸发会对周围环境的湿度产生影响，形成一定范围的人工湿地，设计时应估算控制其水面蒸发量，确保不使附近地区沼泽化或影响当地环境卫生。

● 参考文献

[1] 郑度，杨勤业，刘燕华. 中国的青藏高原 [M]. 北京：科学出版社，1985.

[2] 戴加洗. 青藏高原气候 [M]. 北京：气象出版社，1990.

[3] 王治华. 青、甘、川、滇进藏公路、铁路沿线地区地质环境遥感调查 [M]. 北京：地质出版社，2004.

[4] 赵林，盛煜. 青藏高原多年冻土及变化 [M]. 北京：科学出版社，2019.

[5] 冉有华，李新，程国栋，等. 2005~2015 年青藏高原多年冻土稳定性制图 [J]. 中国科学：地球科学，2021，51（2）：183-200.

[6] 《青藏公路五十年》编撰委员会. 青藏公路五十年 [M]. 西宁：青海人民出版社，2007.

[7] 张雪亮. 雪域通途 [M]. 长春：吉林出版集团有限责任公司，2011.

[8] 王宗仁. 青藏线 [M]. 北京：解放军文艺出版社，2011.

[9] 戴燕. 慕生忠与青藏公路 [M]. 西宁：青海人民出版社，2022.

[10] 王伯惠. 道路翻浆防治 [M]. 北京：人民交通出版社，1959.

[11] The NAU Review. NAU scientists find carbon from thawing permafrost is released into the atmosphere at higher rates than previously thought [EB/OL]. （2019-07-02）[2024-10-02]. https：//news. nau. edu/schuur-carbon-permafrost-study/.

[12] 中国气象局气候变化中心. 中国气候变化蓝皮书（2023）[M]. 北京：科学出版社，2023.

[13] 刘建坤，胡田飞，郝中华. 多年冻土区路基用太阳能吸附式制冷管的试验研究 [J]. 铁道学报，2021，43（8）：139-146.

[14] 铁道部第三设计院. 多年冻土的工程地质和铁路建筑 [M]. 北京：人民铁道出版社，1958.

［15］杨润田，林凤桐. 多年冻土区水文地质及工程地质学 ［M］.
哈尔滨：东北林业大学出版社，1986.

［16］张传峰. 复杂水热环境下共玉高速冻土沼泽区路基变形及其防
治研究 ［D］. 成都：成都理工大学，2020.